高高山頂立　深深海底行
googaosky.com

ideologist 思想家 当代哲思
探寻时代发展的人文思考

灵魂之旅

中国当代文学的生存境遇

张德祥 著

图书在版编目（CIP）数据

灵魂之旅 / 邓晓芒著. -- 北京：作家出版社,
2016.10
ISBN 978-7-5063-9148-1

Ⅰ. ①灵… Ⅱ. ①邓… Ⅲ. ①中国文学－当代文学－
文学创作研究 Ⅳ. ①I206.7

中国版本图书馆CIP数据核字（2016）第216858号

灵魂之旅

作　者：邓晓芒
责任编辑：杨兵兵　姜良美
装帧设计：北京源创图新文化传媒
出版发行：作家出版社
社　址：北京农展馆南里10号　邮　编：100125
电话传真：86-10-65930756（出版发行部）
　　　　　86-10-65004079（总编室）
　　　　　86-10-65015116（邮购部）
E-mail:zuojia@zuojia.net.cn
http://www.haozuojia.com（作家在线）
印　刷：北京鹏通印刷股份有限公司
成品尺寸：146×210
字　数：254千
印　张：12.25
版　次：2016年10月第1版
印　次：2016年10月第1次印刷
ISBN 978-7-5063-9148-1
定价：39.00元

总 序

张 炯

　　只有人类才有思想。人类作为能动的主体，它的意识就不仅仅是存在的反映，还能够超越存在，改造存在。马克思在《关于费尔巴哈的提纲》中说："哲学家们只是用不同的方式解释世界，而问题在于改变世界。"人之所以能够改变世界，正因为人的思想具有能动性。人的能动性首先体现为思想的能动性，然后才作用于人改变世界的实践。人的思想能够从实践提升理论，从现象透视本质，从已知透视未知，从历史透视未来。构成人类思想的感性和理性，逻辑推理力以及想象力和幻想力，使人类的思想成为认识现实、改造现实的强大精神力量。思想家正是以自己的杰出努力使自己的思想成为有益人类历史进步的卓越人物。

　　前些年，欧洲曾把孔子和马克思推崇为人类历史千年以来的两大思想家，当然都基于认识到他们的思想对人类的历史进步所产生的深远影响。以孔子为代表的儒家学说，不仅成为中国两千多年来封建社会超稳定的社会结构的精神支柱，对欧洲启蒙主义思想家也产生过仍然有益的借鉴。直到今天，孔子思想中的积极部分，仍然滋养着我们的社会主义核心价值观。马克思的社会主义思想和他对资本主义的深刻剖析，对全世界产生的深远影响，也已无人能够否认！

思想是无国界的。可以说，人类自脱离动物界成为高等动物以来，就不断在借鉴和分享彼此的思想。有益的思想也只有获得更多人群的享有，才能通过人们的广泛实践，产生改造世界的伟大作用。一个民族、一个国家越能获得更多促使人类进步的思想资源，就越有利于使自己强大，使自己走向历史前进的潮头！

我想，这就是作家出版社与北京高高国际文化传媒在资源整合、优势互补前提下合力打造的这套大型"思想家"书系的初衷。这套书系计划精选、汇集自古以来人类精神思想文化长河中最为璀璨耀眼的传世名著，以及当代探寻社会发展的深刻的人文思考，争取覆盖历史、文化、哲学、政治、社会科学、文学理论等多个重要领域。出版方致力于译文流畅、精准和学术严谨、可靠；并参考已有译本，力求文字浅显、通俗，版式和纸张达到鲜亮、悦目，易于贴近普通读者，宜于读者捧读、收藏。

我国正在为建设伟大社会主义现代化国家而奋斗。我相信，这套书系的出版和发行，必将有益于我国思想文化资源的广泛积累，也必将促进社会主义精神文明的发展，并有益于社会主义现代化国家的建设。是为序。

二〇一六年五月五日，于北京

新版序

　　这里的三本小书，曾经以《文学与文化三论》的书名由湖北人民出版社结集出版（2005年），但那其实已是第二版了。《灵之舞》是1995年由东方出版社出的初版；《人之镜》是1996年，云南人民出版社；《灵魂之旅》是1998年，湖北人民出版社。2009年，这三本书又由上海文艺出版社分开来出了一次，算是第三版。而现在这个版本应该属于第四版。

　　在我所有的著作中，这三本书是重版次数最多的，这也许是因为，它们不像那些严肃的学术著作对某个问题作一种纯粹概念的分析，而是讨论一些普通人感兴趣的话题，结合自己的人生体验和中外文学名著中的一些人物形象，来谈人性、人生、人格、自由和尊严等等问题，其中渗透了中西文化的比较和对传统文化的反思。其实这三本书并不像看起来那么好读，一点儿也不像时下流行的"心灵鸡汤"，倒像是一些灵魂的苦药，实际上是对文学和文化的哲学评论。但从20世纪90年代中期算起，20年来，它们被一拨又一拨的年轻人读过，居然能够长盛不衰，也是一件颇为奇怪的事。现在的人多么浮躁啊，互联网上有那么多有趣的信息，为什么还有些年轻人肯来关注这种难读的纸质作品呢？可见一个民族，尤其是像我们这样一个古老的民族，思想的脉络是不会那么轻易断掉的。经过改革开放前几十年的思想禁锢，又经历过最近三十多年的市场经济和金钱大潮的冲击，仍然有些志存高远的青年对自己的生存境况心怀不满，为自己的灵魂挣扎倍感苦痛，他们那渴求的眼光到处搜索，跨越了时代和文化带给他们的限制，而飞向精神自由的天空。我为他们而感动，同时也是为自己的青年时代而感动，那个时候，四周一片黑暗，伸手不见五指，但正如诗人顾城说的，"黑夜给了我黑色的眼睛，我却用它来寻找光明。"我相信，既然经过这么多的磨难，中国的精神园地中仍然有这样一些欣赏者和爱好者加入进来，进行自己的精神创造，这就说明我们这个民族命不该绝，它一定会在精神上浴火重生。

　　　　邓晓芒，二〇一六年九月十九日，于喻家山

序

自从耶稣基督诞生在马槽中以来，第二个一千年即将过去。当20世纪天空最后一道晚霞就要消失之际，整个世界似乎都蔓延着一种"世纪末"的恐慌，好像那支撑了人类世世代代生活意志的坚强信念，类似于"太阳每天照样升起"的信念，在这个垂危的时代突然间垮掉了。理想坍塌了，禁忌废除了，信仰被嘲弄，教条被搁置，上帝已死，神变成了凡人。每个人都可以为所欲为，但正因此，每个人都再难有所作为。人类在几十个世纪中造就的那些巨人、伟人，像冰川期之前的恐龙化石一般在那里孤独地屹立着，而现在就来到了一个普遍平庸的时代，以前某个历史人物所发出的照彻多少代人的巨大光辉，当今需要耗尽一个庞大集团数十年心血，以某个政治联盟、学术思潮、艺术流派等等的名义，才能勉强

3

与之相陪衬。人类今天比以往任何时候都更精明、更聪慧、更懂得生活、更珍惜自己的生命。然而，人类日益堕落了，或者说，人类现代如日中天的发达是以每个人的沉沦和迷惘为代价的。

这是一种愉快的沉沦。人们忽然发现，先辈们多少个世纪前赴后继为之奋斗的，不就是今天的"幸福生活"吗？有福不享，不是辜负了他们的奉献和牺牲吗？一个人的生活在今天只是沿着"吃饱穿暖、一顿顿白米饭、一餐餐有肉、一天天像过年"直到追求现代文明给予的一切舒适享受这一"幸福"阶梯不断攀升。当然，他也随时有可能在中途停下来，不论是回想这个阶梯的出发点还是前瞻这个阶梯的顶点，都将陷入一种自讨苦吃的沉思，不知道人类活在这个世界上，除了这种动物般的现世享乐之外还有什么别的目标，并怀疑前辈们为了这种生活而洒尽热血是否值得。我们会觉得，20世纪初那些相信人类终将进化、历史必然向前发展的人们是多么的简单幼稚。因为我们今天看到的恰好是一幅道德滑坡或人文精神失落的无可奈何的倒退景象。我们会情不自禁地发出"人心不古"的悲叹和"拯救人性"的呼吁，在当代扮演一种无人理睬的预言家的可悲角色。更多的人则遵循着现实生活的惯性，扛着一个浅薄的头脑及时行乐，游戏人生。尤其是在我们这个素来没有宗教信仰传统的国度里，人们通常忧心忡忡的并不是自己无形的灵魂的拯救，而是此生此世有什么该享受的没有享受到。时代给了每一个中国人最大的机会。一个平民，只要他有毅力、有机心和耐心，他就有可能一朝暴富，享尽帝王的荣华富贵，揽尽天下美色佳丽，吃尽世上山珍海味，这时他的自我感觉绝对良好。

然而，人和人是不同的。在任何时代、任何国度，人类中总是会有些不满足于现状的怪人，起来对他们所面对的现实生活发出强烈的抗议，对他们自己的生存状态加以深刻的审视。这是人类的幸运，而这些人却是不幸的。他们既然代表了一个世纪的人类灵魂，也就必然肩负着这个世纪的精神苦闷、内心矛盾、生存困惑和绝望挣扎。同样是柔弱的人心，他们的心却注定经受命运的折磨，为了打击出一星半点火花去照亮黑暗的世界，而受到重创。在这些人中，最为不幸的要算那些单以自己的灵魂为自己生存的营养的艺术家了（如卡夫卡笔下的"饥饿艺术家"），因为他们不仅放弃了外部世界的一切生存手段，如功名、利益、权力、地位，甚至也放弃了内心世界的铠甲，即用来应付内心冲突的理性、逻辑和常识，而不顾一切地、艰苦卓绝地朝自己的心灵深处努力探寻。这种非人的、绝不可能有最终结果的努力，几乎只有用"上帝的召唤"才能解释。"人心真是一个无底深渊！"（奥古斯丁）凡是有勇气跃入这个深渊的，都将经受无穷坠落的恐惧和永无着落的痛苦。

中国20世纪90年代文学，可以说最深刻、最生动地展示出了这一永远坠落的痛苦。在中国数千年的历史上，没有任何时代像最近几十年的文学这样风云变幻、高潮迭起，也没有任何时代像这一时期这样以一种不断深入的历程逐步揭示了中国人灵魂的深层结构。如果说，这一历程的前一阶段，即70年代末到80年代末，基本上还是一个摆脱"文革"意识形态话语、重新认同传统人文精神的阶段，那么，到了90年代这一阶段，则明显地体现了中国传统人文精神的失落。在前一阶段中，从伤痕文学—反思文学—改革文学，作家们还致力于用一种政治意识形态去批判另一种违背人文精神的政治意识形态，而朦胧诗、寻根派和现代派则开始脱离意识形态话语，进入某种具有人文精神根基的审美氛围，被评论界认为是中国新时期文学最为辉煌的一个时期（或称之为"古典时期"）。然而，自从80年代末开始，文学愈是向自己的本性即纯文学复归和深入，便愈是发现自己与传统人文精神的疏离。失落了人文精神的90年代文学成了无家可归、飘零无主的文学。

与此相应，90年代文学出现了两种截然相反的文学现象，即以王朔为代表的"痞子文学"和以张承志为代表的"道德理想主义"。前者以对传统人文精神的辛辣调侃而揭示了中国当代世俗生活真实的众生相。但由于这种文学自身缺乏精神的原创性，它只不过是对既成事实的无可奈何的首肯，对现实中不负责任的游戏态度的鼓吹，从而迎合了俗众的阿Q式的自满自得心理。后者则出于对这种媚俗倾向的厌恶和反驳而放弃了文学的独立地位，转而依附于人们好不容易才从中摆脱出来的道德政治狂热（"红卫兵精神"），利用文学去"捍卫"一个旧式的理想，以保持自己精神上的高尚纯洁。然而，上述两种倾向却包含一个共同的基点，即文学只能是其他精神生产的附庸，它本身没有创造一种新人文精神的能力，一旦脱离既定的精神格局，它就只能堕落为一种文化快餐，一种仅仅用来解气、搞笑和消遣的玩意。此外，游离于这两种极端倾向之外的还有各种各样的"小女人""小男人"文学,它们在中国历史上一切升平年代都曾像蘑菇一样地冒出地面,在现代却失去了古人的耐心和生命含量,既不愿在形式上作诗词歌赋的开拓,也不能在内容上作鸿篇巨制的挖掘,顶多只是对古代感时伤世的诗情和言情小说(如《红楼梦》)的散文化的模仿。90年代散文的大流行折射出一个事实,即中国诗性精神的丧失,而最可悲的是,这一沉重的代价却并没有换来思想的深化和理性精神的确立,而是导致了文学的泡沫化和伪劣化。至于近年来的历史小说,则除了老一套的政治影射之外,就是模仿《三国演义》中那种"古今多少事,都付笑谈中"的无是无非的感叹。这一切都不是什么新创造。

不过,90年代文学也并非一无建树。应当说,摆脱传统道德对文学的束缚,这本身就是中国当代文学走出困境的一个必要前提。在中国文学史上,每隔一段时期(如魏晋、宋元、明清之际等),都有一个文学相对独立的阶段到来。遗憾的是,文学独立以后向何处去,始终是中国文学未能解决的大问题。因此,独立了的文学要么成为一种形式技巧,要么堕落为媚俗与宣淫。换言之,中国文学不是为政治伦理道德服务,就是为自然(人的天性或本能)服务。当然,文学返回到自然就是返回到了自己的根,即人的生命力;然而,仅仅停留于生命力的本能状态,不是从中升华出纯文学来,而是使文学降为动物本能的宣泄,这本身恰好表明了生命力的不足和贫弱。中国历史上个体人格的萎缩正是导致这种状况的原因。中国人只有依附于群体才有气魄、有力量,一旦脱离群体就会垮下来,不知道自己与动物或尘土究竟有什么区别。文学的真正独立要以个体人格的独立为前提。这种个体人格既不以群体道德的代表自居而盛气凌人，也不是放浪形骸、游戏人生、自轻自贱，而是在孤独中默默地向人性的高峰奋力攀登，与自己的懒散、自欺和粘连于他人的习惯作斗争。在中国当代文学家中，真正做到这一点的人不多。但从某种意义上说，新时期文学所走过的每一步，都可以看作是向这种人生境界的迈进，只是作家本人未见得清楚地意识到这一点而已。

本书展示的这一世纪末灵魂的历程，只不过粗略地描画了90年代中国文学某些重要现象之间的层次结构，而并非严格时间上的进程。但如果我们仍然相信文学是时代精神的反映的话，我们便可以预料，这一结构在时间的长河中将会真正成为下一个世纪中国人的心路历程。

目　录

张贤亮：返回子宫

20世纪80年代中期，有一位苦难作家的名字响彻中国大地，他就是《绿化树》和《男人的一半是女人》的作者张贤亮。这两本书，作为"爱情三部曲"的前两部，描述了青年知识分子章永璘50年代被打成"反革命"，接受劳动教养和劳动改造的受难史。然而，这两部作品，特别是后一部作品，在当时之所以名噪一时，并不是由于它真实地描写了在乡村中和劳改队中所受到的残酷对待和不公正的惩罚，而是由于它深刻地记录了一个知识分子在那种恶劣的非人环境中内心所经历的苦难历程，展示了强烈的饥饿、劳累、屈辱、孤独和性压抑给一个敏感的灵魂所带来的刻骨铭心的创伤，特别是精神上的压抑对一个青年男子的性能力的摧毁。这种揭露是空前的。一时间，国内评论界沸沸扬扬，好评如潮。但也有人指责作者用这种自传体美化和粉饰自己，人为地给这种受难加上了某种崇高的"意义"。的确，我们在《男人的一半是女人》中看到，主人公在经历了地狱烈火的锻炼，从群体中获得力量治愈了自己的性无能之后，最终走上了"红地毯"，以胜利者的姿态去迎接一个新时代的到来。他是由马缨花、黄香久这样的女性"土壤"培植起来的参天大树，他从她们那里吸取营养、完善自己。他不会忘记她们，但也不会停留于她们的水平，而只是利用她们所提供的补偿作用去完成更崇高的"事业"。在这里，女人的作用类似于某种中草药的作用，她们并不是"男人的一半"，而只不过是男人的滋补剂和救心丹。不过，平心而论，作者在当时穿透数千年来紧紧包裹着中国知识分子内在灵魂的那种政治道义上的义愤，而直接揭露出他们内心隐秘涌动着的性的苦闷和压抑，并首次用这种眼光来看待一切冠冕堂皇的政治意识形态借口所造成的实际后果，这是需要极大的勇气，更确切地说，是需要某种生命力的"获生的跳跃"的。中国历代知识分子在失意时虽然也有过"十年一觉扬州梦，赢得青楼薄幸名"的慨叹，但那只不过是一种穷极无聊时的精神寄托，一种逃避和自欺，一种无可奈何的遣怀自放，而绝不是以严肃的态度追寻自己生存的根，并有意识地从中获取人的生命的勇气和力量。后面这种态度只有在受过弗洛伊德和西方个人主义思想影响的当代中国知识分子那里才有可能产生。

然而，这种新思想的萌芽又毕竟还带有沉重的传统知识分子意识的枷锁。现代知识分子章永璘仍然是以古代文人看待"青楼女子"的同一眼光去看待他所遇到的那一个个给他带来幸运和安慰的女人的。不论在这些女人心目中还是在他的自我感觉中，他都是一个落难的读书人，除了男女两性生理上和心理上的互相需要之外，他的思想、他的抱负和他最终摆脱屈辱境地的强烈欲望都是她们所不可分享的。所以当她们看着自己心爱的男人义无反顾地离开她们时并没有遭到欺骗和遗弃的感觉，而是衷心地祝愿他去干真正属于自己的"事业"。这种"成人之美"的伟大爱情是我们这片肥沃的母亲土地上的特产。在这里，女人们一生下来就懂得自己应当为男人作出奉献，提供补偿。但也正因为如此，章永璘试图从性爱中、从女人中重新获得自己作为一个人的完整人格，这一"获生的跳跃"就变质为一种"致死的跳跃"了。就是说，一旦章永璘意识到自己向来视为男人的崇高事业的实际上不过是性爱的一种体面的表现形式，意识到性爱并不只是事业的基础，相反，事业完全可以归结为性爱，这时他向性爱的复归就带有了某种自杀的性质：一方面，他立足于赤裸裸的性而蔑视一切超越其上的精神生活，这是他精神上的自杀（自嘲或自轻自贱）；另一方面，性交本身作为一种最原始的耗散生命的活动，也具有某种肉体上的自戕性质，生与死在性交中成为了一体。这就是张贤亮"爱情三部曲"的最后一部即《习惯死亡》的核心主题。

一

在《习惯死亡》中我们看到，章永璘在经历了劳改队九死一生的折磨和"文革"的假枪毙之后，一方面剥去了生命的一切伪装和装饰，只剩下了性（性交或性爱），另一方面留下了永远抹不掉的死亡体验。他觉得自己早就是该死或已死的人，只是脑袋上欠着人家一颗子弹，这颗子弹总是在他和女人做爱时在脑子里轰然爆响。章永璘在"爱情三部曲"前两部中所得出的看似极具智慧的真理，即"性爱可以拯救一个男人"。一到他有机会满世界乱跑、和各种各样的女人性交时，就全部垮台了。其实，他的欲望并不高，"对他来说，重要的不是要进入一个什么理想的天堂，而是要把破碎的灵魂拼凑起来，大体上像个样子"，但到头来，他发现连这也是不可能的，"他的幸福也是虚假的，痛苦也是虚假的，他的破碎已无可救药，他必须要重新创造。"（《习惯死亡》，载《张贤亮自选集之二》，作家出版社1995年版，第8页，下引此书只注页码）于是作者说，"我决定将他杀死"，也就是将一个早就该死，实际上已经死去多少次并一直死着的人，还他一个"行尸走肉"的真面目。这是作者在《习惯死亡》第一部中的总体交代。这种交代实在是了不起，因为他破天荒第一次坦白承认自己的生存之根不在于心而在于性。"他心脏所在的部位空无一物"，心只不过是性交的累赘，要杀死他只有对准他的生殖器扣动扳机。"当我找到这地方时我发出暗笑，笑社会过去加于他的惩罚全都击错了部位。"（第19页）这一自杀性的交代的确具有耶稣基督现身说法的震撼力。当章永璘（很大程度上也就是张贤亮）把自己慢慢地钉在十字架上时，全体中国人的灵魂，至少那些"运思"着的灵魂都应该意识到，自己的破碎已"无可救药"，必须要"重新创造"。

小说的写法有些扑朔迷离，不仔细研究一番其中的"她"和"她""他"和"你""我"都究竟是些谁，还真会把人搅得昏头昏脑。好在中国的读者对"意识流"之类的写法早已不太陌生，只要有点耐心，还是不难看出来龙去脉的。故事情节其实很简单，是说成了著名作家的章永璘在80年代末获准出国，原来想追寻过去的情人、电影演员"她"，不想"她"已和一个美国白人同居。百无聊赖的他在那块自由的土地上邂逅了一位女导游，在这位台湾女人那里受到再教育，领略了原始性爱的本味。后来他又重新见到了电影演员并与她重叙旧情，和她度过了疯狂的一夜后却得到了一声"谢谢你！"感到自己成了满足她四年性饥渴的工具（第177页）。在万念俱灰中他去见他父亲三十多年前的情人，由这老女人引起一连串关于"老"和"小"、生和死、灵魂和白骨的联想和回忆。在看穿了"风月宝鉴的背面"之后，他索性去"东方佳丽"玩妓女，这时才发现自己早已"丧失了堕落的能力"（第246页），只好为掩饰自己的无能而忍痛抽出一张百元美金大票给了妓女。最后是回到爱情故事的起点马缨花那里，并自嘲地说这就是他的"爱国主义"，使人感到整篇小说像一个画成了瓜子形的圆圈。作者反复说"我并不愿意写完这本书"，因为他觉得故事毕竟没有团圆，结局是虚假的。在故事的叙述中作者不时地穿插着他在劳改队与一位女医生的失败的初恋，他与一位小姑娘一起被拉去陪法场假枪毙，他的无数次寻死的念头和求生的欲望，他与劳改队员们去乱葬场挖掘死去的劳改犯的白骨及对一具女性骨架的顶礼膜拜等一系列回忆镜头，还有他在巴黎与青年女子纳塔丽的短暂同居，以及想象中他在病床上的弥留、台湾导游从国外赶回来为他送终的场景。

然而在小说中，读者自始至终都只看到中国人（中国知识分子）的灵魂已破碎到无可救药，却怎么也看不出如何"重新创造"自己的灵魂。因为作者尽管自认为已看透一切,心如古井,甚至表现出对一切的"宽容"(第181页),但一谈到过去,一谈到他所遭受到的各种残酷的"捉弄",他就跌回到"伤痕文学"的水平上,不由得义愤填膺。当然,这种义愤填膺被聪明地裹上了一层"黑色幽默"的薄荷糖衣,换上了嬉皮和调侃的口气,但当一个人以这种姿态去指责时代、命运和那些不可胜数的"小人""恶人"时,当他如数家珍地告诉别人,哪次哪次他受到了某人或某些人无端的、无理的欺凌时,当他无数次地悲叹自己的爱、自己的心被他人掏空、摧残和践踏时,他显然觉得自己是无辜的,本性是善良的、好的,他的"破碎"完全是外界和社会造成的,他现在即使变成了野兽、狼,也不是他的过错,反而使他有充分的理由自我炫耀,炫耀他本性的清纯和生命力的苍劲:这样,读者(也包括作者自己)永远也不会明白,他为什么还需要对自己的灵魂做任何"重新创造"?这样的灵魂,虽然破碎到"无可救药",但难道不是举世无双、不可企及?即便是自杀和死亡,也都显得那么美丽,惊心动魄,富于悲剧意义?无怪乎书中最后说:我想我的灵魂总算没有投错地方,只有这个国家能恩赐给我这么多挑战,使我终生具有活力直到我自己愿意去死(第247页)。如此自满自足的灵魂,又从哪里获得自我重新创造的动力呢?如果有来世的话,除了回归到过去那种纯洁的灵魂,以便再次经历劳改或"文革"的苦难历程,从而塑造出又一轮具有活力以至于渴望去死的真诚的行尸走肉之外,还有什么更好的选择吗?在这里,我们已经预先经历了中国新时期以来从新激进主义到新保守主义的整个发展历程，虽然"新保守主义"这一思潮要到数年之后才在中国大陆形成某种学术气候。

二

显然，"习惯死亡"实际上就是习惯于中国人的日常生活，包括政治生活和爱情生活。这一点，是在章永璘一开始想自杀，后来发现自己没有能力、没有兴趣或没有勇气自己去死时，便已真相大白了。"自杀未遂完全败坏了他的勇气"，"他虽然活了下来，但从此便善于欺骗自己和善于欺骗别人"（第5页）。于是"完了"这个词便从此跟定了他，告诉他哪怕他处在生命力的巅峰状态（如在做爱时），他也早已经"完了"。"所以他经常想到死，死亡成了他的习惯。"（第6页）正如生对于一些人来说只是一种习惯一样。他已经"没有力气和没有心思去寻死"了。然而，章永璘自以为这次自杀演习使他上升到了一种不可言说的神秘境界，以为当他想用语言来探讨死和生命的"意义"时他便"堕落"了，陷入了"华丽夸张矫情之词"（第5页、第6页），这都实实在在地暴露了语言（汉语）本身的匮乏不是别的，正是生命力的匮乏，即不得不被动地、动物式地接受自己的生死命运。当语言作为一个先于每个人的生存而编织好了的严密体系从"术士"的口里一串一串被带出来的时候（第7页），它必然只能是华丽夸张矫情乏味的，并且会诱骗人们在"真实的现实"上碰得头破血流痛不欲生（第6页）。但其实语言本应当是"存在的家"，应当是人类生命力的创意和表达。自己没有力量创造语言，却责怪语言的贫乏矫饰，妄想躲入"玄奥神秘"之中显出一副高深莫测的模样，这不仅是章永璘，而且是80年代中期以来中国思想界、文学界在能量耗尽、万般无奈之中仍然能摆出得意扬扬的架势的方便法门。而章永璘高出许多文化人的地方便在于，他清楚地意识到这种"失语"状态的尴尬，并觉察到语言的山穷水尽绝不是什么值得自吹自擂的"民族文化传统"，也毫无耐人寻味的"深意"，而是直接把人引到了死亡面前。章永璘发现，从他自己嘴里出来的"爱情要以悲剧结束才显得美满"这句玄而又玄的、貌似深刻的话，其实什么意思也没有，它相当于当年劳改队审讯记录上的一连串"不语"和最后一句"你说要枪毙就枪毙好了"（第12页、第13页）。他意识到这句故作高深的话其实"并没有许诺什么"，"不过是调情中无话找话罢了"（第14页）。然而，他没有意识到的是，当"他和女人说的每一句话最终都会跌落在地上摔得粉碎"时，他"超出性欲的需要"还能寻求到什么呢？语言的丧失就是爱情的丧失，就是事情的"结束——终点"，所以"实际上他在和她、和任何一个女人在进入爱情之前就已经负心"。他还不甘心，仍然要努力一再地提出"爱情是什么"这一到死也未能得到答案的问题，而事实告诉他的常常是：爱情在其"最高音符"上"只不过是赤裸裸的肉体接触罢了！"（第16页）而且每当做爱时就有枪声在他脑子里爆响，清除掉了一切语言垃圾，他就会意识到死："完了！"

面对这种失语的绝望，章永璘丝毫也没有、也不可能想到要"重新创造语言"。说"不可能",是因为那确实太难了,那不是发明一个词、一句话,而是要求一个人改变整个语词体系。全部语词要重新编排,而且不能乱来,必须有强大的生命力作根据。这不是一个孱弱的、刚刚剥了壳的灵魂所能承担的。相反,他才刚刚动弹了一下就恐怕人家会说他语无伦次像了乔依斯福克纳(第105页)。其实他在语言表达上是绝对规矩和规范的,他并没有触动这个森严体系的一根毫毛,而只不过在它的重压下发出了一声呻吟而已。他甚至为自己的语言合乎规范而自鸣得意,以为"中国不停的政治运动不断地成批成批造就出语言大师","不会说话的人全死了"(第86页),得意中又带有伤感和自嘲。于是他真正能够做的就是换一个环境(语言环境),到国外去透一透空气。

他到了旧金山,在过去的朋友乔的妻子静慧家里歇息,眼前出现了也在美国的那位电影演员、他的旧情人的幻觉。他想象他们从容地做爱(第24—27页)。尽管他自己早已对她不忠,他却仍然对她不能忘怀,并为自己的"不断叛变"找到了正当的理由,即"每一次恋爱"他都是"全心地投入进去"(第29页,又见第170页),而没有半点轻薄的想法。这种理由我们在后面将看到,也是贾平凹笔下的庄之蝶(《废都》)、顾城笔下的他自己(《英儿》)的理直气壮的理由。但正如那两位一样,章永璘也对电影演员另有所属心怀妒忌,仔细想来这是不合逻辑的:如果你有"不断叛变"的理由,你就没有妒忌的理由,反之亦然,除非你是皇帝、可汗或凌驾于各个性对象之上的"唯一者"。电影演员要嫁给美国佬,而他自己对电影演员的恋情也早已是对他的初恋的背叛了，相互彼此彼此。这时他回忆起他和Y市的那个"她"的初恋（第35—48页）。当然，是命运把他们强行分开的。他并不欠她什么。可是，为什么他觉得现在写小说就相当于"写检讨"（第77页）呢？因为他是把自己的初恋当作自己的"良心"："尔后你每当良心发现你便看到了她的脸……你以为你忘却了她而其实她已成为了你心中的古诗，她虽然失去了青春却也不会再衰老"（第78页）。所以他后来在台湾导游那里发现"只有做爱是真实的"时，就发出了"成熟其实是人生最可怕的境界"的惊呼（第65页），并且顺便给自己今天的玩世不恭提供了严肃的理由："你想我经过了这些事情我哪里还有感情支付给你。"（第79页）这种玩世不恭似乎与真诚的爱情丝毫也不冲突，相反，这才是一个人大彻大悟了的真诚的表白，它是当代一切"渴望堕落"的文化人的真心话："我们都是一群老娃娃，我们写累了想累了在生活中受够了然后想宣泄一下卑鄙，因为一味地高尚叫人受不了。我们要把卑劣和神圣的界限打破，使我们既体会到神圣又玩味到卑劣，既表现出高尚又得意于下流。"（第85页）这几乎就是王朔口吻。他就带着这种口吻在国际性的文学讨论会上夸夸其谈，说"中国作家经历了一系列苦难，我们的肚子里营养不良而脑袋里却相当充实"，但充实的脑袋里流出的却"全是幻想"（第85页）。随即他庄严地宣布："文学，表现的是人类的幻想，而幻想就是对现实的反抗！"（第86页）他说这句大话时居然毫不害臊，似乎忘记了他的"反抗"连同他的"文学"在20年前只不过是手淫的伴奏这一事实。当然，现在这"幻想"又反过来成了一种性挑逗。果然，那位向往着"原始野蛮状态"的"太文明化了"的台湾女导游上钩了，她崇拜的是他身上那股子"原始的粗犷气味"和"强盗的子孙"的血统（第89页），而不明白这一切都是装出来的。他倒是向她坦白了自己的狡猾，内心里觉得大陆人其实比台湾人、比全世界的文化人文明程度都高得多，只有他才能说出这样至深的道理："真正的学问是说不出口的，最宝贵的东西是人内心的体验，只让它深深地埋藏于内心，千万别说出口。世界上的真理都无法证明，凡是能说得一清二楚的道理都掺着假。与其一本正经地说半真半假的话不如把一点内心体验嵌在玩笑里。"（第90页）这种坦白其实仍然是一种真正的城府和狡猾，他鄙薄了全世界的作家也鄙薄了自己，说了"倘若我会打烧饼的话我一定去卖烧饼"的假话，无非是想把自己装扮成一只"狼"，诱导台湾导游和他上床。

三

通常，特别是80年代后期以来，中国在作家们一提到"文明"和"野蛮"的话题，便会眼睛放光、笔底顺畅起来，那倾向，大抵是说野蛮要比文明好，更美也更有刺激性。莫言的《红高粱》曾使我们在这方面大开眼界。遗憾的是他还只是站在山东高密东北乡的土埂上自吹自擂，而并没有把擂台摆到美国去的奢望。张贤亮却在这里给我们提供了一幅西洋景（或"国际舞台"）。他让"野蛮的"（或自以为野蛮的）章永璘与浸透了西方文明的台湾女导游在同一张床上较量，互相扒下了"胎膜"。"我们都同时用原始的力量恢复到原始状态。我们都闻到了洞穴和森林中潮湿的气味。我们一起体验到野蛮人的快乐。从文明到野蛮和从野蛮到文明同样艰难。但我们竟一步就跨过了一万年。"（第92页）"我想我们两人大概是一人这时要从文明走向野蛮一人这时要从野蛮走向文明恰好在某一点上碰撞上了。"（第93页）显然，在这场文明和野蛮的较量中，代表"野蛮"的章永璘是绝对的胜利者，是控制局面的一方，因为整个做爱都是向原始状态的复归，是向章永璘的"老家"的回归。野蛮在自己的"家门口"打败了文明。所以章永璘故作天真地说"这一撞把我撞懵在文明和野蛮的交叉口。我不知道是应该向文明走还是应该向野蛮走"（第93页），实在是言不由衷。他实际上根本没有在文明面前自惭形秽的感觉，而只有对自身野蛮的得意。甚至当他此时联想到当年野蛮地遭到"枪毙"的全过程（第94—104页）时，他仍然骄傲地想"我已经被改造成一个受苦的人而现在却叫我去享受我便会比受苦还难受"（第109页）。面对现代文明的压力他动不动就冒出一句劳改队的痞话。他觉得既然他已经死过好几次他这条小命是捡来的他就可以向整个世界任意发泄他心中的"暴戾之气"。（正如王朔表明的：我是流氓我怕谁！）

然而，在西方文明的衬托下突现出来的这种"野蛮"是非常脆弱的，它其实并不是真正原始强健的生命力，而是另一种扭曲变形的文明。这种文明的古老程度、悠久历史和深邃城府远远超过西方文明，与它相比，西方文明简直是小儿科。

章永璘已经做到了连死都不怕，但千万别以为他因此就成了一头无所畏惧的狼。"我不害怕死，但害怕恐惧。最害怕的是恐惧着，又不知道为什么。"（第117页、第118页）其实他完全知道为什么，这就是害怕孤独，即"害怕我好像和他们不一样"，"我总是在追求和别人一样"。与大家一样，即使是死，他也会感到"很美"甚至"自由"（第121页）。这就绝不是野蛮人能做得到的了。这种懦弱的人格一旦遭到孤立，就会被人看出"这小伙子的球跟他妈的蚕豆那么大一点"，"连鬼看了都笑话"（第123页）。很难想象，这"蚕豆那么大一点"的东西中藏有多少原始生命力，能够应付那一次又一次的"成功的做爱"。这要么就是吹牛，要么就是台湾人毕竟还属于中国文化的范畴，在这个范畴中，章永璘是老资格的统治者，女导游则是未经世故的儿童。所以，"非常令我惊诧的是我以前在大陆可爱的政治教育完全可以用来对付你在爱情上的要求，好像我自小到大就在一所欺骗女人的学校就读"（第139页）。也就是说，他用来满足女导游的绝不真正是他原始的生命力，而是他的"文化"，这种文化天生有一种恋母的倾向，即在自己的性对象身上把自己变成婴儿。"我多么想从你身上回到我母亲的身上去"（第140页），即回到母亲子宫里去。这种恋母情结表现在社会文化上，就是回到群体、集体的怀抱里去，这正是害怕孤独的心理根源。

章永璘却似乎并没有清楚地意识到这一点，他抱怨"阶级路线"的贯彻使他与母亲势不两立，教导他爱领袖就必须"胸中充满仇恨"，从而导致了他在女人面前的阳痿病（第143

页）。但他没有看到，阶级路线其实给他找到了另一个更伟大的母亲，这就是"群众"。阳痿病的病根正是对这另一个母亲的爱恋。"应该"之爱（"阶级感情"等等）其实就植根在他固有的恋母情结之中，因而使他噤若寒蝉、无法反驳，"仅仅用一根手指就推倒了我原始的爱情"（第143页）。因此他返回这种恋母倾向丝毫也不能使他从根本上健全起来，而只能使他更进一步地放弃自己、融化自己，取消自己在子宫外的独立存在。无怪乎"我刨遍了胸膛里每一个角落都发现不了那分要付给你的爱藏在哪里"（第144页）。这并不是别的什么人把他的爱清除出去了，而是他自己的恋母倾向使他永远无法建立起成年人的独立的爱情，永远把他推向婴儿和胚胎的境地；并不是"对我多年的批判养成了我时时自我批判的习惯"（第124页），而恰好是他从小不愿意长大，眷恋母亲的乳房和子宫，使得他对自己身上任何超出婴儿的改变和发育持强烈的否定态度，才导致了他对外来的批判（这种批判归根结底是批判他不纯洁）心悦诚服，心领神会，奉为圭臬。所以，"他之所以那么害怕批判是因为批判者的声音早就在他自己心里叽叽喳喳，那是他不断自我批判的继续"（第200页）。恋母转化为眷恋群体，害怕孤独甚于害怕死亡（因为肉体的死亡至少还说明与母亲的某种联系，而对一个没有独立人格的人来说，孤独意味着纯粹的被否定、无）；自我批判、自我取消导致阳痿。

看来唯一能突破恋母情结的就是人类原始本能的性成熟了。恋母的文化毕竟是非自然的和反自然的。当年章永璘的阳痿病的治愈并不是由于投身于群体文化之中（如作者可能会认为的），而正是由于暂时游离于群体文化之外，是由于文化的松弛和疏忽使他得以展示了一个成熟男人的能耐（见《男人的一半是女人》）。因此，在中国，性能力的健康成长或恢复通常都是通过反文化或钻文化的空子才获得了一席之地。这种对文化的抗拒使中国人真实的性生活显得特别"痞"，它始终是"名不正言不顺"的，甚至长期以来是无名的、匿名的。一个有文化的中国人，倘若他不愿意"堕落"，不愿意口是心非（"满口仁义道德，一肚子男盗女娼"），他就必须自觉地禁绝性快感和性生活。有文化的中国人的楷模和样板就是无性人（如"样板戏"中那些不结婚、不生育的人物）。然而，有文化的中国人至今还在绵绵不绝，这件事实本身就说明了他们的原则本质上的虚伪性、自相矛盾性。所以退而求其次，文化原则要求中国人在性交时至少不要显得太张狂、太"痞"，要有节制和克制，要有文化和想到文化（如传宗接代、弘扬和光大祖宗基业等）。这使得中国人的性生活索然无味。幸好中国历来文化人不多，群众"文化素质"不高，否则很难想象今天能发展成12亿人口的泱泱大国。章永璘当然是文化人并且一心想继续做一个文化人，虽然他对这个文化的仇恨和诅咒胀满了心胸，但他仍然死抱着这个文化原则不放，问题似乎只在于如何使这个原则与他的原始本能相调和，否则他就会"始终对爱心有余悸，就和对政治运动心有余悸一样"。现在，一个代表西方文化的可人儿来到了他面前，这可人儿以一种"太文明化了"的语言告诉他，他不必为自己的性欲感到羞耻，也用不着苦苦追求那超出性欲之上的特别意义。"是你，指导我落在性

欲的满足上，原来这就是爱。"（第145页）"是你教我知道
了做爱就等于爱，这样我便安心了，我用不着再去寻找什么爱
的'意义'。"（第153页）现代解释学认为人只看见他想要
看见的东西。章永璘从西方文明中看出的正是他长期以来所向
望而又不能名正言顺地说出来的东西。他从另一种文化中获得
了表达这种东西的文化语言。他不再担心自己的堕落，他感到
这种堕落其实是一种更高的文明，是西方人想望都想望不到
的。他今天是以一种赐予者的姿态把中国文化最不可言传的奥
秘"弘扬"到了西方女人的床上。

但另一方面，台湾女导游在他身上追求的却是做爱的"意
义"，野蛮和痞在西方文化中都有了意义，都被"意义化"
了。在她看来，语言本身不是空壳，也不是挡箭牌，而正是这
种意义的"文化"（文明化）的表达，因而是美丽的（"一只
狼"是美丽的）。当章永璘滔滔不绝地向她说着大话、空话和
谎话时她却在如醉如痴地欣赏着这些话的"意义"。她并不注
重这些话的真假，她看重的是形式。只有章永璘（和一般中国
人）才一心只想到形式底下的实质性的内容（如是否能占到便
宜）。这就是两种文化在他们两人身上所体现出来的既相交叉
又相错过的奇怪的情景。

四

害怕孤独除了体现在性观念上外，就是体现在政治生活
上。"一个男人总是随时随地面临着两样东西的进攻：一个是

女人一个是政治。"（第170页）这是章永璘数十年苦难生涯的总结。书的第四部写到章永璘在美国听到他的小说在大陆又受到批判的消息，他吓坏了。"他现在盼望着身边有一个人。只要一听到'受批判'，第一个条件反射是立即有一股冰凉的孤独感淋遍全身。"（第169页）受批判就是受孤独，要爱一个女人就是要求自己孤独地向一个女人突进，这两者都是同样的可怕，比死还可怕。所以"'文化革命'中中国人竟然如此残暴、如此荒诞不经，多半有性压抑的原因。"（第177页）不同的是，性压抑在现在已经可以通过逃到西方的观念，甚至西方女人的床上来解除，政治上的"恐独症"却是任何外来文化所无能为力的。章永璘在和女电影演员重逢时说："'我们'是谁？我们是'被搞乱了的一代'。"他是在重复女演员的话："我们的思想被搞乱了，生活被搞乱了，好像连上帝预先给我们安排的命运都被搞乱了！"但什么叫"搞乱了"，书中始终没有交代。其实，"搞乱了"就是回复到了原点、混沌，就是你我不分、生死不分、人鬼不分、人与物不分，全都互相掺和、搅混。"你被'搞乱了'，你也'搞乱了'别人"，"墓地其实就是再生之地。这样想你便会感到这个世界上并无什么罪恶可言，所有的罪恶都功德无量。"（第213页）"原来在这里完全没有人为的规范。"哪怕是一棵树，也只有用铁丝网围起来才能幸免于他人的干扰和侵害（第228页）。所以，"搞乱了"正是每个中国人灵魂中害怕孤独、总想与别人（也与天地）"同在"、掺和、"我中有你你中有我"的根本倾向。"不是什么别人喜欢搞中国人而是中国人喜欢别人这样搞他们，就像孩子喜欢有人把他陡地抛到空中，又陡地悠到胯下。"（第218页）有的人写检讨有瘾，就是指望通过诚恳地痛骂自己，而再次从胯下被悠到空中。

但既然如此，为什么章永璘还觉得这种"搞乱"比死更可怕呢？为什么每个中国人回忆这种乱局会心有余悸呢？"中国人确实不怕死，但不怕死的人却并没有搞出什么惊天动地的名堂，就是因为我们除死亡以外却怕着别的什么东西。那么怕的是什么呢？是什么比死还可怕呢？我真没有想透。"（第179页）其实，"搞乱"是中国人害怕孤独的表现，"害怕搞乱"同样也是中国人害怕孤独的表现。真正说来，中国人害怕的不是"搞乱"，而是在乱中及乱完之后自己被钉在"不许乱说乱动"的位置上，正如中国人不怕写检讨，怕的是这检讨不被上级和群众通过，永远被逼着交代问题。所以只要没有这种顾虑，中国人是"唯恐天下不乱"的，过不几年就盼望来一次"群众性的政治运动"，把那些与群众稍有不同的人的"尊严、爱情、自尊和自信以及与群体的认同感"剥夺殆尽（第188页）。"文化革命"就是一场有人高兴有人愁的运动。章永璘当时如果给他一个整别人以救自己的机会，他未必不会活得有滋有味兴致勃勃。只是由于在这场运动中每个整别人的人到头来都挨了整，所以它才不像过去那些运动那样总是留下一个光明的尾巴，而遭到了"全盘否定"（但直到今天也还有些没吃够亏的人在喃喃地念叨着它的"光明面"）。谁能说这场运动不是中国有史以来全民族的一次大融合呢？在大串联中，在揪斗"走资派"中，在派性斗争中，上下级之间、父母子女兄弟之间、有钱没钱之间、有文化没文化之间、高贵与卑贱之间的一切界限均被打破。每个人和每个人都互相"搞乱"，以"革命"的名义彼此渗透。就连过去那些"牛鬼蛇神"（如右派），也都蠢蠢欲动地想在这场运动中改变自己的命运，并且确实做到了与那些"走资派"在"五七干校"的牛棚里平起平坐、彼此彼此。这是一场人人都渴望投入群体怀抱的运动。如果一定要追问什么比死还可怕，或什么比生命更重要的话，那么唯一的回答只能是对"群体认同感"的剥夺，或者是归还。

但群体认同感不仅表现在空间并列的同时性上，而且表现在时间先后的历时性上，这就是对上一代人，乃至对死人的认同。章永璘时时不忘自己是"强盗的子孙"，他祖先的声音在他的梦境中，在他的心灵深处震响。他从他父亲30年前的情人身上看到了自己对女人的趣味。他以为"不断追查祖宗八代和不断地批判传统的结果却是使每个人都失去了祖宗也失去了传统，每个人都成了断了线的风筝在天空飘来荡去"（第192页），要是真有这么简单就好了！其实被追查祖宗八代被断了传统的只是那些"黑七类"，为的是"红五类"的祖宗八代和"革命传统"更加一脉相承。并不是对传统的看重使我们失去了传统，而是对传统的批判恰好更加巩固了传统。他在父亲的女人身上蓦然发现"这个世界上根本没有他……他在几个女人身上所做过的事其实是亘古以来不断发生的事的不断重复"（第199页），他"竟然会把自己、自己的父亲和目前对他展开批判的批判者全搅合在一起"（第201页）。因此并没有他、你、我，没有"人"，只有"我们"，只有亘古不变的传统！

于是这传统就积淀为地下层层叠叠的白骨。章永璘回忆起在劳改队，为了糊弄那些向队上索要已故劳改犯骨殖的家属而被派往乱葬冈子挖死人骨头的事。那些骨头都是些无主的骨头，张三的或是李四的根本不重要。"我们这代人真是连骨头都被搞乱了！谁知道我们身体里支撑着肉体的骨头是不是我们原来的骨头！"（第209页）事实上也是如此。人活着时就恨不能把自己的心挖出来交给别人，交给大家或"群众"，死了何必在乎哪根骨头或哪副骨架是自己的呢？人生前或死后都不是自己，生前只是呼口号时一致举起的一片树林般整齐的手臂，死后则是被野兽飞禽叼乱和"打成一片"了的森森白骨。章永璘想起《红楼梦》中"贾天祥正照风月鉴"的故事，这整个挖骨头的工作恰好就是风月宝鉴的一个放大了的象征。但章永璘的观点比曹雪芹更进步、更现代化了，他表明中国人"既能看风月宝鉴的正面也能看它的反面"，即不仅能从一个美丽的胴体中看出一副骨架来，也有本事从一副枯骨中看出一具美丽的胴体来。现代中国人决不会由于对白骨的恐惧而妨碍他做爱的情绪。他甚至可以凭一副带长辫子的女人骨架而引发无限浪漫温柔的美好联想！他认为真正的大彻大悟就是发现"女人最美的不是她的肉体而是她的骨头……肉体已经定型并且还会衰老，不变的骨头上却可以产生出无尽的想象，你想象那副骨头上的肉体有多美，她便有多美"（第221页）。贾天祥当年若进化到这一步，他也许就不会撒手凡尘了。现代中国人的"意淫"水平早已比几个世纪前高了不止一个层次。这种意淫已不只是随时移情于一个一个"水做的"清纯女子，而是彻底地普遍化为没有形体的（"气做的"）"裸裎的灵魂"，而"以这种随时随地都能做爱的姿态飘逸在宇宙空间"（第206页）。当然，它也能够附着在某一个活生生的女人身上，他可以要求他的长头发的情人按照那副枯骨的头发式样编一条长长的辫子，以便"心安理得地与她做爱"（第213页）。

五

"意淫"与"皮肤滥淫"的这种"理一分殊"的"辩证结合"，在章永璘毅然决然地、深思熟虑地、有计划有预谋地去嫖妓时便发挥到了极致。事前，他如临大敌，竟然用上了一条毛主席语录："既来之，则安之，自己完全不着急。"并给自己找出了意识形态上的理由来壮胆："你知道你在开始反叛，你要努力挣脱三十多年来给你施加的影响和教育。但你无力，你只能用堕落来表现超越，用堕落来表现你的抗议。因为一切美好的词句，那些高尚的诱人的语言，都被批判者所垄断。你要越出批判者的规范只有坠到泥坑当中去。没有别的出路……"他还引用另一位诗人的话说："只有在中国变成一个大妓院时，中国才能进步！"（第239页）好了，够了！来试试身手吧！可是不行，他绝不能像真正的嫖客那样一上来就动手动脚。"你怎么也要想些话来说，为了做爱而做爱，把做爱仅仅限于动作，这不是你的习惯。在做爱上你是个抒情诗人"（第240页），"你要加强做爱前的抒情性，你说：'你很像我的一个女朋友。'虽然你并没有从她的眼睛里、从她的脸上找到你任何一个女朋友的影子。""是吗，那很好。"

> 你感到她的语言和她面孔的表情都是平板的。在她有力的手下，抵制了你的移情性。你越来越觉得自己只不过是一个物件。一会儿，她俯下头，又要动用她的舌头。你闭起了眼睛。正在这时，"砰！"你听见了一声枪声。（第241页）
>
> 你便清醒地意识到你再也没有能力和她做爱了。（第242页）

章永璘抽出一百美元钞票赏给姑娘以免她瞧不起自己，这更显出他的猥琐渺小和可笑。这真是丢尽了脸面，丢尽了他那一套一套振振有词的辩证法的脸面，丢尽了高深莫测的中国文化的脸面。他只有"仰望苍天，用中国话大声地喊了一句：'完了！'"（第243页）事实证明，"我既丧失了堕落的能力，也丧失了进入另一种生活方式的能力"（第246页），证明中国即使变成了一个"大妓院"，中国也不能"进步"，证明"意淫"一碰上真正的"皮肤滥淫"就不堪一击，全线崩溃，就暴露出一直被玄奥云雾遮蔽着的阳痿。但章永璘把这场惨败的原因归结为"那颗子弹早就射进了我的大脑"，即归结为他年轻时代所受到的外部心理创伤，而不承认这是他作为一个中国文化人与生俱来的本质的屠弱，这只不过是为自己能够再次在"爱国主义"的旗帜下强充好汉、自欺欺人而放出的烟幕。正如阿Q一样，他甚至有点赞美起那"枪声"来了，因为它既给他带来恐惧，也给他带来兴奋，使他终生具有"活力"，乃至保持了令西方人羡慕的"标准身材"（第247页）！但他毕竟比没有文化的阿Q聪明，直到他在马缨花那里试图给自己的故事画上一个圆圈时，他也因为未能真正做到自圆其说而对自己、对这个世界深感歉意。"这时我想请求谁原谅，也想我对别人同样应该宽恕，但是我想了半天仍然不知道我错在哪里和别人有什么错。""别再谴责我吧！即使是将来枪手自动地或被迫地放下武器（我并不敢抱这样的希望），我也会把一个血窟窿还回去，因为那颗子弹始终压迫着我的一根脑神经。"（第248页）就是说，即使不再有外来的迫害，他也注定要自己迫害自己了，谁还忍心去谴责他呢？

这种绝望的悲鸣和告饶，已经不再是大团圆的气氛。章永璘给中国人留下了一个问题。《习惯死亡》这本书的可贵之处，也就在于提出了问题。这问题就是：我（或中国知识分子）究竟错在哪里？但这个人和这本书的糟糕之处也正在于，他在搞清这个致命的、生死存亡的大问题之前，就已经在预先乞求别人的原谅和宽恕，并以主动地自戕和自轻自贱来换取人们的同情和怜悯，来模糊问题的实质了。这充分表现了主人公思想深处的懦弱无力、生命力可耻的颓丧和沉沦。故事的结局已把全书那些最为春风得意神采飞扬的情节从半空中打落到了最见不得人的讳莫如深的处所，作者和主人公却仍然在留恋和欣赏自己在故事中的深刻、机智、抒情和潇洒，乐不思蜀、乐而忘返，而将乐极生悲的终点尽可能推延和一笔带过。至少，作者自己以为他在这本书中已经尽其所能地把一切都说出来了，他没有隐瞒什么和回避什么。"他说他将来一定要写一部小说把自己全部暴露出来，让女人知道男人究竟是一种什么讨厌的动物。"（第176页）这实际上是他对自己这部小说的评价。他同意这种看法："西方的艺术是想着如何把真实表达得更美更具有个性，我们大陆人还仅仅停留在争取把真实表现出来的阶段。"（第114页）这从某种表面层次上来说是对的。但真正说来，没有个性却能把真实表现出来，"把自己全部暴露出来"，这对于艺术来说只是一个神话。没有个性的艺术肯定是虚假的艺术。在艺术上要做到客观真实，绝对必须要有个性。有生命的力量。章永璘的生命力已达到了一个中国文化人生命力的极限，他甚至已看出一切的一切都错在自己身上，因而提出了"重新创造"新人的历史使命。但他再无能力去进行这种创造，只能在意淫和皮肤滥淫之间、文明和野蛮之间、成熟与返回到子宫之间、语言和失语之间左冲右突，最终不能不陷入虚假和伪善，成为对现实和自己灵魂的粉饰。他不明白一个真理：真诚不是一个人想要做到就能做到的，这需要艰苦的努力和运思去挖掘自己的灵魂，需要痛苦的自我反省和怀疑，需要否定自己的否定、批判自己的批判。这是一个比外在的苦难历程更为痛苦而且绝无安慰的过程。

现在我们再来看看另一些更有个性的作家是如何在推进中国人的灵魂深度、展示中国人的生存实况的。在这些作家中，首先进入我眼帘的是王朔。这不光是由于他的名声巨大并长久不衰，而且更重要的是他代表中国当代灵魂的一个极端的环节，一种不可或缺的内涵，这就是所谓"痞子精神"。

二

王朔：痞子的纯情

其实，痞子精神在张贤亮那里已经具备了。当他笔下的章永璘一门心思要返回到原点、回归到原始本能和性与死的同一时，甚至更早，当他在马缨花面前操起粪叉忍无可忍地和海喜喜干仗（《绿化树》）时，他内心根深蒂固的痞子意识就已经觉醒了。表面上，他是在社会最底层受到社会渣滓和劳改犯们的痞性的熏陶濡染，而具有了看破一切的痞子眼光；实际上，这只不过是他从小受到的文化教养中所包藏的隐秘面在适当的气候环境下的自然滋长。章永璘正如其他许多文化人一样早已被文化造就了"才子加流氓"的秉性。只不过他自以为，80年代他的流氓本性的大暴露是一种文化上的提高和升华（如他说："把相爱等同于做爱，人类的爱情在我们这个时代得到了升华。"《习惯死亡》第71页）。他自始至终不认为也不承认自己生来有流氓性、痞性，而一直都以一个受过伤害但仍然儒雅而深刻的文化人自居。所以他"渴望堕落"而不能。"他只想去哪里寻副真正的人的面具来戴上，使他能像一个真正的人腰板挺直地活着或死去"（《习惯死亡》第184页），因而他没有真正看透中国人、至少是中国文化人的这种完全无望的绝境，只好用自欺来糊弄自己。

相反，王朔则是真正绝望了。他开始突破了张贤亮的自欺。在他看来，一切漂亮美丽温柔儒雅的"真正的人的面具"都是伪善，艺术家的真实使命在今天首先就是要揭穿伪善。他对一切能够燃起人对人性的些微希望的言词都怀有高度的警惕，并报以辛辣的嘲讽，以至于人们认为他甚至根本就不想再成为人，因为他写下了《千万别把我当人》。他破除了传统知识分子对自身文化还具有某种人性因素的最后一点信念。在这种意义上，我把他放在世纪末灵魂的高于张贤亮的一个层次上来讨论。他展示了90年代文学的另一种生存意境。

一

王朔的"痞子精神"并不像有些人所设想的，意味着王朔笔下的人物乃至王朔本人就是真正的街头痞子、道德败坏的流氓。我曾在一篇文章中讲到过，王朔的痞其实是来自最纯洁的纯情（见拙文《纯情和痞——中国新时期作家的双重自我》，载《文论报》1995年1月15日）。表面看来，王朔的人物一个个嬉皮笑脸，一点正经也没有，对时下一切崇高、严肃、沉重的话题作毫无顾忌的调侃；但实际上，这些人的内心世界是非常真挚的，他们通常比那些高层次的文化人，那些高谈道德、理想、社会和历史的智识阶层人物要实在和正派得多。他们的痞只表现在口头上、语言上，因为这个语言在今天已被彻底败坏了，已不再能够表达任何一种真正严肃真诚的意义了。因此当他们以痞里痞气的语言揭示出语言本身的真实惨状时，他们反倒能够代表一种原则和标准，使那些正人君子们稍一反思就会自惭形秽。当然，王朔的作品之所以获得"痞子文学"的称号，还是由于他的影响主要在于他对语言的这种严肃性的强大的破坏力和杀伤力。但这只是表面的。要想真正深入地把握这种"痞子精神"，我们决不可忽视王朔的另外一类较为严肃的作品，那才是痞子文学的真正土壤。这些作品中，写得最出色的就是《过把瘾就死》。这部小说无论是从对话语言的运用还是从人物心理描写的细腻准确（所谓"情感的逻辑力量"）来说，都可以称得上一流水准，除了偶尔有几处语病之外，几乎可以和托尔斯泰的《克莱采奏鸣曲》并肩而立。

小说一开始就点题："杜梅就像一件兵器，一柄关羽关老爷手中那种极为华丽锋利无比的大刀——这是她给我留下的难以磨灭的印象。"（《过把瘾就死》，华艺出版社1992年版，第1页，下引此书只注页码）这种比喻是奇怪的，但读过小说之后仔细一想，觉得恰当无比。杜梅在小说中是中国现代爱情最典型最感人的代表，但这种爱是任何人所无法承当的，犹如一把杀人的利器，碰一碰都要重伤。但这一点当事人在事先是怎么也想不到、预料不到的。因为，"我"和杜梅的结合完全是"顺其自然"、自由恋爱。当杜梅经过了半年的"毫不含糊"的恋爱过程而向"我"提出结婚时，"我"虽然出了一身"冷汗"，但由于"当时我还很年轻，不想太卑鄙，于是答应了她"，后来才想到这是杜梅的一种"要挟"，一种交换条

件（你爱我，就得娶我）。当然，这是我们的婚姻制度所规定
"正当权益"，"我"无法拒绝也没有想到要拒绝。但杜梅绝
不是那种以自己的身子和男人做交易的女人，也决不会满足于
单纯法律上的"结婚"，她要的是有最纯洁无瑕的完美爱情的
婚姻。所以，"新婚之夜，杜梅反复纠缠我一个问题：她是不
是我心目中从小就想要的那个人？"可以说，这就是杜梅衡量
纯洁爱情的理想标准。

这里有两层意思，首先是"从小"。即是说，爱情必须
是从幼年时代未经变故一直保持下来的原汤原汁原味，否则就
不正宗，掺了假。因为只有童年才是最真挚、最无机心、最纯
真的。这已经为杜梅和"我"后来的爱情生活定下了基调，即
必须返回到儿童式的"两小无猜"、互相袒露状态。要尽全力
把成年人的一切面具、城府和隐秘杂念清除出去。其次是"那
个人"，就是说，这种理想爱情具有绝对的排他性，不仅在空
间上排他，而且在时间上也排他：爱人必须是一个从小到大一
直关注于心而目不旁骛的"那个人"。杜梅自以为自己的爱情
是符合这条苛刻的标准的。但"我"却支支吾吾地回避正面的
回答，终于用谎言蒙混过了关。当她问"你觉得咱们这是爱情
么"时，他的回答是不踏实的："应该算吧，我觉得。"（第
3页）杜梅对这样的回答竟也心满意足，可见她并不是真想落
实这一客观事实，而只是希望从爱人那里得到一种保证。她其
实并不在乎丈夫是不是把她看作"心目中从小就想要的那个
人"，她只是一厢情愿地向"我"敞开心扉：我对你就是这样
真心实意的，你自己看着办吧！"反正我是拿你当了这一生中

唯一的爱人，你要骗了我，我只有一死。"这才是一种真正的要挟，即情感上的要挟。这种纯情的要挟是如何转化为痞的，正是小说所要描写的主题。

小说回顾了"我"和这个"像蒸馏水一样清洁"的女孩相识和恋爱的过程。杜梅作为一个未婚姑娘的心计在言谈举止间表现得淋漓尽致。她实际上是对"我"一见钟情，但却要了个小小的花招，假模假样地要把一个"人挺好"但貌不惊人的姑娘介绍给"我"做朋友。在接触过程中她一边不断地对"我"用正话反说的方式进行试探、考验，唇枪舌剑地进行情感和智慧的较量，一边半是撒娇半是挑逗地展示自己的贞节观念，以至于直到人人都认为他们是情人时他还"连手都没碰过她"（第15页）。"我"的这种规规矩矩其实也是一种诱惑，尽管"我"在口头上和处事待人的态度上正如其他现代青年一样缺乏正经，一旦动起真格的来却是有原则的，这正符合杜梅理想中的男子汉模式。他甚至在杜梅主动到他家来过夜时都"鼓不起勇气"吻她一下（第18页），可见"文化"在他身上实际上是多么根深蒂固。他后来说："我并不是出于感动才导致后来和她结婚。毕竟感动只是一瞬间的情绪波动，而大部分的时刻都是在理智地权衡。"（第19页）这实际上就是绝大多数中国男人的结婚观念。看来杜梅是深深知道这一点的，所以在他们领结婚证那天就吵了一架。吵架是由"我"的一句玩笑话引起的。从婚姻登记处出来，"我"说："从此就不算通奸了吧？"（第20页）其实这句玩笑正是他此刻的真实感觉：婚姻对女人来说是保障，对男人来说是义务。敏感的杜梅大大地

"无理取闹"了一番，"我"只好向她解释："你说我要不是真心对你好，我能跟你结婚么？我这么自私的人能决定跟你结婚——我完全可以不这样，反正也那么回事了——那就说明我……动了情，你说我会后悔么？"（第21页）

这里有几个词需要琢磨。一个是"对你好"。显然这是"爱"字的含糊表达，但它又不完全是指内心的爱。我们通常说某某人"对他妻子特好"，只不过是指这人的外部表现，并不深究他内心的情感究竟如何。但它时常用来代替"爱"字。如杜梅每次发脾气时几乎都要求："对我好点！"（第99页、第52页）"我不能容忍你对我一点不好。"（第108页）另一个用来代替"爱"字的是"动了情"，这是更具体一些的表示，它与"反正也那么回事了"是截然不同的。一般说来，中国人对于"爱"字是说不出口的，"我"曾发现中国人说"我爱你"三个字"都是跟外国电影里学的"，而且只能"用英文说"（第59页），用汉语说别提有多肉麻。他说："杜梅，咱们是中国人，就要讲究个中国气派和中国形式。"以此来搪塞杜梅要他说出那三个字的要求。杜梅不依，"中国人怎么啦？中国人都是伪君子，你从来都没说过一句爱我，从咱们认识就没听你说过。不行，今天你非得对我说你到底爱不爱我？""这还用说么，我已经实际行动证明了。""什么实际行动？我就要听你用嘴说，爱还是不爱？""当然……""别拐弯抹角，直截了当……怎么就这么难呢？比要你的命还难？"最后，在杜梅的步步紧逼之下，"我"终于挤出了一个字："爱。"说完自己脸红了（第60页）。

中国人为什么不能用嘴说出一个"爱"字，尤其是不能在男女关系上这样说？而且越是真诚的人越是说不出口？《诗经·小雅》中就已经点出："心乎爱矣，遐不谓矣，中心藏之，何日忘之？"即心中有所爱而说不出。对于爱，中国人比较文雅的口头表达是"动情"或"有情"，甚至是"有情义"，比较一般的则是说"对你好"。这是因为中国男女情爱从来都是被动型的，是自然而然、水到渠成、不可强求的，至少在人们的理想中、观念中和文化心理中是这样或认为应该是这样。因此即使是"君子好逑"，也必须像"关关雎鸠，在河之洲"那样，"情欲之感，无介乎容仪，宴私之意，不形乎动静。"（朱子注《诗经·关雎》）"爱"字与"情"字的不同，恰好在于一个是动词，一个是名词，因而一个主动、躁动，一个被动、娴静。躁动暴露出个体的欲望，显得可笑和渺小（所以《红楼梦》里的史湘云把"二哥哥"说成了"爱哥哥"会成为众人的笑柄），娴静则克制和掩饰个体的冲动，期待着自己融入自然的流变之中，并通过自然流变逐渐渗入他人之中，这才显得清纯、真挚。但这样一来，爱情本身就始终被个体的取消不了的"臭皮囊"包裹着（中心藏之），阻隔着，封闭着，"实际行动"不能证明，言词也不能表达，真正成了玄奥莫测、捉摸不透、"心证意证、是无有证"（《红楼梦》第二十四回）的东西。所以贾宝玉抱怨林黛玉"你就知你的心，不知我的心"（二十回）。但中国人没有办法。即算红着脸说出了一个"爱"字，也只能骗骗杜梅这样的幻想家。中国人在爱情上的失语早已使一个懂得世故的人绝望了。"我"就对这个虚假的字眼深恶痛绝："就是那最酸的，被各种糟人玷污得一塌糊涂，无数丑行借其名大行其道的那个字眼"，"一听这字我就恶心，浑身起鸡皮疙瘩，过敏，呕吐。一万个人说这个字一万个是假招的！"（第27页）

　　杜梅是一个颇有现代眼光的姑娘，她既不是林黛玉，也不是薛宝钗。她不能容忍将"爱"这个字藏在心里，她要求真实的、可以抓得住的爱。但问题在于，她这种对爱的要求仍然采取了传统的方式，即取消人与人之间的个体距离的方式。她总以为，一对爱人结合以后，就有权利对对方的内心世界横加干扰和探测，有权利限制别人的自由，对别人采取"逼、供、信"。这一切都有一个最充分的理由，就是"爱"。这种爱给他们的婚后生活带来了无穷无尽的烦恼。不断地吵嘴和口角，不断地问"爱还是不爱"，以至于"我"忍无可忍地喊道："我觉得你在思想上太关心我了！都快把我关心疯了！一天到晚就怕我不爱你，盯贼似的盯着我思想上的一举一动，稍有情绪变化，就疑虑重重，捕风捉影，旁敲侧击，公然发难，穷原竟委……杜小姐，你不是对我不好，你是对我太好了！你对我好得简直我粉身碎骨无以回报，而你又不是一个不要求回报的人！""你对我的'好'给我造成巨大的精神压力。不客气的讲，你用你的'爱'就像人们用道德杀寡妇一样奴役了我！"（第111页）任何活生生的爱在这种方式下都不能不窒息、死灭，因为这种杀人的爱完全抹杀和否定了人是一个个独立的人格这个事实。它蛮不讲理地把两个人硬合成一个人，使每个人都不成其为人。这正是中国传统女性世代向往的爱情方式，如明代有一首民谣所唱的："傻俊角，我的哥！和块黄泥捏咱两个。捏一个儿你，捏一个儿我，捏的来一似活托；捏的来同床上歇卧。将泥人儿摔碎，着水儿重和过，再捏一个你，再捏一个我；哥哥身上也有妹妹，妹妹身上也有哥哥。"甚至章永璘这位具有现代观念的才子也在和女人交欢之后想"把你砸碎"，"当我们都粉身碎骨之后便分不出你我。"（《习惯死亡》第117页）人们似乎从未想过，在爱恋中的这种打碎重和、粉身碎骨一旦在现实中实现出来会有多么痛苦，除非双方都是未成年的儿童，对待爱情就像对待捏泥人游戏一般；除非双方都没有独立人格，生就的奴性和受虐狂，可以随时融化在如水柔情的浸泡之中。中国传统人格的这种"黏糊"劲和互相掺和的欲望只有在中国人理想的纯净爱情中才找到了充分的表达场所。爱给中国人回复到童年、赤子和婴儿（恋母情结）的隐秘向往提供了发泄口，展现了中国文化最深刻的本质。所以章永璘把情人当作母亲来爱，杜梅的吵吵闹闹怎么看也像小孩子过家家。然而，一个具有小孩子心态的成人就像一个掌握了现代化武器的野蛮人一样，行动起来是可怕的。

二

于是，事情自然而然地滑向了它应去的方向，直到高潮。在蜜月中，"我"和杜梅的眼光都是朝向过去的，"从不想未来，因为我们没有未来"（第27页）。未来应当是成熟、独立，这是他们不愿看见的，他们念念不忘的是人格尚未独立、只有一片依恋之情的儿童和少年时代。为了彻底将两个人合成一个，首先要排除"她们"的存在，"就当她们没出生过"（第28页）。事实上，他们这时唯愿世界上的人都死光，只剩下他们俩和一个卖烧饼的。现代观念又使他们连孩子也不打算要了，"就我们俩，一辈子，老了我侍候你。""万一你死在我前头呢？""那我就先毒死你，然后自己再死。""我的天！"（第29页）其实这一点也不突兀，也绝不是说笑话，顾城杀妻自杀就是这一逻辑的实现，杜梅后来也确实差点把"我"给杀了。但在此以前，杜梅对我的那股"黏糊劲儿"也的确感人。"那些天她几乎没日没夜地猴在我身上，即便是在睡梦中也紧紧抓住我。当我重新回单位上班，我感到松了一口气。"（第23页）她是像小孩子依恋大人一样依恋着"我"，但这种"小"的地位无形中使她拥有某种特权，即使在争吵中对方也得放让。社会也在教训"我""她还比你小好几岁呢"。（第51页）她自己说得更明白："不过是耍点小性子，你就应该哄哄我，那我早就好了。"（第52页）"我"也认可了她这种态度："我发现她这人像孩子一样情绪不稳。"（第54页）并题写"制怒"二字"书赠杜梅小朋友共勉"（第55页）。她与他像孩子依赖大人一样整日形影不离，"从结婚后，她就成了我的小尾巴，除了我上班她不跟着去，我去哪儿都得挎着她"（第56页）。她充分意识到自己"小"的地位和权利，能够随时对"我"下"死命令"："我要不去你也不许去！"然而，对这种爱情观念的共同认可并不能避免现实生活中的冲突，相反，它正是这种冲突的根源，它以无法抗拒的力量把一个潇洒自在的男子汉朝"妻管严"的路上赶。在夫妻关系中，只要一方把自己放在没有人格或人格不健全的小孩子的地位，另一方的人格也就无法不被侵蚀和一点点拆除。这种侵害所造成的怨恨使他们开始互相折磨，互相越来越不能容忍，最后终于导致为了"爱"的证实而不惜以性命相拼。

在一次斗嘴之后，杜梅趁"我"睡着的当儿把"我"结结实实地捆了起来，用刀架在"我"脖子上逼问："你爱不爱我？""我恨你！""别演戏，说真的。你一生都在撒谎，死到临头了就说句真话吧。""不爱不爱——不爱！""你爱过我么？""没有没有没有——没有！"但杜梅仍然不死心，更用力地按着刀：

> "说你爱我。"她命令道。
> "我被割破了。"
> "说你爱我！"残忍和疯狂在她大睁的双眼中像水底礁石露出，赫然醒目。
> "我爱你。"我被刀压得几乎透不过气来，声音喑哑。（第116页）

当"我"后来被送进医院时，杜梅一边流泪，一边向别人解释："我没想真砍他，我就是想吓唬吓唬他，让他说实话。他老爱开玩笑，我以为他这次还是开玩笑。我一直在等着他对我一笑，说没事了，跟你逗着玩呢。我一直在等着……"（第118页）多么天真、纯洁的动机啊！这完全是她的真实想法。可是给别人造成的心灵创伤是再也无法弥补了。"一阵阵汹涌袭来的巨大悲哀吞没了我。我觉得我太惨了,太倒霉了,简直就是个可怜虫。我的一生都是这么被人捆绑着,任意摆弄。""一种悲愤油然而起,我停止了哭泣,心像浸泡在刺骨的冰水中阵阵紧缩。我冷眼睥睨厄运,已不再委屈,自怨自艾。……我将悍然拒绝——对一切!"(第117页、第118页)

终于下决心真的离婚了。双方都清楚,对方是好人,是好得不能再好、世上再找不出第二个的好人,是自己唯一可能爱的人。分手前的那一番温情脉脉而又客客气气、互相检讨的对话,看了使人落泪。事情发展到这一步,是那么荒唐、悖理,但又是那么顺理成章,想要改变一个细节都不可能。小说在这里点了题:"过把瘾就死!"(第129页)这是一句痞得不能再痞了的话。什么叫"过把瘾就死"?就是说,爱情和死是连着的,爱就是要把人整死,不把人整死的爱不算是真正的爱,至少也要把对方变成活死人。所以杜梅说:"真希望我那一刀砍下去,不砍死,光让你残废。"因为一个残废的男人就可以让她任意折腾了,同时也证明了她的爱的程度。其实,中国的那些"妻管严"的丈夫们多少都已经是心理上的残疾人,是这种中国式的"爱情"的活证据和牺牲品。

从故事的完整性来看,小说在这里本可以结束了。但作者似乎意犹未尽,最后安排了一个与疯癫了的杜梅重新相遇和旧情复萌的场面。杜梅醒过来一见"我",就把几个月前他们已经离婚的事全忘了,以为还在自己家中,仍然还像过去那样充满了对丈夫的深情,这使"我"无比感动。"我一下把她搂过来，紧紧地搂在怀里，哭了起来。我发现我还是爱她，这一发现令我心碎。"（第135页）那一夜，"我体会到了一种从未有过的激情，那种巨大的、澎湃的、无可比拟的、难以形容的、过去我从来不相信会发生在人类之间的激情！""这情感的力量击垮了我，摧毁了我，使我彻底崩溃了。我不要爱情，不要暖意，我只要一种锋利的、飞快的、重的东西把我切碎，剁成肉酱，让我痛入骨髓！"（第135页、第136页）那一夜，他使杜梅怀上了孕。

小说在这儿打住了。它的结尾淡淡的，却让读者陷入了更深的悲哀。杜梅说对了，她不是用刀，而是用巨大的情感力量把"我"变成了残废，而且这种残废还要一代一代地传下去。这种力量的确是不可抵御的，因为它不是外来强加的力量，而是中国人灵魂深处自发地涌动着、呼应着的力量。更为可悲的是，这种结局看起来竟像一个"大团圆"。我们可以设想，故事如果再发展下去，无非是复婚，杜梅的疯病随之痊愈，有了一个"可爱的小宝宝"，两口子经过这场折腾，都变老成了，不再成天吵嘴，女的成了贤妻良母，男的成了自愿的"妻管严"。一切都很正常，本来无事，就这么平安幸福地过下去……王朔当然还没有愚蠢到这一步，这样写肯定违背他的初衷，而且冲淡和模糊了小说的主题。但由这个观点来看，小说的最后一部分尽管极为煽情，却仍然不能不说是一个败笔。作者本来以无人企及的细致和深刻写出了中国人的"纯情"逐步显露出"痞"的本相的必然过程，最后却又回过头来告诉人们：这"痞"其实不算什么，它还是纯情啊！

　　这就可以解释，为什么王朔在另外一些作品中如此肆无忌惮地痞话连篇、痞性大发而绝无一丝愧疚和难堪了。这是因为他把这一切都看作是纯情的表现，而且对中国人来说，事实也正是如此。只有浅薄之徒才会把这种痞性与纯情对立起来，视为与人的纯洁的道德天性不相容的"堕落""变态"或"畸形"。其实纯情和痞在中国人灵魂的原点上就是一回事，也可以说，"人之初，性本痞。"回到原点就是回到未受教化的儿童状态，也就是回到原始痞性。根本就不用像张贤亮那样为这种痞性寻找什么文明的语言。那都是自欺欺人。相反，市井之徒的脏话、痞话本身就是纯粹本心的毫不矫饰的直接表达，正如阿Q的一声"我要和你困觉"一样无比真诚和不做作。杜梅和"我"在"爱"字上所感到的困惑从这种观点来看其实根本不是什么问题，一点也没有什么玄奥莫测的地方，因为这恰好说明了中国人其实并没有爱。对于子虚乌有的东西，自然说不出口，而说不出口的东西也就不存在。中国人还没有成熟到配享受真正爱情的程度，他们的日常爱情都是"性欲+儿童心理"这样一种代用品。

三

　　王朔作品中最令人感兴趣的，就是这种原始天真的儿童心态是如何和性结合起来而表现为痞的。如果说，《过把瘾就死》是在两个成年人的性关系中揭示了中国人灵魂中的这种纯情——痞的同一性结构的话，那么在他自己所偏爱的另一部小说《动物凶猛》中则展现了这种结构在一个人的少年时代是如何形成和定型化的。情窦初开是一个人一生最微妙、最具有丰富的可能性的时期，但绝不要以为离开社会文化和文明的熏陶，这个时期就会自然而然地使人具有爱的能力。正如戈尔丁在其著名小说《蝇王》中描写的，那群流落在荒岛上的孩子出自本源的自然天性而分出等级团伙，自相残杀而走向灭亡。人类数百万年来不知道由于这种缘故而灭绝了多少个分支种族，才凭借偶然的幸运和选择诞生了文明的社会，走上了"正常的"发展轨道，但仍然时时有可能返回到那种模棱两可的原始状态中去。《动物凶猛》就是以"文化革命"为背景，描写了一群十六七岁的孩子在文化的废墟上如何靠自己的本能为自己寻求生命力的发泄渠道的。这个渠道一言以蔽之，就是"痞"。

但这种痞又绝不同于真正的原始生命力，它来自于纯情的文化和对赤子之心的崇拜。所以这种痞采取了一种人与人之间互相粘连的群体化和社会化的形式，这就是"哥们义气"。在《动物凶猛》中，尽管"我"这个多情种子"几乎是从幼儿园男女儿童的耳鬓厮磨开始"就在"不间断地更换钟情对象"（《动物凶猛》，载《过把瘾就死》，华艺出版社1992年版，第272页，下引此书只注页码），但真正使"我"上升到痞的层次的还是某种集体主义的氛围。在此以前，"我"已受到过班上的"坏孩子"的影响，也就是在校纪一片混乱的情况下，"为了不受欺侮，男孩子很自然地形成一个个人数不等的团伙。"（第266页）每天互相斗殴，常常打得头破血流。父母为此将"我"转到另一个较远的学校，使"我"暂时老实了一段。因为"我是惯于群威群胆的，没有盟邦，我也惧于单枪匹马地冒天下之大不韪向老师挑衅"（第267页），其实是一个很乖的孩子，只是由于没有"文化"的诱导（"文化"已被"革"掉了），才暗中搞些用"万能钥匙"套开别人房门的小动作。可是，一两个月后，当他又回到原来的团伙中时，才发现他的哥们已开始公开谈论女人和结交女孩子，令他大吃一惊。"我感到了一种脱离组织的孤单和落伍于潮流的悲哀。"（第276页）于是便积极地投入了这一社会群体性的时尚。

其实，"文化"的命真正说来是革不掉的，"革文化的命"的仍然是一种文化，即痞子文化。当它高举起自己"纯情"的一面作为旗帜时，可以以"阶级感情"和"爱领袖"的名义对别人从精神到肉体都进行令人发指的残酷折磨；而当它沉陷于原始生命力的动物性冲动、变得"凶猛"异常时，它背后却有一整个"社会"（团伙）的眼光在提供行动的动机和动力，因而仍然是一种由人与人的无私情感（哥们义气）联系起来的文化行为。痞子文化的这两方面常常互为表里，但在某些时候也可以分裂开来，对立起来，这时一方就成为正统（如"四人帮"的"文痞"姚文元），以极其蛮痞的方式推行严酷的道德主义和禁欲主义（"左"）；一方则成为类似于"黑社会"的江湖原则，在这种原则中，善和恶，好和坏，道德和不道德全都颠倒过来了：好就是坏，善就是恶，反道德就是道德。但判定好坏善恶的方式却和正统社会完全一样，都是依据人与人的情感关系、"纯情"关系。"我"在团伙中、特别在姑娘面前羞于承认自己是个"好孩子"，吹嘘说"其实我坏着呢，只不过看着老实"（第287页），以会讲痞话、开下流玩笑、打架时"手够黑的"（第301页）为荣，这一切都不完全是为了自己下意识的本能冲动的满足，更主要的是要得到大伙儿的关注和羡慕。"我要不想被人当作只知听话按大人的吩咐行事的好孩子，就必须显示出标志着成熟的成年男子的能力：在格斗中表现勇猛和对异性有不可抗拒的感召力。必要的话，只得弄虚作假。"（第320页）"我"虽然也向往那种单枪匹马的"独行侠"风度，但那只是为了在朋友中赢得"顽主"的头衔，得到大伙的尊重。所以，尽管"我"和少女米兰的关系实际上是非常纯洁的，"我真的把自己想象成是她弟弟，和她同居一室，我向往那种纯洁、亲密无间的天然关系，我幻想种种嬉戏、撒娇和彼此依恋、关怀的场面"（第316页）。可是在哥们面前，"我"却只能以满不在乎的脏话来介绍米兰："明儿我给你们约了个'圈子'，刚在西单市场拍的。"（第319页）而那些半大小伙在米兰面前也"用拼命抽烟和粗野的举止来掩饰个个心中的激动不宁"（第321页），背后不惜用最下流的语言来糟践她。其实，能够做到这一步，这是另外一种"教养"。在哥们之间，任何表现出对某个女人特别迷恋和纯情的语言动作都会被视为对原来一视同仁的朋友关系的一种侵害和分裂，是不恰当、不义气和不够朋友的表现。"我"并不是以个人、而是以"我们一伙"的名义去和米兰结交的，因此把"我们那伙"介绍给她是绝对必要的。

小说中有一段很感人的描写，是写"我们一伙"在假山上的亭子里陶醉地齐声合唱俄罗斯民歌。米兰用吉他伴奏，边唱边与高晋互相注视。"同声歌唱使我们每个人眼中都充满深情。"（第332页）这种深情甚至淹没了"我"的忌妒。大家在这种动人的气氛中一直唱到第二天凌晨。其实，"我"对米兰的感情可以说一直都被这种群体的氛围压抑着。本来，这时"我"正处于真正的初恋，那感受是多么美好："为什么我会如此激动？如此敏感？如此脆弱？平日司空见惯一向无动于衷的风景、世相，乃至树叶的簌响，鸟类的呢喃，一朵云的形状，一枝花的姿态，一个音符，甚或万籁俱寂都会使我深受感动，动辄热泪盈眶。"（第337页）但"我"不能把自己的感情表露出来，只能眼睁睁地看着米兰和高晋好，恨恨地在一旁用恶毒的言辞贬损米兰的形体、相貌、动作，甚至从后面袭击她，变着法儿捉弄她，在自己心目中尽量找她的缺点，把她想成一个"丑陋、下流的女人"（第351页）。终于有一天，为了米兰的事，"我"和高晋在餐桌上闹翻了……

但难以理解的是，作者在这里突然横插进来长长的一大段（五个页码）有关真实和虚构的自我检讨。他承认自己有意无意地欺骗了读者，这首先要归罪于文字的魔术。"当我依赖小说这种形式想说点真话时，我便犯了一个根本性的错误：我想说真话的愿望有多强烈，我所受到的文字干扰便有多大。"（第356页）"我从来没见过像文字这么喜爱自我表现和撒谎成性的东西！"（第357页）其次，他认为是自己的记忆出了问题，其实他和米兰从没熟过，与他相好过的不是米兰而是于北蓓；他与高晋在餐桌上的冲突也根本不存在。"我何曾有一个字是老实的？""也许那个夏天什么事也没发生。我看到了一个少女，产生了一些惊心动魄的想象。我在这里死去活来，她在那厢一无所知。""这个以真诚的愿望开始述说的故事，经过我巨大、坚忍不拔的努力已变成满纸谎言。我不再敢肯定哪些是真的、确曾发生过的，哪些又是假的、经过偷梁换柱或干脆是凭空捏造的。"（第359页）唯一真实的是我正在写作，我写作是为了要吃饭，还有老婆孩子和"八十高龄老父"。"我现在非常理解那些坚持谎言的人的处境。做个诚实的人真难啊！""忘掉真实吧，我将尽我所能把谎撒圆，撒得好看。"（第360页）

这实际上正是一篇痞子文学的宣言，其作用类似子布莱希特的"陌生化"、肥皂剧中的场外笑声和传统戏剧中的旁白。也许王朔感到，他写的故事"真实得过了头"，忍不住要把自己深陷的感情救拔出来，以免陷入言情小说的老套。这种欲望在《过把瘾就死》中还看不出来，那时他还是在严肃认真地创作一部文学作品；而现在突然落入了鲁迅在写《补天》时也曾落入过的"油滑"。不同的是，鲁迅为此感到遗憾和自责，王朔则是一本正经地将这种油滑视为"治生产业等事"，自以为达到了"于伦物上识真空"（李贽语）的高境界。他对语言文字的怀疑实际上也是对自己存在的怀疑。所有的语词都是陈词滥调，都有它冷冰冰的"自己的"涵义，都不能确切地表达"我"所做过的每一件事，更不用说"我"的真实感受了。令人绝望的是，面对意义"我"两手空空，没有什么东西使"我"可以抓住它。"我唯一能为你们做到的就是通知你们，我又要撒谎了。"（第360页）但甚至这句话本身也还是在撒谎。王朔陷入了著名的"说谎者悖论"。然而，王朔栽就栽在他没有意识到这是个悖论。他以为他说了"我撒谎"，就说出了真正的真话，就到底了，纯情了，至少使自己负疚的心理得到了某种安慰，从此可以无后顾之忧地干他的"写字"营生，潇潇洒洒地去骗人，还觉得自己活得特实在、特诚恳。他相信"真作假时假亦真"。明知虚假，他还得用这套语言，认同这套语言，并表白他这样做的诚意。

王朔通过这番宣言洗刷了自身之后，又回到虚构的故事上来。"我"与高晋在餐桌上的冲突眼看要来个你死我活，但真要动手了，激情又嫌不够。决斗双方都希望对方先动手，高晋更是以柔克刚："你又我吧，我不会动手的。"这时，"我便哭了，眼泪一下子夺眶而出。"（第361页）然后是大家感动得哭成一堆。"我从这种亲热的、使人透不过气来的集体拥抱中抬头朝外吐了口痰，又埋头回去抽泣。当时我想：一定要和高晋和在这儿哭的所有人永远做哥们儿！"（第362页）显然，这时是道德战胜了邪恶，集体主义感情压倒了私心杂念，文明克服了野蛮。谁能说这些人是一群小痞子呢？

甚至连于北蓓这位与任何人都可以上床的堕落少女，在"我"打算对她做关键性的深入时也会对"我"正色道："这可不行，你才多大就想干这个"，并教育"我"说："我要是让你呢，你一时痛快，可将来就会恨我一辈子，就该说当初是我腐蚀了你。你还小，还不懂得感情。你将来要结婚，要对得起你将来的妻子——你就摸摸我吧。""我"感到"那真是我上过的最生动的一堂思想政治工作课"（第365页、第366页）。王朔这段话使人想起张贤亮《绿化树》中马缨花对章永璘的训诫，即劝他为自己的前途着想克制情欲。情欲在爱情中为了哥们姐们的义气被压抑，正如野心在政治中为了社稷的安定被压抑一样，都是"从大局和长远利益出发"。不同的是，章永璘在马缨花纯情的劝导下"红袖添香夜读书"，最后功成名就；王朔的"我"却把这种道德纯情压抑情欲所积蓄起来的怨恨立刻发泄在无辜的米兰身上，开始"用看待畜生的眼光看待女人"，但仍然是用道德的名义："我对人类所有的美好感情充满了蔑视和憎恨，我特别对肉感、美丽的米兰起了勃勃杀机。在我看来她的妖娆充满了邪恶。她是一个可怕的诱惑，一朵盛开的罪恶之花；她的存在就是对道德、秩序的挑衅，是对所有情操高尚的正派公民的一个威胁！"（第366页）接着，"我"便扛着这面正大光明、堂而皇之的捍卫道德的旗帜强奸了米兰，还对她说："你活该！"这一刻，"我"的灵魂是那么丑陋，那么痞恶，比《巴黎圣母院》中那位道貌岸然的富娄洛神甫有过之而无不及；但同时也更加深刻了，它表明了这个纯情道德体系的真正本质就是扼杀人类一切美好感情，就是痞。这种文明无非是一种高级的野蛮。

四

《过把瘾就死》和《动物凶猛》是理解王朔的"痞子文学"最重要的两部作品，尽管它们本身并没有过多地渲染和标榜那种油滑、玩世的生活态度，但它们清晰地表现了这种态度的来源，表明这种痞性不过是纯情的一种变样、一种极限和一种原型显露。根据王朔自己的分类，这两部作品属于用了心的比较严肃的作品，而另外一些被人视为典型的"痞子文学"的作品，如《顽主》《一点正经也没有》《橡皮人》《玩的就是心跳》《千万别把我当人》等等，却属于卖钱的或哗众取宠、主题先行的作品。尤其是《千万别把我当人》，是油腔滑调、痞里痞气的极致，也是王朔自己最不满意的作品，但在读者大众中声誉却最高。然而，说它完全是媚俗之作也是不公平的。尽管王朔说这篇小说他一开始就知道要写什么，但这个"什么"毕竟还是他长期积累不吐不快的东西，也是广大读者郁积于心的东西。所以这是一篇"解气"的作品，也是为大众解气的作品。但大众和一般评论家只看到作品的解气功能，而不去深究它为什么能解气。其实，王朔的人物不仅仅是痞，其主要人物往往都是很纯真的，纯真到像婴儿。王朔作品中充斥着看见皇帝什么也没穿并嚷嚷了出来的儿童，只不过这些儿童一边嚷嚷着，一边又假戏真做，狡黠奸猾地利用皇帝和不开窍的民众的愚昧去谋各人的私利，从这点说他们又更像为皇帝做"新衣"的那位老奸巨猾的裁缝。小说中，刘顺民、赵航宇、白度、孙国仁等都自认为是一些"梦醒者"，最大的梦醒者、儿童兼裁缝则是王朔本人。他们嘲弄和调侃的对象则是以唐元豹为代表的坛子胡同的居民。不过，这种调侃其实也是一种无可奈何的自我调侃，"全总"（"全国人民总动员委员会"）的玩家们与他们所调侃的民众并没有什么区别，全社会的人都处在互相调侃和人人自嘲的氛围之中。更重要的是，当这个社会中的人一旦意识到整个生活本身的喜剧或闹剧性质时，便会有一种回归儿童天真的轻松感，而将过去历来所受到的人性压抑束缚付之一笑，觉得自己现在才是真正自由自在、纯洁透明的，与此同时还有一种觉得自己老练成熟、聪明乖巧、游刃有余、人莫予毒的得意。

小说的故事情节是有意的胡编乱造，应了老阿Q的一句话：要什么是什么。说的是男女老少四个痞子为了骗钱组织了一个"委员会"或公司，据说宗旨是要弘扬国威，为中国人在国际比赛上挣回面子。他们千辛万苦找到了当年义和团义士的后裔、"大梦拳"传人唐元豹，给以现代化的系统训练，包括施行阉割手术，最后在"国际忍术大赛"上，唐元豹以自打耳光、自揭脸皮等一系列糟践自我、不把自己当人的手段而获得了世界冠军。小说的主题是明显的，甚至是过分直露的，它把严肃的政治批判和文化批判都融入了玩笑，给当代人沉闷抑郁的情绪加上了轻松活泼的作料，却并不显得低级庸俗。一般说来，王朔的作品虽受俗众欢迎，但并不是由于迎合了俗众的低级趣味；恰好相反，他能给俗众提供一种翻俗为雅的良好自我感，使人觉得心明眼亮、层次上浮、境界提高。看了小说，谁都不会愿意当那个傻乎乎的唐元豹，但这只不过是因为他把人家只是在口头上"弘扬"的东西在自己身上实际运用了而已。他成了冤大头，并不是他的意愿，他是文化和传统观念的牺牲品。书中写到他在同意被阉割后接受催眠术测试，道出了他内心的真实想法：

"你是否一直暗暗希望做一个女人？"（催眠师在以西方变态心理学揣度唐元豹，其实完全不相干，中国女性化的男人是普遍的正常现象。）

"不，我说不上，也许有过，但不强烈。我不认为当一个女人是天大的好事，也不认为是件坏事。我没仔细权衡过。我不太关心我是个什么样子，无论是什么样子好与坏只能是给别人带来问题，我个人很少看到自己。"（最后一句有意思，这是一个全心全意为别人着想、从不考虑自己的好人。）

"你对你目前作为一个男人的境遇感到满意吗？"

"我不能要求更好的境遇了。我不抱怨，一切理所应当。"

"什么理？"

"什么都是理，因而也什么都不必讲理。"（中国传统"理性主义"的实质正是如此，它绝不是要寻求什么"规律"，而是压制情感冲动，对一切既成事实盲目地畏惧和遵循。）

"如果现在要你放弃你的男人身份你是否乐意？"

"我自己不动手，可以由别人代劳。我获得这个男人身份也是别人卖的力气，我是什么我没费过劲儿。"

"得来容易去也容易？"

"无所谓容易，更无所谓捍卫。没有什么可坚持的，因为没有一样儿是我自己的。"

"包括你的身体？包括你的意志？"

"包括一切，都是别人的功劳和别人的罪孽。我算什么？不就是你们眼睛里的一个活物儿，只要你们都闭上眼，我就不存在了。只有你们有反应，我才会感到自己在活着。只要你们高兴，我就会觉得自己活得特有价值。不要管我，让列宁同志先走。"（《千万别把我当人》，湖南文艺出版社1993年版，第193页、第194页。下引此书只注页码。）

应当说，唐元豹这一番表白是带着自豪甚至出风头的情绪说出来的，正像一些劳模标兵在接受采访时惯常表现的那样。这些话根本不用催眠师来问，他在日常生活中就是这样想问题和表现自己的，他的确是心口如一。当白度好心劝他逃走以免被阉割时，他毫不在乎地说："您就当我是二分钱一个的鸡屁眼儿，贵贱不说。压根就不是个物儿——不值当操心我死活。"白度说："你太不把自己当人了。"回答是："您千万别难过，我本来就不是个人。""您以为我们因为您没仗义执言遭了灾灭了顶落得挺惨的是吧？不对，我们乐着呢。打小就没这么热闹过。什么叫穷人翻身？这就叫穷人翻身！……只要是观众喝彩、需要，咱们不挑角色——人生能得几回搏？"（第206页）

够刻薄的了。但仔细一想，可不就是这样！这正是在中国几乎人人都在争着自我标榜的那股"浩然之气"！难怪人们说中国文化"阴盛阳衰"，原来是有这股子"气"在把一个个男子汉的自我化解于无形，同时又使他们自认为这才是自己的"真精神""真性情"！王朔通过唐元豹这个形象揭示了中国传统"人文精神"的这一深刻秘密，这在当代作家中几乎是无人可以比拟的。它的确使读者对自己的生存状态进行反思。问题是：这种反思似乎并没有结果。或者不如说，反思的结果在小说中是现成的：不做唐元豹，就成为刘顺明、赵航宇等等，不被别人玩就只有玩别人，不做传统文化的牺牲品，就做传统文化的主持人和鼓吹者，就去制造更多的牺牲品……

这实际上也就是王朔本人的态度，他与他笔下的"顽主"们实在就是一回事。他把整个事情看了个透，于是他"不挑角色"地"乐着"，嘲讽着，自嘲着，调侃着，嬉笑着。他同时扮演着牺牲者和鼓吹者的双重角色，他的作品其实就是在自打耳光、自揭脸皮，整个一个中国传统文化氛围。在这个氛围中，提高就是沉沦，弘扬就是牺牲，赤诚就是奸猾，害人者正在害己。刘顺明就是另一个唐元豹，因为他们的思维方式是一样的，一个是利用道德来实现痞性，一个是用最痞的方式来表现道德心和责任感。王朔本人则是兼而有之，他不知道哪一方更值得嘲笑。所以他告诉读者：什么都不可当真，只有这样，才能返回人的真心。但真心是什么？真心其实是"无""无心"。无心的人，如果抛开"宇宙即是我心"（王阳明）的大话、假话和空话，就只剩下肉体，而无心的肉体是什么呢？是痞。由此可见，王朔的"痞子文学"，其症结并不在于它"痞"，而在于这"痞"恰好被看作是人的真情、真心、本性或赤子之心，即"自然"的"纯情"，也就是一切文雅、高尚、文明的事物的根。在中国历史上，凡是文明发展到过熟而变得虚伪的时代，就会发生一场"返璞归真"，即返回到痞性的思想文化运动，力图从痞的原始基础上重建文明，甚至历次农民起义的指导思想也是如此。然而不幸的是，每次重建的文明又只不过是以前文明的恢复，而没有本质上新的、有生命力的内容。西方也有"痞子文学"，如薄伽丘的《十日谈》到处充斥着人的本能的发泄；但其结果是导向个人的独立自主和对自己生存的自由掌握的，痞在此是独立意识的一种表现形式，那是一种不同于以往文明的新型文明的萌芽；王朔的痞则毫无新的希望，只能导致个人人格的消融和混世的麻木，导致在群体的互相虐待、讨好、献媚、出丑和自残中讨生活。这种生活方式可用一个中国字来概括："顽。"这个字有双重含义，一是愚顽不化，不开窍，不思进取，固执于顽劣本性；二是游戏，通"玩"，特别指玩世不恭的恶作剧（顽皮）。这两重含义其实是相通的，因为人本来就是从冥顽不化的动物变来的，在"人之初"即孩提时代，人最愚昧、也最好玩。这正是道家所崇尚和欣赏的生存状态，如老子说的"众人皆有以，而我独顽似鄙"。

这样，尽管王朔把中国文化嬉笑怒骂、畅快淋漓地揭了个底朝天，但这一切都无济于事，王朔本人和读者（不管捧他的还是骂他的）都仍然陷在这个中国文化中无法自拔，也无法作进一步的反省。王朔所推出的一系列顽主绝不是什么新时代的新人，甚至也不是"多余的人"，而就是我们这个时代充满传统惰性的大众，是这个大众自身的内心形象（当然不见得人人都承认并认识到这一点），至少是他们内心隐藏的一面。这就可以说明王朔的读者面为什么如此之广了，他说出了大众的"心里话"，同时又使大众感到痛快和舒坦，觉得过动物式的生活其实也没有什么，没有理想岂不更轻松，觉得这种生活态度自有一种超脱放达的魅力，有如老庄和禅的高超洒脱。这是一种巨大文化传统的心理积淀，它使最聪明、最深刻、最有个性的中国人都面临一种"看穿了却无路可走"的绝境，而且只要稍微松懈一下自己独立个性的执着，一个人就会不由自主甚至高高兴兴地加入这种群体的堕落中去。王朔表面上与这种堕落小心地保持着距离，好像他是中性地、客观地、不动声色地在描述，好像他站在自己所设的圈套之外看别人钻来钻去，由此显出他独有的个性和创造力。但其实他是投入的、津津乐道的。他笔下的人物就是他自己。他不能把别人带出绝境正因为他自己陷在绝境之中。他最得意的正是他最虚弱的，他的调侃和玩世正说明他无法承担灵魂撕裂的痛苦。他刚刚触及本质便马上怕烫似的缩回到了温暖狭小的蜗壳之中。他正要表现出和鼓吹一下子人的原始生命力却又向古老的群体惰性投降，因为这种惰性既是他批判的又是他须臾离不了的。

但毕竟，王朔把世纪末中国人的灵魂逼到了生死存亡的边缘。他向我们提出质问："中国何来灵魂？一切痛苦、焦虑都来自肉体！"我们无言以对。我们宁可把这当作一句愤激之辞，而不惜走遍中国大地，去寻找中国人或许还在某个角落里隐藏着的灵魂。

于是就出现了张承志的《心灵史》。

三

张承志：无史的心灵

20世纪70年代末、80年代初即已开始小说创作并蜚声文坛的张承志，在其1990年完稿的《心灵史》中宣布："这部书是我文学的最高峰，我不敢说——我还会有超过此书的作品。"（《张承志文学作品选集·心灵史卷》，海南出版社1995年版，序言，第11页。下引此书只注页码。）的确，张承志这部作品在中国当代文坛上造成的影响是深刻的。这主要不是由于他将一个长期以来沉默无语的少数民族的无人知晓的宗教教派向世人生动详实地介绍出来，写得如此惊心动魄，而是由于他在这种介绍中所传达出来的那种具有强大震撼力的情绪，那种对世俗生活的强烈鄙视，对精神理想的执着追求，特别是对一个虚幻神性的狂热的献身精神。这一切，都是中国普通老百姓和汉族知识分子所不熟悉、不理解的。用张承志的话说："中国对心灵和心的灵性，从来是冷淡的。"（第33页）张承志本人花了整整6年时间，深入到大西北回民聚居地区，考察了当地伊斯兰教"哲合忍耶"（意为"高声赞颂"）派的兴衰、受难和发展的历史，深深为其中体现的宗教精神所感动，最终自己也加入了这个教派。他这部书就是有意要为这个教派的信仰作传，为这些穷苦的信徒代言。他要为他们，为这些"中国底层不畏牺牲坚守心灵的人民"（序言，第7页）书写一部类似于《新约》的《圣经》。"一想到这部书将有几十万人爱惜和保护，我心里便充满了幸福"（序言，第8页），当然，更充满了骄傲。

一

书的"情节"几乎没有什么可说的。它甚至不是一部严格意义上的小说，但它也不是历史。它里面有大量想象出来的细节描写，有诗，也有抒情和议论，更多的是赞美、叹息、揭露和诅咒。它不好归类。"任何旧文学的手段都无法奏效。"（序言，第3页）由于这本书的目的，它并不注重写作方法的预先确定，而是相信"神"启示给他的方法论："正确的方法存在于被研究者的方式之中。"（第137页、第146页、第280页）他甚至立意要"让自己写出的中文冲出方块字"（第284页）！换言之，这部书不是小说，不是历史，不是传说，不是诗，也不是哲学，而是一部启示录。张承志企图借用一种陌生化的宗教语言来创造一种新的文字（第308页），他成功了吗？

从表层上看，他的确取得了一些成功。伊斯兰教对于中国传统文化及其方块字体系来说是一种外来文化，它与基督教及犹太教的共同起源使它具有不同于中国文化的一整套观念，尤其是关于超验的"一神"及其对人的命定的观念，它的神秘主义（苏菲主义）和宗教狂热，特别是它对一种脱离现实世俗的"灵"的信仰。然而，这一套观念在传到中国这块世俗的土地上来以后，经过长期的文化融合（往往是极其残酷的文化冲突），已渐渐同化于汉民族的总体文化氛围，而失去了西方唯灵论的宗教根基。这一点，就连张承志本人恐怕也未必清醒地意识到。在他的书中，除了大量引用哲合忍耶教派术语的汉文音译之外，真超出方块字体系的地方并不太多。只要留意，不难给他那些新观念一一找到儒家文化和道、禅文化的对应物。他的语言突破只是在相当形式的层面上有所收获，而在他所特别看重并引以为自豪的"心灵"方面，他恰好与他如此鄙夷的汉民族精神如出一辙。

本书一开篇就点明了这一点。"我如此渺小；而辽阔的世界却在争抢着我。……我只想拼命加入进去，变成那潮水中的一粒泡沫，变成那岩石中的一个棱角。"（序言，第1页）"他们中的每一个人，都因为身在这个几十万人的集体里，才强悍有力并神采照人。他们几十万人，都因为正在坚持着一种精神，才可能获得震撼人心。我只能尝试——以这种精神，作为我这部毕生之作的主人公。"（序言，第7页）显然，这种情怀与中国传统人文精神绝没有不可通融的地方。尽管作者经常把哲合忍耶与犹太教相提并论，说"或许犹太人才是中国国民的参考"（第11页），然而，犹太教徒并没有因为他们今天有一千四百万教徒而觉得自己"强悍有力"。他们的精神力量不是来自于他们的人数，而是来自上帝的恩宠。相反，张承志笔下的哲合忍耶则由于有"几十万人的集体"就感到了自己的强大，就诱惑着张承志把它看作一个"辽阔的世界"而渴望投身于它。对一种宗教精神的这种非宗教化的解释（且不谈这种解释的对错）不是来自中国传统人文精神的群体意识和世俗关怀，又是来自什么呢？当张承志赞扬哲合忍耶的一种"新鲜的地理学"，一种"非常形象的、中国底层人民的地理学"（即只知道和关注与哲合忍耶直接有联系的那些地名）时，他以为这表明它虽然文化水平极低，但"又是一个在中国罕见的、视野开阔的农民集团"（第154页）。他似乎忘了，这种"新鲜的地理学"在18世纪以前一直是汉族人传统的看待世界的方式，也是今天国外的"唐人街"所熟悉的方式，其实是农业定居民族在面对外部世界时的地域主义变形，它与以经商为业的犹太人的"世界主义"是截然不同的。

与犹太教另一个明显的区别是，犹太人在全世界几乎都是"富商""资本家""吝啬鬼"的代名词，他们获得自己的财富靠的是他们较高的文化教养和对知识的尊重，当然还有其他外部环境的原因。相反，张承志特别强调的哲合忍耶一个本质特点就是：这是一个"穷人的宗教"（第23页、第305页），这些人之所以信教就是因为他们穷。他反复地渲染大西北的干旱、荒凉和贫瘠，以及当地居民基本生存资料特别是饮水的极端缺乏。"哲合忍耶更鲜明地把圣徒和中国贫瘠边地的苦难底层民众彻底结合"，这是理解哲合忍耶的"入口"（第14页）。"穷人，这是个在中国永不绝灭的词。"（第22页）宗教使这些穷人"脸上泛着满是喜悦的红润，上山受苦时精神十足"。宗教给他们带来了"一片欢笑"（第23页），使"穷人的心，变得尊严了"（第28页）。与此相应，穷人也不读书，不学文化，"甚至反对学习文化反对认字读书"（序言，第3页），他们需要的不是文化知识，而是信仰，因为"在这样的天地里，信仰是唯一的出路"（第4页），"在中国，只有在现世里绝望的人，只有饥寒交迫的人，才能追求和信仰。"（第154页）

张承志基本上不是从全面的文化比较的角度来看待他的考察对象的，除了个别地方偶尔涉及与西方宗教的比较外，他通常只是从自己出身于"穷孩子"的阶级立场和朴素的阶级感情来评价哲合忍耶宗教的精神。他"永远无法失去一个穷人儿子的自识"，并自觉地坚定地站在知识分子（据说大多是骑在穷人头上作威作福的老爷）的对立面："让学问、知识和艺术站在泥泞的黄土高原蔑视脱离民众的智识阶级；把高贵和尊严还给被歧视被侮辱的民众。"（第330页）对贫穷的赞美并不是文化革命才提出的一种意识形态，而正是关注现实的中国人自古以来一直标举的传统。"不患寡而患不均，不患贫而患不安"（孔子），"不尚贤，使民不争，不贵难得之货，使民不为盗，不见可欲，使民心不乱"（老子）；安于贫穷的人（如颜回、庄子）常被视为道德上和精神境界上的楷模。这种意识形态本身很难说有什么宗教上的超越性含义，而正是对世俗生活（穷或富）过于关注的表现。真正的宗教精神并不以外在的贫富来划分人的心灵的等级，贫穷也并不必然导致宗教信仰，"穷人翻身"充其量是一种世俗的关怀。

当然，张承志在这里也是矛盾的，他一方面赞美贫穷，厌恶富裕和豪华，另一方面又诅咒环境的恶劣。"这种活不下去又走不出去的绝境是不能理解的——大自然的不合理，消灭了中国式的端庄理性的思维。"（第10页）他以此来解释哲合忍耶神秘主义宗教意识的原因，即要追求比这苦难的现世更美好的精神生活。而当现世的苦难除了大自然的恶劣之外，又加上人为的压迫时，这种出世的愿望就更为强烈了。穆斯林导师马明心所唤起的神秘主义激情就是这样一种冲动："让心灵先去天国——舍了这受苦人的身子给这坑人的世道，让心沾一沾主的雨露吧。"因此，哲合忍耶对彼岸世界的向往"实质上标志着对黑暗中国的控诉批判"（第33页）。然而，如果一种宗教是由于穷困才有人相信，如果一种宗教的传播是由于收费低廉或根本不要"海地耶（施散）"（第22页），如果一种宗教明确宣布自己是"穷人的宗教"并与"富人的宗教"相对立，那么不论它如何向人们约许了彼岸世界的财富，它毕竟还被束缚于此岸世界的眼光之中，并且不可避免地要陷入和"富人的宗教"的教争冲突中。这种冲突的宗教教义的色彩很淡，而利益冲突的成分更多。在宗教问题上，说自己"站在穷人一边"是毫无意义的，是对宗教立场和世俗立场的混淆。张承志无条件地认同哲合忍耶教徒们对宗教的这种世俗理解，正说明他内心早已深受汉民族根本的世俗立场的浸润，即使在弘扬一种宗教时也无法达到真正的超越。

因此我们在张承志笔下看到，哲合忍耶教徒两百多年的受难史其实并不是宗教教义和宗教精神的发展史，而只是这个宗教与世俗政权在世俗层面上的斗争史。他们与其他教派（如"花寺派"）和"公家"的冲突本质上也不是为了宗教本身，而主要是为了争夺地盘,争信仰的外部形式(建寺庙等)。例如哲合忍耶对清朝的"第一场卫教圣战",就不是为了对真主的解释和信仰方式的不同,也不是由捍卫信教自由而爆发的,而是由政府对哲合忍耶与兄弟教派花寺派的教争调停不公,乃至扶持一派、打击一派(类似"文革"中的"挑动群众斗群众")、以回制回的政治策略引起的。而与花寺派的教争则明显是由于过分强调贫富的对立、而不是教义的对立(这方面两派并无根本的不同)导致的。对于这一点,张承志并无清楚的认识。他含含糊糊地说,教门"充满着利益地位","教争从来不可避免,只要人与人存在矛盾。"(第37页)他半是激赏、半是惋惜地说:"哲合忍耶在顽强坚持自己传教自由的斗争中,不惜极端,不念花寺教徒也是穆斯林——这种纠纷一起便无所不用其极;不惜杀伤人命也不惜牺牲的错误,比比见于中国回民漫长的历史中,各派都应引以为戒。"(第42页)但一旦清朝镇压哲合忍耶,尽管花寺派旧教还站在"公家"一边,张承志却断言"哲合忍耶代表中国穆斯林向清朝发动了第一场卫教圣战"(第45页)。在这里,这场圣战的世俗的(经济的、阶级的、政治的)起因和实质被掩盖了,它的宗教含义则被大大夸大了,似乎这仅仅是一场信教者和不信者之间一方为捍卫信仰、另一方要清除信仰的斗争。但平心而论,中国的统治者本身不信教,也就并不认真地看待老百姓的信仰,这与西方那些对每个人信仰什么、如何信仰耿耿于怀的君王是不同的。他们往往把天堂留给人民,自己只要求现世的"江山"。

然而,一旦清朝统治者感到宗教(更正确地说,教徒们)

危及他们的江山，他们镇压起来则是比那些信教的君王们更肆
无忌惮、更令人发指，没有任何东西能使他们稍微手软。但从
实质上看，这种镇压并不是以"灭教"为目的，而只是要灭掉
（从肉体上消灭）那些造反的教徒。

　　所谓"不问新教旧教，只追参与叛乱"的政策（第94页）
倒不一定是清朝统治者的权宜之计，更可能是他们的真正目
的。这丝毫也不减少他们屠杀教民的残酷性，但却可以澄清
某种误解。在此之前，圣战的群众以为"既然公家的意思是灭
教，我便向这公家泼了这腔子血"，因而"逐利的教争，自
残的拼杀，迷失的方向，此刻一齐被一道最耀眼的光芒照亮
了"（第48页），以致华林山一役全体战斗到牺牲，"无一人
投降"（第60页）。而在这条政策颁布后，在底店战斗中就第
一次出现了哲合忍耶的投降（第94页）。这一微妙的差别用张
承志的"圣战"的眼光看是无法解释的。实际上，如果公家的
意图真是要"灭教"，那么向公家投降就是放弃信仰；如果不
是，那么投降表明世俗战争的失败，并不构成对圣教的侮辱。
投降意味着哲合忍耶认可了他们与政府冲突的世俗性质。当
然，他们也并不否认这种世俗冲突还是由信仰引起的，他们作
为教徒必然要把一切世俗冲突（包括与花寺派的冲突）都看作
有宗教意义的。但毕竟有个层次问题。投降并不涉及信仰的根
本，因而仍可能是"体面的投降"。

　　但投降并没有逃脱政府的屠杀。中国不信教的统治者对
于真正的异端顶多只是诛灭他们的肉体，而不是心灵。背信
弃义、坑杀俘虏的事在中国历史上比比皆是，不足为奇。这

样，只要弱小的穆斯林与强大的清朝统治者公然抗衡，则这种对抗就明显具有殉教和送死的性质，"甚至可以感到整个暴动都不像是军事行为，这是一些人在寻死——从起义刚刚开始，他们就向世界和后世传递了他们的心意：为主道牺牲。"（第93页）所以怀有信仰的穆斯林在第一次圣战中就已表现出"以失败为目标""只盼一死不愿存活"的"强大无形的悲观主义"（第52页）。生命在他们自己被看得无足轻重。这里的确表现了穆斯林与中国文化的明显差异。面对残酷绝望的生存环境，汉人一般说来更倾向于苟活与麻醉自身，通过把自己变成"物"来逃开自己的灵魂，从奴隶生活中获得快乐自在和"美感"；穆斯林则倾向于坚守自己的灵的追求，他们的文化没有汉族文化那么老到圆熟，他们的人民没有汉人那么善于自欺和虚伪。他们一开始就准备赴死，而当死期来临时，他们充满虔诚地把眼光投向另一个光明的世界，再不屑于对这个血污的俗世采取任何行动。"我们将肃静地向着爱人民的主，毫不反抗地等着屠刀砍断自己的脖颈"，他们在官军的刀枪之下跪地齐念告别尘世的忏悔词："主啊，求你从受赶撵的魔鬼中，护佑我们——以慈悯真主的名义：主啊，你饶恕我们！……"这时，"官兵大杀大砍，'痛加歼戮''枪箭如雨'，而忏悔的讨白声不理睬他们，不仅'手无器械'而且心已经充满着圣洁。"（第102页）我不知道这一情节有多少真实性，因为这基本上是张承志的"合理想象"，它极其类似于显克微支在其名著《你往何处去》中所描写的基督徒在罗马斗兽场里受到残酷迫害时的情景。尽管如此，我仍然愿意相信张承志所体悟到的殉难者的心情："日后哲合忍耶回忆往事时，尽管悲愤沉痛，但心理上有一种很难理解的得意和轻松。"因为他们认为人同有一死，而自己"有了身上殉教者的血证，就可以直入天堂"（第72页）。这样的境界令平庸之辈胆战心惊。

不过，正是在这里，也就暴露了这些人仍然受到世俗的沉重拖累，而不能提供一种纯粹的精神生活和超脱的心灵。哲合忍耶仍然念念不忘自己在现世所受到的不公正和残酷的待遇，他们只不过将这种待遇反过来视为一种"特权"（第197页），作为他们换得天堂幸福的门票。"让世界快来屠杀，我举意流尽鲜血。让客观快变成刀斧，帮助我让头颅落下"（第200页），因为他们"陶醉于后世走向天堂大门时的自己那无可争议的资格……战争本身的胜负早已无关紧要，连战争本身也变成他们的一个工具，变成他们这巨大礼拜的打依尔了！"（第201页）我要说，正是这种得意、轻松和陶醉，使他们缺乏像基督徒那样博大的胸襟。受难的基督教圣徒在面对落下的屠刀时，除了与上帝同在的幸福感之外，还想到迫害者的可怜的灵魂，他们为敌人祈祷，正如耶稣在被钉上十字架时说的："主啊，饶恕他们吧，因为他们所做的，他们不晓得。"哲合忍耶只是"穷人的宗教"，而不是一般"人的宗教"，对于迫害他们的人，他们怀着不共戴天的深仇大恨。他们的许多冒险行动其实并不是为了宗教的理由，而纯粹是为了"复仇"，而且是以"辈辈举红旗"为口唤的血族复仇。"受迫害的哲合忍耶回民的全部亲属关系，只要一经信仰的召唤，就是一个对迫害人的国家绝不讲和的血仇组织"（第151页）。张承志说："血统经常是信仰的基础，尤其回族更是如此。"（第150页）但他忘了补充一句：以血统为基础的信仰还并不是彻底的信仰，因为它与现世保留着太多的瓜葛，并太多地卷入世俗的冲突之中。因此这种信仰容易导致民族仇杀。张承志相信哲合忍耶也曾屠杀过大批无辜汉民，但他并没有从这种宗教固有的性质上找原因，而是笼而统之地归于"凡人成群，必有矛盾""人对人是残酷的，乱世从来释放残忍"（第165页）。他痛心地劝诫哲合忍耶："宗教的原则仍然不应该原谅信教的回民曾有过的嗜血仇杀，在每一步偏离了神圣约定的脚印上，都记载着自己被淘汰的理由。"（第166页）宗教"也把'爱'作为最基本的起点。残杀无辜无论如何都是触犯宗教原则，哪怕自己处于被残杀者的处境之中"（第165页、第166页）。然而，哲合忍耶的宗教原则中有"爱"么？

翻遍全书，我们没有发现这一点。只是在最后一部分诗篇中，我们找到了"一个愈来愈明亮的爱字"（第327页），但那并不是指人与人之间的爱，而是指真主对教民的"独爱"和"博大慈爱"（第328页、第313页）。相反，对于认为宗教是爱的人，张承志宣布"不愿意"和他们"交流"（第286页、第287页）。他通篇鼓吹的倒是仇恨和复仇，并竭力为这种复仇的世俗根源即家族主义、血缘世系辩护。他承认，"真正的一神教思想不允许世俗家族与圣界混淆"，"但是，宗教是世界观更是人、人性和人的感情的产物。不仅在中国，在任何文化和任何宗教中都不可能完全排除人们的本性"（第217页）。而由于哲合忍耶的教派思想中包含一种"极端纯洁"的圣徒观念，所以"哲合忍耶道统世系中的血缘性就不仅不违背一神教和苏菲主义观点，而且显得极为动人和具有震撼力"（第228页）。显然，在张承志眼中，真正的"人性""人的本性"其实并不是什么"心灵"，而是人的血肉传承及对这种传承的感情上的固守。他现身说法地证明了他提出的一条原理：一旦"染上了中国封建文化的色彩，宗教就立即失去了神圣"（第150页）。家族主义是中国一切宗教联系和其他各种联系的基本模式或样板，从古代的江湖义士到现代的黑社会均无可逃遁于其外，更不用说传统的国家体制了。哲合忍耶的家族主义色彩所证明的，正是一种外来的"灵"的宗教已被中国强大的世俗血缘纽带（"肉"）所变质、所同化。原先人与人在"心灵"上的平等为世系等级的"主仆"关系所取代也就是很自然的了。至于这种充满原始阳刚之气也载满家族仇恨的教派是否能成为"中国文化的精华"（第265页），而不是被中国浩瀚的家族主义海洋所磨蚀和吞没，历史自会作出结论。从现状来看，中国似乎并没有因为有了哲合忍耶而振奋起来，倒是哲合忍耶越来越显出了某种归化汉族文化的倾向，他们只能到自己的历史中去重温自己往日的桀骜不驯了。

二

读《心灵史》，我总是有一个奇怪的感觉，就是：与张承志处处申明哲合忍耶并无世俗意义上的"历史"、只有心灵的历史相反，我却处处只看到哲合忍耶与世俗政权斗争的历史，而看不到心灵本身的发展史。当然，斗争和牺牲即是历史，而且在哲合忍耶那里都是由心灵上的事情引发出来的。然而哲合忍耶的教义和精神在两百年间基本上没有变化。"每一个哲合忍耶的男子，当他洞知了一切之后他的成长便停止了——余生只是时刻准备着，迎着一片辉煌。"（第254页）张承志在这里甚至不由得引用了一句他向来反感的孔夫子的名言"朝闻道，夕死可也"来表达哲合忍耶在心灵上的一次性接受的姿态。他看出哲合忍耶的作家（关里爷等人）对历史过程本身的淡漠，"对于他们这种作家来说，只要实现了牺牲殉教的念想，一切就已经结束。"（第53页）但他没有看出，这种从一个原点来记载和评价历史、而不顾历史的"本来的""客观的"面貌如何的固执习惯，正表明这个原点（即"心灵"）实际上是平静的，它没有矛盾，没有冲突，没有时间，没有要重新审视自己和发展自己的渴望，一句话，它没有历史。

因此，我们在《心灵史》中，也看不到宗教教义的展开和发展，只看到一套一套不变的宗教仪式，一代一代传承的"口唤"，一个一个同样面孔的宗教殉道者；再就是千篇一律无休无止的被迫害、被屠杀、被流放、被监禁和施以酷刑，血流成河，"拱北"（圣徒墓）林立。教义本身是如此简单，它用"万物非主""唯有真主"两句话即可概括无遗。它使每个信教者都感到自己"如同孩子"（第317页），如同"在酣甜的梦中吮吸的婴儿"（第327页、第320页、第321页）。婴儿之所以是婴儿，就在于它没有历史，特别是没有"心灵史"。哲合忍耶只有从婴儿成长起来，丰富自己的精神世界，使这个灵的世界充满风暴和矛盾冲突，才能有自己的"心灵史"。但这就不可能保持精神的"清洁"。婴儿的成长和新陈代谢不可避免地要带来不能用水洗净的污秽，这是与哲合忍耶的教义精神直接冲突的。"人要追求清洁的生存"（第331页）。所以，人不可能实现心灵的成长和发展，只能永远循环地回到原点，回到婴儿和赤子。这种停滞的心灵，正是中国文化的"长不大的孩子"这一本质特征的一个突出例子，它即使不是来自中国文化的长期直接的影响，也是来自与中国文化相同的自然经济的生存环境。我们在自己的传统中对此一点也不陌生。张承志其实并不"孤独"。但张承志提出了一种看待历史的"标准"。"现世的人很难建立一种彻底的标准"，相反，哲合忍耶的标准则是一种永恒的标准，当它胜利的那一天，中国史"将被改写一遍；无论开拓疆土的武功，无论百废俱兴的治世，都将在人道、人性、人心的原则面前重新接受审视"（第127页）。当然，张承志认为这个标准是超越世俗历史的，是纯宗教的，它具有两个最大的特征。一是它对于世俗历史的拒绝和排斥，它的经典是秘不外传的，为此它甚至用阿拉伯文杂以波斯文写作而成，只有这样，它才能保持自己心灵的超验性，"只有它最接近心灵曾经体验过的真实"；二是它"不屑于是非的评说"，对事实轻描淡写，一笔带过（第171页）。由这种观点来看，"历史全是秘。偏执地追求历史而且企图追求心灵的历史，有时全靠心的直感、与古人的神交，以及超验的判断。"（第222页）不过，我总觉得这里似乎有点用词不当。当我们认定"历史全是秘密"时，我们"偏执地追求"

的肯定不是"历史",更不是"心灵的历史",而是这个秘密的核心,即没有历史的永恒的心灵本身;并且,正由于这个心灵本身是没有历史的,它才不屑于用任何历史和时间中的事件来表达自己,它才把自己隐蔽于历史之中,只凭"直感""神交"和"超验的判断"才被把握,它也才在历史中沉默不语同时又成为历史永恒的尺度和标准。

哲合忍耶的心灵是沉默的,虽然它的名字意味着"高声赞颂"。哲合忍耶没有留下像基督教传教士那样大批的心灵史料和遗书,"我缺乏如同天主教殉难的传教士留下的那种多卷本笔记集。我的手里没有几页文字,虽然我的心里有烈火般的情感和判断。"(第136页)将这一事实归之于哲合忍耶的"贫穷"(第133页)是远远不够的。因为书中早已揭示,这个民族根本就不屑于学习文化、识文断字和用汉字向他人表达自己的感受。像西方人那种"人死了,书活着,后来的人因为读了他们的遗书,便相信了确实有灵魂"(第133页)的情况在这里无从发生,因为从来没有过这种传达灵魂的要求。哲合忍耶的灵魂用不着传达,他们是一种天然的群体灵魂,他们不用说话就自然万众一心,"彼此沉默,并不交流,但是团结一致,诚信不疑。"(第213页)这是一种"说不出来的历史"(第137页),"这种学问由于我们本人的参加而千真万确,但这种学问是超语言的;它与感情相近,与理性相远……更重要的是,它要求倾诉者和聆听者都藏有一种私人的宗教体验,它要求人的灵性。"(第138页)我还想补充一句:这种"私人的宗教体验"正因为是群体(倾诉者和聆听者)共同要求的,它就失去了真正的"私人性"，实际上是一种在他们圈子内的"公共的"宗教体验。因此这种"人的灵性"也就不是创造语言以便个体之间相互沟通的主体间性。而是无需创造，只需接受、承认、崇拜和认同的伦理实体。

可见，张承志要为这样一个极端沉默和自我封闭的伦理实体写一部"教史"，要结束沉默、"让世界理解我们"，这是多么的困难。他凭什么来创造人们能够理解的语言呢？他所勉力写下的、倾注着他内心神秘体验的那些语言，是哲合忍耶本身的语言吗？尤其是，它是能使"世界"理解的语言吗？很可能，要么他为了让世界理解而歪曲了哲合忍耶，要么他表达了哲合忍耶而世界却不理解他，相反却拒斥他，嘲弄他的褊狭和狂妄。这两种情况我相信都已经发生了。西方基督教凭借其"逻各斯"（理性、语言）这一希腊传统克服了种族之间、人与人之间的阻隔，使自己成为"世界宗教"。从本质上看，这是因为它的教义中有一个核心内容是"爱"。他们渴望爱，渴望被人理解，因而他们不断地创造语言（逻各斯），不断地写作。于是他们就有了一部漫长的"心灵史"。张承志笔下的哲合忍耶却是以仇恨、复仇和记仇为精神支柱的，他们自己拒绝了世界。所以他们也不屑于学习这个世界的语言：这才是导致他们在今天沉默和失语的内在原因。然而张承志却以为，只要进入"研究对象"，自然而然就能找到表达的语言和方式。"正确的方法存在于研究对象拥有的方式中"，即先信仰，后理解，再表达。只有先做一个虔诚的哲合忍耶战士，才能准确地表达他们共同的、封闭的内心世界。"让我这个作家顺从

于一种消逝的无情历程；让我这个学者降伏于一种无形的心灵吧——我终于解决了学问和艺术的根本形式问题。"（第139页）

但要庆祝这一成就似乎还为时过早。一般说来，一种宗教在它的初创阶段，特别是当它受到巨大的社会压力时，是顾不上它的"学问和艺术"的形式的。所以古代的典籍（如《旧约》）常常是一种传说、故事、历史和诗歌的杂凑，它们的价值不在外表的形式，而在内里透出的激情和宗教信息。这种信息，今天理应有更好、更完善的形式来传达它，而不是搬用和模仿古代的形式。现代人对古代人形式上的模仿只会造出一些假古董。历史寄望于张承志的不是模仿，而是创造。然而，张承志过分迷恋于古人的朴素和粗糙，他似乎不明白，朴素的朴素才是真朴素，模仿的朴素只能是矫情。中国传统文化中充满着太多的矫情的朴素（从老子的"见素抱朴"即已开始了），当人们意识到朴素并有意识地要表现朴素时，他已经不朴素了。张承志"模仿阿拉伯—波斯文学的修饰文体"而写的那首诗（第140页）就是这方面最好的例子：

是春天是秋天

荒山绝岭无花草

人容我人追我

活着本来是流浪

赞美你——几番炼我的深沉世界

西有伊犁，东有布盏

你使我目不识丁便精熟地理……

　　用不着全部引证便可以看出，这是一首拙劣的诗，它绝不是张承志本人的水平。当然，这是从形式上来说的，诗离开了形式还能是什么呢？也许张承志会说：这里面大有深意。是的，我承认。可是这种深意毕竟没有在形式上表达出来，就像一个刚刚说话的幼儿，期期艾艾，词不达意。我们可以猜到或由理性推出他想说什么，但毕竟没有从他的话语中直接看到和感到这个"什么"。我不知道这首诗用阿拉伯文或波斯文写出来会是怎样，但张承志在这里是在用汉语写作。我理解，他所谓"解决了学问和艺术的根本形式问题"，就是指解决了汉语表达的问题；因为要想"让世界了解"哲合忍耶，首先就要让汉语世界了解哲合忍耶。在这方面，张承志有时也承认："我没有在这长旅上寻得真正的'道'（tarigati）；包括更自由的形式。"（第331页）

　　总之，我们在张承志那里所看到的哲合忍耶，是一种"无史的心灵"。之所以无史，是因为缺乏心灵内在的不安和痛苦，缺乏爱的激情，只有世俗的痛苦、世俗的热情。而且这种世俗的痛苦和热情也是千篇一律的，是由同一个静止的点反复受到外界环境的激发而按照某种频率产生出来、积累起来的。这种心灵的确也是高傲的、神秘的，但也是无语的、沉默的，而沉默无语乃至失语的根源正在于无史。一种把对原点的任何偏离都视为亵渎和不洁的心灵必然是无史的和无语的，是不可表达的和神秘莫测的，因为一切表达、一切语言都已经是对原点的偏离或原点的自我偏离了。只有这种偏离才是历史，才是从一个原点出发的发展史。语言就是历史，历史不是现成的，而有赖于从一个原点出发去进行创造，即语言的创造。

然而实际上，永远无史的心灵也是不可能的。心灵的无史状态只不过是心灵的襁褓和幼稚状态，在这种状态中，心灵的内在不安和痛苦实际上已经开始了。信仰本身已包含着不信（真正的信仰是连自己在信仰都不知道的），包含着怀疑、试探、询问和迷惘。就连约伯这个自认为绝对虔诚的信上帝者在遭到不幸时也不禁叩问苍天："告诉我，我的罪过在哪里？"基督教的信仰正是在对自己的这种不信（即"原罪"）的不断自觉和不断忏悔中巩固了自己，创造了一部信仰的心灵史。他们信，但他们从不自以为绝对地信；他们祈求上帝给他们信。对照约伯和张承志的"天问"可以看出，张问的不是自己的罪过，而是如同屈原那样，对"天"的愤激的质问，是表白自己的赤诚并要求报偿（第302页、第303页）。哲合忍耶的心灵无史状态只不过是心灵内在的不安和痛苦始终未能得到发展、始终处于幼稚状态和被遮蔽状态。因为这种心灵得不到来自精神生活本身的营养，因为他们半是被迫、半是自觉地拒绝了文明。赤贫使他们与心灵的内在深刻的思索和细致的思辨相隔绝，他们的聪明才智只在盎然的诗意和口头的机智辩驳上如同轻盈的风一般掠过，并未针对他们自身的信仰建构起紧张的张力。哲合忍耶的心灵需要发展，需要内在的深沉的反思，需要在外部历史的刺激下，通过外部历史或通过思考外部历史（而不是逃避或无视外部历史）来推动自身的内部历史。张承志在书中其实已经开始展现了这种内部历史的最初苗头，这就是李得仓、马以德、马进城和现代的马元章身上所体现的另一种宗教精神。

之所以说是"最初苗头"，有两方面的意思。首先，这种苗头虽然也被张承志注意到了，但在书中却并不是作为哲合忍耶心灵的真正"历史性"来强调的，而是认作世俗历史中的一个新情况，只代表心灵对世俗的一种暂时的、必要的妥协。例如李得仓的率众投降，在张承志看来就不是哲合忍耶在精神气质上的一种发展，而只是一种"形式上的投降"，"他们的所谓降是战争规律，甚至是更深沉的牺牲"（第185页），它的意义只在于："李得仓是哲合忍耶历史上的一种新人：世俗上层和宗教的两栖人物。这标志着哲合忍耶这个最底层最贫穷的教派，已经能够以自己的宗教魅力在中国社会上层参与竞争。谁也无法怀疑的光荣教史，抵消着追求者对于宗教本身的疑问。不经过宗教职业是否也可以坚持宗教信仰呢？生活于人间俗界是否也可以获得圣洁呢？社会地位与经济势力这些人生的终点，是否可能变成灵魂的起点呢？"（第183页）实际上，李得仓的意义远远不止于此。如果说，"穷人的宗教"在这里已进入"中国社会上层参与竞争"，那就说明它已开始向"一切人的宗教"这个方向发展。李得仓不但是个上层人士，而且是一个知识分子，后来的马元章也是如此。借助于知识分子，由无文化的"穷人的宗教"发展为"一切人的宗教"，这应当是一般宗教发展的规律（如基督教）。正是这种发展蕴含着心灵史的种子。张承志也看出，"这个心灵上伤痕累累的教派正挣扎着向现代跟跄前进"（第212页），认为"哲合忍耶需要一种补充，需要一种阴柔的、符合大多数人同情心的限度的、普遍的宗教形象，让中国的良心能够与自己的一切结合"（第244页）。但这对于张承志一直突出强调和渲染的那种暴烈刚强的殉道精神是格格不入的。所以这种客观冷静的估计给张承志心理上带来的是某种遗憾和惋惜。他深深地怀念那个英勇流血的时代（第288页），因而未能充分评价"见惯了鲜血的一个被迫害教派"被它自己的导师"劝导上和平的宗教道路"（289页）的更为伟大的意义。他的眼光仍然紧紧地盯着那个"原点"。他时时回顾的是那条"旧路"，即"魅力无比的束海达依——殉教之路"（第196页）。

其次，我们说哲合忍耶在现代表现出心灵史的"苗头"，是说这个心灵还只具备了发展为历史的倾向，这种倾向能否现实地发展出来，还要取决于各种条件。李得仓对哲合忍耶宗教精神的"修正"并未在教众中造成真正的精神转向，特别是未能以"文字"的形式通过对教义的反思来建立起一个精神前进的驿站和据点；马进城以自己的言传身教把一种新的精神，即对屈辱和受难的独自承担带进了哲合忍耶。"由于他的悲剧，哲合忍耶终于完成了牺牲和受难两大宗教功课。由于他的哀婉故事，哲合忍耶不仅像火焰中的英雄而且更像每一个黑暗中的善良人"（第247页）。张承志隐约感到，这表明"哲合忍耶作为宗教的成熟和深刻"（第245页），但他未能对此作进一步的发挥。事实上，后来也并没有多少人仿效马进城的宗教态度，他的意义的昭示还有待于时日。至于马元章在海原大地震中的遇难，张承志则认为这意味着他的妥协目标的失败，预示着哲合忍耶"回归于自己的本质——穷人的宗教"（第305页）的方向。总之，这些导师的原则都未能真正进入哲合忍耶的心灵。

但我们绝不能据此断言，哲合忍耶对自己历史上这些纪念碑式的人物会永远无动于衷，他们的文化水平和人生体验会永远无法进入这种新的精神世界的内部。今天我们看到，已经有张承志这样杰出的学者和作家在清理和总结哲合忍耶的历史和心灵，他已经看出，哲合忍耶的"古典时代"已经结束，"无论多斯达尼怎样地怀念它们、热爱它们、信仰它们——哲合忍耶若要生存，必须要在新时代找到自己的新路。"（第228页）只有在今天，哲合忍耶才有了使自己的心灵真正发展为"史"的最大可能性。

三

一开始我们就注意到，张承志在书中反复强调，他真正要表达的并不只是宗教。他许诺："我还将正式描写我终于找到的人道主义"，"这种人道主义要远比中国那些知识阶级廉价拍卖的货真价实"（序言，第10页）。"人道不是在五七干校踩两脚泥就能够洞彻的便宜货"，"人、人性、人道、人心，这一切在中国应当通过另外的途径去发现"（第278页）。显然，所谓"另外的途径"，就是到"穷人的宗教"、到无知无识的民众信仰中去发现真正的人心和人道。张承志，作为一个地道的中国知识分子对"知识阶级"的这种敌视和轻蔑，其实不过是中国传统知识分子自古以来所固有的"平民情结"的一种极端化体现罢了。古代文人士大夫固然有"学而优则仕"的出头的希望，但也随时有沦为庶民、一钱不值的可能，他们的知识作为资本丝毫也不能使他们在精神上获得尊严，因而在他们的自我感觉中总是感到自己的卑微和不足道。正是对知识本身缺乏自信和自尊，使他们的信仰只能寄托于对群体人伦关系的情感体认，而无法建立自己独立的内心世界和超越世俗感性生活之上的宗教精神。这也正是他们的"人道、人心"只能限于某时某地的具体恩怨而不能变成一种真正的信仰的原因。看来，张承志对中国知识分子的这种深恶痛绝并没有使他与传统中国知识分子有什么根本的区别，他对知识、文化的贬低和对淳朴无知的抬高，与老子的"虚其心，实其腹，弱其志，强其骨"的"圣人之治"，与中国知识分子历来对名言至理的不屑一顾，存在着内在的联系。那么，他所主张的人道、人性、人心是否比中国传统文人、甚至"五七干校"的落难文人们更高呢？

有一点是可以肯定的，张承志借助于哲合忍耶对心灵生活的执着，比起世俗的中国文人来要更强调精神对现实生活的超越，更坚持人道、人心是现实历史的唯一标准。他甚至否定了一切由经济、文化、学问、艺术所体现的时代，"我只肯定人民、人道、人心的盛世"（第75页）。他看出，在这个"无信仰的中国"，"对于追求精神充实、绝对正义和心灵自由的一切人，对于一切宗教和理想"，其"最强大的敌人"就是中国文明的核心即孔孟之道。"新生和摆脱厄运的出路只有一条，即战胜孔孟之道"（第147页）。孔孟之道即世俗之道，也就是所谓"仕途经济"（经济=经世济民）。战胜孔孟之道不是靠遁世、逃世和避世，而是以心灵的丰富抗击世俗生活的贫乏。老庄禅佛对此是无能为力的，因为它们既无力量、也无意愿去向一个独立不倚的精神世界作能动的开拓，顶多是一种自宽自解和对整个世俗的愤激的超脱。中国人一旦摆脱了儒家"名教"的束缚，便以为一切都在"不言"中了，而从来不认为精神还需要自己独特的形式和语言表达。所以，人道、人心在中国从来不是一条衡量历史的标准，因为它本身并无标准，不具有可以名言和规范的普遍性，而是各人心中无法说出、无法交流的体悟；一定要用作标准，那将是每个人都有每个人的历史或标准，每个人的历史都将互相冲突。中国历史上"凭良心"而互相残杀、迫害、剿灭的例子太多了。

张承志首先感到需要赋予人道、人心以一种形式。他甚至从伊斯兰教那里借来了这种心灵的语言。然而，这种语言在他那里还不具有真正的"逻各斯"（道）的意义，它们只是一种仪式，或者说，心灵的语言被仪式化了，它们所表达的只是一点：我有心灵，我有真主。对于中国文化来说，这无疑是一种补充，一个起点；但对于真正的人道和心灵生活来说，这还是远远不够的。真正的心灵生活不能停留在"有"的水平，它应当是"本质"，它应当问自己"心灵是什么"及"心灵是怎样有的"，并对此加以讨论和言说。但张承志并没有说出这一点。他只强调他"有"，而别人（中国知识阶级）"没有"。所以我们不能问张承志：什么是你说的人心、人道、人性？他不能回答，因为一回答，就会使他的人道主义和"中国知识阶级"一贯讲着的人道主义没有什么区别了：献身于精神，执着于理想，大公无私，"杀身成仁，舍生取义""威武不能屈，贫贱不能移，富贵不能淫"，道义的承担和气节的坚贞等等。还有什么是人们没有说过的吗？

当然，还有忏悔、原罪和拯救。张承志从十三太爷马化龙通过自己一家人的牺牲来拯救众人的性命这一悲壮之举中，看见了"原初的拯救思想，原初的替罪思想，一种成为一神教人生观和世界观支柱的认识"，并将它与圣经上亚伯拉罕杀子献祭的故事相提并论（第203页）。但这两件事实际上是很不相同的。亚伯拉罕将自己的独生子献祭仅仅是听从上帝的吩咐，也就是说，仅仅是出于信仰，没有任何现实目的，也与世俗的事情全不相干；相反，马化龙则是在金积堡大战陷入重围时，向清兵"请以一家八门三百余口的性命，赎金积堡一带回民死罪"（第207页）。这一行为本身自是极为壮烈，但它并不像张承志所说的"象征着一种崭新的东西——中国的信仰及其形式"（第212页），而不过是中国历史上屡屡发生的、在现代史上也绝不罕见的为保种族而自我牺牲的典型例子。这种精神的确很崇高、很高贵，但并非宗教精神，而是面向世俗的。它不是为了拯救人的灵魂，而是为了拯救人的肉体。马化龙是以"一家八门三百余口"的身体上的主人（家长）的身份决定这一牺牲的，且只有以这种身份他才有权不经他人同意作出这一决定。我们虽然不能"把宗教降低成史学"（第206页），但也很难把史学勉强提升为纯粹的宗教。可见，张承志认为"十三太爷马化龙对亚伯拉罕古老命题的实践，标志着中国人之中心灵追求的程度"（第204页），这很难说是一个准确的判断。

张承志似乎特别有意地给世俗事件加上某种宗教，尤其是西方宗教（犹太教、基督教）的含义。他不仅把肉体的拯救混同于灵魂的拯救，而且把世俗的罪过混同于"原罪"。他说无罪的哲合忍耶导师们"自认罪人；他们每天每夜等着审判，等着拷打或杀头"（第129页）。但这其实绝不是他们"自认"的罪，而只是"公家"加在他们头上的"罪名"。他们的"自认"只是表明了一种反抗的心态。倒是现代的沙沟太爷马元章在他的诗中表达了一种真正的负罪感：

> 午夜恐惧霓云降，半生负罪何以赎……
> 已坠暗世合泥期，罪孽深重祷难达。
> 长夜漫漫何时旦，尝盼东方两眼穿。
> 日颂罪己唱悔段，哀求上帝施白恩！
>
> （第297页）

甚至说："晨昏祈祷鲜感应，罪孽深重难格天！"（第298页）张承志对此感叹道："他的自责和负罪感使我震惊。"

然而，这种负罪感仍然不是来自对人的本性的原罪恐惧，而是对某些具体目标，对人所承担的某种具体义务的责任感，是对自己教派未能如先辈们所期望的在现实中取得更大进展的忧虑和自责。他担忧的是"齿落腰疼吾已老，深忧后人难继余"（第297页）；他自责的是"自古英雄莫如余，年逾花甲无一成！"（第298页）正如孔夫子所说的："获罪于天，无所祷也！"

在这些先辈们中，唯有"汴梁太爷"马进城"拒绝自由、甘做罪人的行为"有了一点类似宗教原罪意识的苗头（见第240页、第241页），但此事在历史上和张承志书中均语焉不详，无法考证和分析。

可见，张承志所理解的人性、人道、人心，就其不可说的方面来说是不能通约的。它没有标准，它唯一的标准就是自己内心对某个领袖人物的信仰和无条件追随："一有危难，他们便挺身而出——无论是杀人越货，无论是承罪负责，无论是违法犯禁，对于他们都只是祈祷来的考验"（第263页）。至于可说的方面，那么它并没有超出中国传统和现代知识阶级所宣扬的东西多远。不仅如此，还有许多东西是张承志没有谈到或不屑一顾的，比如说"爱"，即对他人、对人类（而不止是对真主）的爱。我不知道，缺了爱，人性、人道和人心会成为什么。也许张承志认为历史的残酷已使爱成了一句空话，一个谎言。但人道、人性、人心不正是要超越历史么？"以恶抗恶"固然不失为一种现实的生存方式，但这不正表明了它还受到现实的束缚，而不足以上升为一种"道德理想"么？基督教中也有"愤怒的上帝"和"慈悲的上帝"之说，但基督教的教义是爱而不是恨，是主张热爱人要胜过憎恨罪恶（参看显克维支：《你往何处去》中译本第600页）。张承志的教义中有复仇、殉教、热烈的诚信，有"激烈"也有"深沉"（第116页），唯独没有爱，因而也没有"和平"，而只有对"和平"的"深深的警惕"（第297页），以及将和平作为临时的韬晦之计、作为养精蓄锐以便东山再起的手段。张承志为此辩解说，"不能苛求我们的祖先"，即使哲合忍耶"并没有认识和平，并没有认识恰恰是由自己前三辈的流血牺牲所启示的真理"，但这是由于他们"挣扎于饥馑和镇压中孤立无援"（第147页）。这种解释是缺乏说服力的。一切宗教在其发展的最初阶段并不能天然地产生和平的教义，宗教精神的不成熟与饥馑、镇压和孤立无援之间并无直接的关系；相反，苦难是成熟的必要条件。在普遍的受难中，人类才有可能意识到人与人之间那种不可毁灭的精神上的联系，才会逐渐树立起爱的原则，萌发永久和平的愿望。当然，这还不是充分条件。中国五千年历史虽然充满了苦难和血泪，孔子的"仁者爱人"说教也已流行了两千多年，但到鲁迅的时代却仍然是一个"无爱的人间"。爱在中国的确没有进入人道、人性、人心之中，只是纸上的东西。尽管如此，我们却不能决绝地从人道、人性、人心中驱除爱，并把一种无爱的心灵奉为真正的人道。否则，我们将永远盼望不到"那一天"，即哲合忍耶的精神得到全人类的理解，"不同肤色不同信仰的人"都来到哲合忍耶先烈的坟茔，"以人的名义祭奠那里的冤魂"（第95页）。我相信，张承志并未把哲合忍耶的全部精神传达出来；我相信，哲合忍耶对回民兄弟的巨大感召力及对非穆斯林世界的魅力最终不在于恨而在于爱；我相信，哲合忍耶在现代的发展、它的真正的"心灵史"将是使爱的原则得到彰显、光大的历史。

四

贾平凹：废弃的灵都

从表面的思想倾向上说，王朔和张承志似乎是对立的两极，前者是看破红尘后与世俗同流合污、痞，后者是坚持最彻底、最纯洁的道德理想，是极端的纯情。然而从精神实质来看，他们两人却有着原则上的根本的一致，即他们都想完全无保留地使自己（作为一个知识分子）与最底层的民众融为一体。这与"红卫兵精神"，与知识青年上山下乡的确是一脉相承的，他们使一种图腾式的大众崇拜带上了大众固有的痞性。中国传统的人文精神一向都具有一种"民粹"意识，它历来主张知识分子要懂得民众的疾苦，成为民众的代言人和救主。正如当年俄国的"民粹派"到民间去穿草鞋、吃粗粮、干农活一样，"五四青年"到农村去，60年代上山下乡，"文革"的发动群众、忆苦思甜，结果使知识分子不但大众化、平民化了，同时也痞子化了。王朔难道不是知识分子、文化人与工农群众相结合的模范吗？当代痞子文学只不过是首肯了这一方向，主张要想为民众说话，首先要放下架子，自己成为地道的民众，即最底层的痞子，就要说痞话。一切社会都有痞子，但中国的特点是痞成为通行的规则（尽管痞本身意味着无规则、胡来、原始自然）。所以王朔在痞时感到自己真正纯洁，他回归到了自然本性。张承志同样拒斥对这自然本性的一切文雅和教化的提升。当代中国人的灵魂在挣扎中左冲右突，最后总是回归到原始和儿童的纯真。人们说，王朔使人感到自己成了动物。真是这样吗？非也！王朔把人的动物性的痞理解为纯情，这无异于一种自欺。人要真感到自己成了动物，他会有种内心本真的痛苦。王朔却感到怡然自得，超然洒脱，自我欣赏，以为这才是人的真性情，才上升到了老庄和禅悦的境界。这只是一条自造的逃路，他的无出路正在于没有异化感，没有要摆脱非人状态的内在冲动。人们又说，张承志追求的是"清洁的精神"。真是如此吗？非也！张承志把人和动物之间的生存状态作为精神保持"清洁"的条件，这种精神拒绝和害怕一切文化的发展与成熟，逃避人的生活世界。这是一种停滞、倒退、心怀嫉恨的精神，一种遏制精神的健康发展的精神。他的无出路在于这种精神骨子里的反人文性和自我毁灭性。世纪末的中国人，要寻找的绝不是这样的灵魂。

由此可见，王朔和张承志所表现的，是痞和纯情的两种不同的结合方式。他们各自立于自身的立场，却没有意识到自己和对方的立场已结下了不解之缘。他们各有自己尚不彻底、尚未看透的地方。真正看透了中国人的人心、人性的，是贾平凹，特别是他的《废都》。

一

　　贾平凹80年代即以他的"商州系列"作品在中国新时期文坛上雄踞一时，人们欣赏的是他在这些作品中所表现的"文化味"。它是"地方的"，但却是大地方，是其他一切小地方的发源地和根。它既不同于现代知识分子的浮光掠影的理想追求，也不同于对大众生活的如实反映，而似乎是深远悠久的历史本身在现代发出的沉闷回音。他对历史掌故、乡土风俗和民间禁忌、国民心理的韵味和理路的熟悉程度及生动描绘，是超出旁人之上的。然而进入90年代，他忽然有了一番深沉而痛苦的反省，想起"往日企羡的什么词章灿烂，情趣盎然，风格独特，其实正是阻碍着天才的发展"，而自己已到了40岁，"舍去了一般人能享受的升官发财、吃喝嫖赌，那么搔秃了头发，淘虚了身子，仍没美文出来，是我真个没有夙命吗？"（《废都·后记》，北京出版社1993年版，第519页、第520页，下引此书只注页码。）他发现自己"几十年奋斗营造的一切稀里哗啦都打碎了"（第520页）。于是，当他要在"生命的苦难中"、在这部40万字的"苦难之作"中来"安妥我破碎了的灵魂"（第527页）时，他便失去了以往的宁静、隽永和娓娓道来的文风，变得慌乱而急促；当他下决心要切实地通过写作来寻找自我、把捉自己的灵魂时，他看到的恰好是自己的失落，即失了魂；或者说，他发现原先自以为圆满自足的那个自我只是一个假象，他的真我其实是分裂的——他已经不知道自己到底是庄周还是蝴蝶了。

　　小说的主人公庄之蝶，曾经是一个真诚、纯洁的青年，12年前曾与本单位一位女性景雪荫恋爱，竟"数年里未敢动过她一根头发，甚至正常的握手也没有"（第66页）；后来另娶了一位名门闺秀牛月清。成了知名作家以后，在西京城里地位极高，是文化界"四大名人"之一，市人大代表，人人都以能一睹容颜为快，真是如鱼得水，要什么有什么。然而，正当他功德圆满、辉煌灿烂之时，他却陷入了精神崩溃的边缘。他看透了知识界文化界的无聊和空虚，识破了一切官样文章和纸糊桂冠的虚假；但他并不像王朔那样愤世嫉俗、倒行逆施，而是"大隐隐于朝"，逢场作戏、以雅就俗。他深知自己早已丧失了一切理想主义的道德信条，但他无法起来指责任何人，因为这个社会的堕落也正是他自己的堕落，他就是这个沉沦着的社会的典型代表和"精英"。因此他唯一能做的和想做的只是充当这个已经腐朽了的伦理体系身上的蛆虫，寻求着这个封闭的实体上的裂缝和"破缺"（第29页），以维持自己那尚未被窒息的最后一点原始生命力；用孟云房的话说就是："一切都是生命的自然流动，如水加热后必然会出现对称破缺的自组织现象。"（第30页）当然，这种伦理体系上的"破缺"现象主要集中体现在爱情或性关系上。庄之蝶身为名人，有那么多人读他的书，据说他的书又尤其写女人写得好，身边自然就聚拢来一批女性崇拜者。这些女子一个个形容姣好，聪明伶俐，风情万种，善解人意。她们仰慕庄之蝶的知识、文化、气质和艺术家做派，更陶醉于他作为一个性伙伴的丰富的想象力和实际操作能力。这是一个真正的"自然人"，他不做作，不虚伪，遇到一个灵动的女子，他总是能够做到"直指人心，见性成佛"，并顺顺当当地成其好事。不是凭他的外貌（他的外表很一般），也不靠花言巧语，更不凭借暴力，而只凭他一腔诚心、真心，他便同时占有好几个如花似玉的女人。这简直就是一个使男人暗中羡慕的当代贾宝玉。

因此，现实中的庄之蝶尽管显得那么玩世不恭，整个一个玩弄女人的痞子，但在理想或梦幻中庄之蝶却自有一种化腐朽为神奇的天才，能将除去一切道德面纱的赤裸裸的痞性、兽性变得如此优雅和温情，甚至使之显出一种自然天成的纯洁和美来。当然，这种美绝不是精神上的，而是一个有精神的人对肉体的崇拜和迷恋，是精神放弃自己更高的目标而回到肉体的家园，直言之，是精神的颓废和沉沦。当精神无论如何也看不到自己头上的天光、无法引导自我超升至神明般的至福境界时，唯一能使灵魂感到"安妥"的便似乎是向肉体沉沦。这种沉沦是如此惬意、如此甜美，毫无罪感和触犯天条的恐惧，因为精神的唯物主义知道，没有上帝，也没有死去的灵魂。人生如过客，如蛆虫，亦如梦幻。而最真实的梦幻是蛆虫的梦幻，只有蛆虫的梦幻才使得蛆虫不只是蛆虫，而有了"文化"，成了天道和自性。可见，理想和现实、精神和肉体、梦幻和蛆虫毕竟还不是一回事，精神对肉体的崇拜虽不是"精神上的"，但毕竟是"精神性的"，亦即是一种"文化"，而且是一种最高级的文化，否则庄之蝶就和那些无知无识的流氓没有区别了。庄之蝶并不屑于普通诱奸者的禽兽行为，他向来看不起杯水主义，他是怀着一腔纯情的真诚去和人通奸的，他痞得潇洒，痞

得有水平。他水性杨花、随时可移情别处，但每次都忠实不
渝，全心投入。孟云房说他"别人在外面玩女人都是逢场作戏
罢了，庄之蝶倒真的投入了感情！他实在是个老实的人"（第
480页）。他要天下一切美妙女子，但只是为了将自己的纯情
无私地赐福于她们，因而一点也不显得"个人主义"。可是到
头来，他在把这些普通女子从粗痞提高到"纯情"的层次上
来、因而"造就"了她们的同时，也就将她们毁了。正如柳月
说的：

> 是你把我、把唐宛儿都创造成了一个新人，使我们产
> 生了重新生活的勇气和自信，但你最后又把我们毁灭了！
> 而你在毁灭我们的过程中，你也毁灭了你，毁灭了你的形
> 象和声誉，毁灭了大姐和这个家！（第460页）

　　这些女人，虽然庸俗一点，可都还是些好女人，即使有些
越轨行为，也是压迫下的自然反抗。如唐宛儿跟周敏私奔，阿
灿不惜卖身而给妹妹报仇，柳月看孩子给吃安眠药，都是情有
可原。但她们都并不觉得理直气壮。一旦遇到了庄之蝶，她们
就一个个忽然都鲜活起来，迎风招展起来。是庄之蝶给了她们
精神力量，使她们看到人生中还有些可以问心无愧地追求的东
西、新鲜诱人的东西，但又是绝对高级的东西，因而都死心塌
地跟了他，心甘情愿地成为他精神王国中的奴隶和泥土。唐宛
儿曾激情洋溢地对庄之蝶说：

我想嫁给你，做长长久久的夫妻，我虽不是什么有本事的人……但我敢说我会让你活得快乐！因为我看得出来，我也感觉到了，你和一般人不一样。你是作家，你需要不停地寻找什么刺激，来激活你的艺术灵感。

我相信我并不是多坏的女人，存心要勾引你，坏你的家庭，也不是企图享有你的家业和声誉……不是的？人都有追求美好的天性，作为一个搞创作的人，喜新厌旧是一种创造欲的表现！（第123页）

我知道，我也会调整我来适应你，使你常看常新。适应了你也并不是没有了我，却反倒使我也活得有滋有味，反过来说，就是我为我活得有滋有味了，你也就常看常新不会厌烦。女人的作用是来贡献美的，贡献出来，也使你再有强烈的力量去发展你的天才。（第124页）

这番话，不是一个从小县城来的普通女子能说得出来的，毋宁说，它直接说出了庄之蝶或贾平凹本人对女人的看法，从唐宛儿嘴里说出来，至少也是鹦鹉学舌。一般说来，贾平凹笔下的女人都是没有自己的思想的，她们的一点思想只能从男人那儿获取。几千年来中国的女性的确就是这么过来的。而一旦男人的思想崩溃，女人在思想上就越发一泻千里，往往比男人更显得激进（如今天中国的一些"女权主义者"），行动也更加大胆（阴盛阳衰）。清虚庵的尼姑慧明师父便是这种女人的一个典型的代表。她年纪轻轻便削发为尼，深研佛理，但绝不是为了遁入空门，而是为了以这种极端的方式向男性世界挑战。她与多名男子发生关系，但却始终能保持一种圣洁和高深的气质。她向牛月清介绍她的经验之谈："在男人主宰的这个世界上，女人要明白这是男人的世界，又要活得好"，"女人就得不断地调整自己、丰富自己、创造自己，才能取得主动，才能立于不会消失的位置"（第484页），"女人对男人要若即若离，如一条泥鳅，让他抓在手里了，你又滑掉……所以，女人要为自己而活，要活得热情，活得有味，这才是在这个男人的世界里，真正会活的女人！"（第485页）这种中国式的"女权主义"，归根结底是以男子的绝对统治为前提的，哪怕这种统治并不以暴力、而是以"纯情"的方式、以"文化""文雅"的方式实行。女人只有以男人为标准才能"创造"自己，这种创造便没有什么创造性；女人"为自己而活""对自己好一点"（正如护肤霜的广告词所说的）也只是为了更好地适应男人，则她们是否真能"取得主动"、成为"真正会活的女人"，也就不取决于自己，而取决于男人的兴趣和能力。如果男人兴趣转移、能力有限，女人的一切"创造"和自信自怜便毁于一旦。

所以，当庄之蝶以"文化"的名义将他的女人们的原始生命力激发出来时，由于他实际上并不具备皇帝那样强大的"痞力"来无条件地拥有她们，控制她们，他就只能无可奈何地眼看着她们一个个走向毁灭，并清楚地意识到这整个是一场罪孽、一片地狱的煎熬，他内心一点也"潇洒"不起来。因此，尽管这些女子在遭到毁灭时没有一个对他心怀怨恨，反而对他更加顶礼膜拜，但他越来越感到困惑的却是这样一个问题：

"我是个坏人吗？"（第418页）这其实也是作家贾平凹的自我发问。要好，想做个好人，为此而不甘屈从于世俗的虚伪；但世俗中充满着虚伪，因而他极力要寻求现实中的破缺，以显露真实；然而最真实、最实在的竟是人的动物性的情欲、痞，不管你如何美化它、"文化"它，在伪善与道貌的反衬下颂扬它，它仍只不过是盲目的痞性，其最高代表就是皇帝，其纯粹体现就是一夫多妻制！然而，这痞性不正是出于纯情、"要好"，历经磨难，几经错过而终于求得的吗？庄之蝶深为后悔："多年前与景雪荫太纯洁了，自己太卑怯胆小了，如果那时像是现在，今天又会是怎样呢？庄之蝶狠狠打了自己一拳，却又疑惑自己是那时对呢，还是现在对呢？"（第257页）

其实，《红楼梦》中警幻仙子早就说过，那"意淫"（如当年的庄之蝶）和"皮肤滥淫"（如今天的庄之蝶）尽管"意虽有别"，毕竟"淫则一理"。纯情的回到本心，与痞的从本性出发，恰好成了两极相通。当贾宝玉式的"红楼梦"破灭后，庄之蝶再也不能把梦幻当现实了。但梦幻又始终纠缠着他，使他以为那里还有一个"真我"，不同于他实际做的：他是堕落了，但他的"真我"完好如初；他淫乱，但他在幻想中贞洁；他痞，但他付出的是真情。他不知自己是谁，是好人还是恶人，但他没有力量，不敢、甚至不愿意摆脱这种双重自我的混沌状态，因为要他弄清这个问题，就等于要他直面丑恶的现实和肮脏的灵魂，放弃一切自欺来忏悔。他宁可自恃纯情而怪罪于他人。例如，"为了摆脱困境，他开始用关于女人的种种道德规范来看唐宛儿，希望自己恨起她，忘却她！可庄之蝶想不出唐宛儿错在哪里，哪里又能使自己反感生厌？"（第487页）他竟然援用他自己首先破坏的传统道德来为自己开脱罪责，怎能不陷入自相矛盾！

要么，他就必须彻底按照自己的"理想"去干一番惊世骇俗的事，哪怕像皇帝那样公然妻妾成群。但他不能彻底，他既无能力，也无胆量。他只能偷偷摸摸地去实现他作为男人的动物性功能，只在幻想中使自己成为一名男子汉。当他的结发妻子正式向他提出离婚后，他就真正崩溃了，他的一切愤世嫉俗和反潮流的故作潇洒都脱落下来，显出他骨子里不过是数千年传统文化的一种变态标本。无论他如何激进、如何超前、如何解放，他的根是家庭，这个家庭尽管不能给他带来任何生机活力，还日复一日地消磨他男人的自尊自信，几乎使他成了一个不能人道的废人，但他仍然不能离开它。一旦被连根拔起，他就蔫了。庄之蝶最后不明不白地死在车站候车室里。他到底要到哪里去？为什么出走？这些都没有明确的交代。庄之蝶绝不是一名战士，而只是一个逃兵，不仅是逃避社会和现实，而且是逃避自己。他以自己内心的赤诚为据点去寻求社会的"破缺"，可是当他发觉这破缺不在别处，正在他自己内心深处时，他便胆怯了。他可以承受别人的指责和轻蔑，但他无法直面自己的罪孽。他的一切真诚和纯情到头来都成了虚伪，都成了勾引女人满足自己动物性情欲的手段。不论他的出发点是如何要"好"，他都摆脱不了成为"坏人"的宿命，因为人性本恶。

但贾平凹还没有反思到这一层，否则他的灵魂就永远也得不到"安妥"了。灵魂之所以是灵魂，就在于它永远不能在物质的世界中找到自己的安妥和归宿。真正自由的灵魂是注定的流浪者，只能居住在虚无之乡。它与物质或肉体的区别就在于它是"无中生有"，是凭空创造。庄之蝶的悲剧并不在于他与社会抗争的失败，而在于他的灵魂的软弱无力、打不起精神，无法战胜自己的劣根性。贾平凹的悲剧也不在于他只能在这种绝境中、在中国当代灵魂的毫无希望的生存状态中"安妥"自己的灵魂，而在于他无论如何也还是想要使自己的灵魂在世俗生活中寻得"安妥"这一强烈的愿望本身。这也就是对那曾经一度那么妥帖辉煌、而今早已被废弃的灵都的无限留恋、无限伤怀。只有在这种留恋和伤怀中，他才感到自己内心仍然保留着一股温热的血脉，一种人性的赤诚，一番超越当下不堪的现实之上的形而上的感慨。

二

在《废都》中，我们除了看到男主人公和一个个女人的暧昧关系之外，还看到一种整体的氛围，一种文化气氛，这才是作者真正要渲染、要标榜的东西。说到底，庄之蝶凭什么能够引得一个个不同层次、不同身份的女人如灯蛾扑火般地趋之若鹜？不正是凭这种妙不可言、深不可测的文化涵养吗？与这种文化涵养相比，世俗生活的一切，包括人们梦寐以求的现代化生活享受，都显得那么低级庸俗、虚幻不实。尤其是对那些自我感觉颇好、尚未被自卑心理引入对生活和命运不公的愤懑嫉炉，尚未泯灭对人生理想目标的追求的女子来说，庄之蝶无异于一个实实在在的精神宝藏，在他那里有着一个五彩斑斓的华严境界，显示着生活应有的本相。

然而，庄之蝶的文化涵养之所以显得深厚、玄妙、醇香四溢，并不是由于他的积极进取和创造性的自我陶铸的结果，而恰好是由于他的颓废、伤怀、念旧和返璞归真。这也是整个小说所着力强调的思想倾向。在西京城里，庄之蝶代表文化的最高层次。古今中外一切激动过、诱惑过人类心灵的玩意儿他全都看过了，听过了，领教过了，欣赏过了。但最终，他看不出这里面有什么真正新鲜的东西。他的目光越来越沉浸到那些远古的、代表人类蒙昧时代的精神家园的东西中去，从中体味人的本真的存在和意境，就像他从那早已失传了的"埙乐"中听到的那样：

> ……你闭上眼慢慢体会这意境，就会觉得犹如置身于洪荒之中，有一群怨鬼呜咽，有一点磷火在闪；你步入了黑黝黝的古松林中，听见了一颗露珠沿着枝条慢慢滑动，后来欲掉不掉，突然就坠下去碎了。你感到了一种恐惧，一种神秘，又抑不住地涌动出要探个究竟的热情；你越走越远，越走越深，你看到了一疙瘩一疙瘩的瘴气，又看到了阳光透过树枝和瘴气乍长乍短的芒刺，但是，你却怎么也寻不着了返回的路线……（第111页）

在一个遍地物欲汹汹的年代，庄之蝶这种闭眼沉吟显得那么独出一格、超凡脱俗。他并不是一个迂夫子，相反，他体现了每个世俗凡人在感受到生命痛苦时（如果凡人也有痛苦的话）所自然而然地梦想回复的那种懵然无知的原始状态。寻根就是寻求纯情之痴或蛮痴之真情，它是对现代生活否定人的本性的抗议。然而，正因为人类生活的成长和进步、人的历史和文明进程不能不以这种人类本性的否定和否定之否定为根本动力，因而这种寻根实际上又是对人类的现实本性（即要长大、要发展）的一种逃避，它注定是感伤的、悲剧性的、软弱无力和没有希望的。它没有承担自己苦难的勇气和力量，只徒然呈现了人的心地的纯净和善良：一种极其狭隘、绝望、幼稚和不切实际的纯净和善良。它在被作为自觉的目标刻意追求时往往显得可笑和虚伪，在付诸实行时则又变得可怕和残忍，因为它想用已死的虚幻回忆来强行摧毁虽已患病但毕竟没有死灭的生活本身。

幸好，庄之蝶只是一介文人，他没有能力、也没有权力将他的理想和情感在现实中推行，他唯一能做的只是用一种象征性的举动惊世骇俗地表达他回归自然的理念，即像一只牛犊一样趴在奶牛肚子下直接用嘴吮奶。在《废都》中，那头供给庄之蝶以奶汁、其实毋宁说供给他以精神上的奶汁的奶牛正是庄之蝶良心的象征（同样，张贤亮《男人的一半是女人》中的大青马是章永璘的良心的象征。这些作家总喜欢用驯良的牲口来表现人的灵魂）。这奶牛大智若愚，虽然不会说话，却有比人类更加深刻透彻的思想。"牛的反刍是一种思索，这思索又与人的思索不同，它是能时空逆溯的，可以若明若暗地重现很早以前的图像。这种牛与人的差异，使牛知道的事体比人多得多……所以当人常常忘却了过去的事情，等一切都发生了，去翻看那些线装的古书，不免浩叹一句'历史怎么有惊人的相似'，牛就在心里嘲笑人的可怜了。"（第140页）这牛真是个天生的"后现代主义者"，它坚信"人与所有的动物是平等的"，"人也是野兽的一种"，"可悲的正是人建造了城市，而城市却将他们的种族退化了"（第142页）。于是它操着法兰克福学派和罗马俱乐部的口吻把人类在20世纪所干的一切荒唐事如环境污染、人口爆炸、水源危机、生物链破坏……一一骂了个遍。人类的养尊处优已使人种退化得不如一只兔子，甚至一个七星瓢虫。"牛在这个时候，真恨不得在某一个夜里，闯入这个城市的每一个人家里，强奸了所有的女人，让人种强起来野起来！"（第254页）奇怪的是，这恰好是当今那些到处寻找"真正的男子汉"的女人们所暗中渴望的。当然，这种男子汉如果不是采取粗暴的兽性，而是像庄之蝶那样采取文化的、纯情的方式，将更得女人们的欢心。中国人需要的并不是真正兽性的阳刚之气，而是一种具有阳刚之气的文化。但很可惜，这文化恰好是阴柔的、扼杀阳刚之气的。于是众多的小说家便发挥自己天才的想象力，捏造出了像庄之蝶、章永璘这一类既有高雅的文化情致、又具有令人羡慕的性能力和"野性"的男人形象，其实不过是一种画饼充饥的空想罢了。

因此，庄之蝶的虚假，并不是在现实生活中缺少这样的实例，也不是贾平凹刻意构想出来的那些情节（如头一次见面一个文化人就可以和一个陌生女人两厢情愿地上床）如同天方夜谭，而是根本上的不可能。中国文化是这样一种文化，即越是真诚的文化人越是表现出性无能（其结果是怕老婆、"妻管严"），只有那种"两面人"，才能在"文化"的面具底下为人的本能和野性（兽性）留下一席之地；再就是那些缺少文化教养的村夫村妇，他们的野性较少受到残害和压抑，反而有一种轻松自如但痞里痞气的表露和发挥。中国文化人在性心理上的这种心理障碍，不是通过文化上、思想观念上的"回归原始"可以消除的，正相反，当他把这种回归当作一种高超、纯净的文化来追求、来标榜时，他只是突现了自己已被这个文化本身禁锢的毫无出路的绝望状态，从而更加重了自己的心理负担，导致虚火上升而底气不足。这正是当今文人们以各种方式冒充阳刚之气的内心根由，也是许多文人不仅在作品中，而且在日常生活中"渴望堕落"、玩味粗野、流于鄙俗的最终根由。我们看对庄之蝶和阿灿做爱的描写，就深感文化人对轰轰烈烈的爱的想象是何等可笑（第303页）。

所以在《废都》中，庄之蝶对现存文化的一切否定和愤激之词都带给人一种"理念先行"、无的放矢的印象。人们不明白，对这样一个他在其中如鱼得水、左右逢源的世道，他为什么那么深恶痛绝。我们倒是能够合理想象：这只不过是当今文人的一种姿态，一种愤世嫉俗的时髦，仿佛不如此便显不出文化的高超和思想的先锋似的。庄之蝶把哀乐捧为最上乘的音乐向人家推荐，说"只有这音乐能安妥人心"，就显得有几分做派；唐宛儿说别人不讲究是邋遢，"他不讲究就是潇洒哩！"（第32页）倒是点出了庄之蝶故意邋里邋遢的本意。当今世界真如牛月清的老太太说的："让戴面具不戴，连妆也不化，人的真面目怎么能让外人看了？"（第40页）其实老太太的担忧是多余的。真诚如庄之蝶，也是有自己的面具的，只是他并不自觉罢了。不戴面具就是面具，而且是更隐秘的面具；否定文化也是一种文化：这就是我们民族数千年来真正的睿智之所在。庄之蝶并没有表露出真正的内心矛盾和冲突，尽管他满脸一副"苦莫大焉"的模样，作者和许多读者都会不由自主地对他的生活羡慕得要死，觉得他哪怕做了"花下鬼"，也不枉风流潇洒了一世。从作者对庄之蝶的这种欣赏和美化中，我们不难猜到事情背后的真相：这一切手到擒来的风流韵事和要死要活的感情纠葛都是作者胡编出来的，现实中的庄之蝶实际上被周围社会和自己头脑里的传统观念束缚得一动也不敢动，即所谓"有贼心无贼胆"。这才能解释他对这个社会所通行的伦常规范的深仇大恨。人与人实际上根本不是那么容易沟通的，尤其不容易以"文化"为媒介沟通。读过庄之蝶的书就想和他上床的女人也许不是没有，但那只属于"意淫"的范畴，从那里进到"皮肤滥淫"还有着漫长的路程，而且往往是半途而废。因为这两者潜伏着内在的矛盾，即"意淫"是以对方的贞洁为基础的，一旦实现为性爱，便是对这基础的破坏；理想一旦破灭，便将"文化"降格为"痞"了。当贾平凹自以为他可以用劳伦斯的审美眼光来看待这种痞，来把性爱上升为一种人类生命最美丽的花朵时，他似乎忘了，查泰莱夫人既不是看中梅乐士的名气，也丝毫没想到对方的文才，而仅仅是坦然面对自己作为一个活生生的女人对一个健康有力的男人的自然需要而已。而这正是我们的文化、也就是庄之蝶身上吸引女人的那种文化所极力鄙薄和斩杀的。在我们的文化中，一个像庄之蝶这样诚实的文化人，身处当今这样一个四处埋伏着物欲、情欲和阴谋的社会，怎么可能不如履薄冰、如临深渊，反而像真正的儿童那样动辄敞开自己隐秘的心扉，不但未遭暗算反而屡屡中的、逍遥法外呢？怎么可能轻易就获得众多女人死心塌地的真情、获得那么多"以心换心"的挚爱（这种挚爱甚至超越于正常的嫉妒心之上，使庄之蝶被当作人人为之献身的神来崇拜）？作者最后让他悲悲戚戚地死于心脏的不堪负担，正如那头奶牛死于现代文明一样；但其实，使他毁灭的并不是外在的环境，而是灵魂的绝症。

显然，是贾平凹"寻根"的理念制造出了这一切幻觉。他陶醉于中国几千年来文人士大夫梦寐以求的回归理想，而未发觉这一理想一开始就是既不合逻辑也不合生命自身的规律的。中国从来就没有、将来更不存在退回到原始人类如同赤子般互不防范的社会状态中去的可能。人们历来用远古大同理想为自己的政治主张贴金，不过是利用了大众文化的不成熟、不独立以便理所当然地充当家长罢了。在这方面，文人士大夫千篇一律地成为这个大众文化的幼稚性和依赖性的代表或代言人。这不仅使他们在权力面前本能地作赤诚状、纯洁状和婴儿状，而且使他们即使在拒斥和远离权力、甚至成为世俗社会的愤激的批判者时，也显得那样幼稚天真，充其量是一个儿童的自暴自弃。如果说，当年屈原的自沉还表明了一种真正儿童式的真纯的话，那么当今文人所标榜的"陆沉"则更多的是一种市侩的狡狯。人们现在已经知道，"不活白不活"，对世俗的反抗居然也可以用来作为自己在世俗生活中谋取平日被自己和社会所压抑着的世俗欲求的诱饵，使这种世俗欲求成了冠冕堂皇的"个性解放""思想启蒙"，成了最先锋的济世和救世宣言。似乎当人们在一天早晨醒来，发现一切文化都只不过是鬼话，人们只要赤条条一丝不挂地走上大街展示赤诚，就既可以使自己获得为所欲为的快乐人生，又使社会民风淳朴、不生机心，真是不费吹灰之力！庄之蝶只不过是率先身体力行了这一理想而已，属于"先赤起来的"一部分人。

可见，对"废都"的怀念绝不是一种进取的思想，更不是什么启蒙思想（尽管它以西方最激进的文化批判为参照），而是放弃主动思想，听凭自己未经反思的情感欲望和本能来引领自己的思想（跟着感觉走）。从这种意义上说，所谓"安妥破碎的灵魂"云云只不过是对一切思想的解构，使自己的灵魂融化于那充塞于天地间、如怨如诉的世纪末氛围之中，以自造的幻影充当自欺欺人的逃路而已。中国人其实并没有灵魂的本真痛苦，一切"我好痛苦好痛苦、好孤独好孤独"的自诉都只是在撒娇做派，意在求得他人的呵护和爱抚。当代作家的灵魂何时才能真正振作起来、奋发起来，不是陷入陈旧的语言圈套而走向失语，而是努力为自己创造新的语言呢？

五

韩少功：沉默的马桥

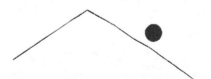

中国文化的失语问题，有些作家早就注意到了。尤其是有寻根倾向的作家们，当他们试图回溯我们民族的起源的文化心理中的真相（事情本身）时，总是发现失语（包括无名、匿名现象）。小说的主人公越来越没有名字，除了"我""他"或"她""我奶奶""我爷爷"之类以外，就是随便什么阿猫阿狗，是个符号、甚至一个声音、一股气流而已。20世纪80年代以"寻根"色彩最浓而在文坛声名鹊起的韩少功，在其代表作《爸爸爸》中即描写了一个天生失语的"丙崽"，他除了会叫"爸爸爸"之外（就连这个字的含义也多半是旁人给它附会上去的），再不能说出别的语言。然而，进入90年代，韩少功力图做一次"获生的跳跃"，即借用某些现代西方语言哲学的概念和视角，重新透视我们民族那沉默的根。这就是他近年来苦心经营的作品《马桥词典》的一个理念目标。在这里，他一反过去将失语现象引向神秘和混沌的致思方向，而力图在不言不语、少言寡语、闲言碎语、疯言疯语甚至胡言乱语中，重新发现语言本身的内在逻辑和力量，来建立我们民族的一门从下（方言）至上（普通话）的语言学或"超语言学"。他说："从严格意义上来说，我们并不能认识世界，我们只能认识在语言中呈现的世界。我们造就了语言，语言也造就了我们。《马桥词典》无非是力图在语言这个层面撕开一些小小的裂口，与读者们一道，清查我们这个民族和人类处境的某些真相。"（《语言的节日》，载《新创作》1997年第2期）显然，与他前期崇尚失语的内在体验相反，韩少功在这里强调的正是语言"造就了我们"的先在性，这种说法与海德格尔和伽达默尔的观点如出一辙。但从文化寻根的意向来说，韩少功却是首尾一贯的。

一

我不想讨论《马桥词典》是否对别的什么"词典"的"拙劣模仿"这个本属无聊、但却被炒得沸沸扬扬的问题，它与该书的文学价值和思想价值无半点关系。我只想指出，《马桥词典》作为韩少功寻根意识的一种新型体现，与他前期的寻根意向处于严重的悖反之中，而这种悖反最集中地体现在该《词典》本身。韩少功敏锐地抓住了"语言"问题，这是一个我们民族文化最根本的问题；然而，他并不想去创造语言，而只想凭借自己学富五车的渊博学识去寻找和发现现成的语言。他竟想避开他在《爸爸爸》中凭直觉所领悟到的民族文化失语的痼疾，而将一切"爸爸爸""妈妈妈"和各种言有尽而意无穷的声音气流都诠注为一个有序的语言系统、一部"词典"，这确实太勉为其难了。读《马桥词典》，我除了读到一个个富有象征意味的故事之外，实在没有读出多少"语言学"的味道，那些词条词目的形式其实完全可以删去，或代之以简单的编号（1、2、3……），丝毫也不损害小说的艺术风格和思想性。毋宁说，这种多余的形式只不过表明韩少功在紧紧追随西方现代和后现代回归意识，尤其是语言学寻根倾向（如海德格尔对古希腊语的追寻）的热情和关注中走岔了路。但幸好，由于他并未完全背离自己的艺术直觉，他在这种有问题的理论引导下仍然做出了一些相当深入的挖掘，其中最有意义的挖掘是：中国人（以马桥为代表）数千年来赖以生存的其实并不是什么语言，而恰好是那些操纵语言、扭曲语言、蹂躏语言、解构语言的东西，这些东西有时躲藏在语言底下，但往往也凌驾于语言之上，它们可以是极其原始、鄙陋、强横、不容"商量"的东西（痞），也可以是极其温存、神秘、高雅和脉脉含情的东西（纯情），总之是只可意会、不可言传、意在言外、言去意留的东西。

其实，《马桥词典》一开始就表明了这一点。书中写道，对于官方用"大跃进"来标示的某个时代，马桥人却有自己的俗称和代指，即"办食堂那一年"。"他们总是用胃来回忆以往的，使往事变得有真切的口感和味觉。正像他们用'吃粮'代指当兵，用'吃国家粮'代指进城当干部或当工人，用'上回吃狗肉'代指村里的某次干部会议……"（《韩少功自选集·马桥词典》，作家出版社1996年版，第13页，下引此书只注页码。）甚至国际通用的公元纪年如"1948年"，他们也有自己在外人看来似是而非的表示方式（第110页）。作者从这里体会出，"在某种物质的时间之外，对于人更有意义的是心智的时间"（第127页）。"时间只是感知力的猎物"，"人的时间只存在于感知中"（第128页）。在这里，"统一的时间"是不存在的。当"光复力图使自己与儿子仍然生活在统一的时间里"（第131页）、想用自己的"忆苦思甜"来教训儿子时，他犯了个原则性的错误，因为对同一段时间的感觉是每一代人、甚至每一个人都截然不同的，正如马桥人把同一个人按其在场或不在场分别称为"渠"和"他"一样（第161页）。然而，作者没有看出，统一时间、统一空间、统一指示代词的空缺恰好是导向语言本身的空缺的。因为语言，如果不只是一阵风、一口气的话，它的功能首先就是统一性，它能使各个不同的人达到共同的理解与交流，使这里和那里、这时和那时得到沟通，使记忆可靠地保持、目标被持续地追求。没有统一性的语言根本不能被理解，它不是语言；统一性受限制的语言（方言、俚语、黑话等）如果不能走向越来越大的统一性的话，则是不成熟或受阻滞的、消亡着的语言。当韩少功强调马桥方言的特殊性以架空统一语言的普遍规范性（"公共化"）时，他实际上已走上了一条中国传统否定语言、贬低语言的道路，而他自己却以为他正在高扬语言的魔力，岂不怪哉？

　　由此我们也就可以明白韩少功种种自相矛盾的说法的来历了。一方面，他对语言本身及其"魔力"推崇备至（这正是他之所以要编一部"词典"的初衷），认为"人类一旦成为语言的生类，就有了其他动物完全不具备的可能，就可以用语言的魔力，一语成谶，众口铄金，无中生有，造出一个又一个的事实奇迹"，因而"一本词典差不多就是可能放出十万神魔的盒子"（第166页）；他从"话份"（说话的资格）这个词中看出的不是语言的权利品格，而是权利的语言品格；他甚至问自己："到底是人说话，还是话说人？"（第93页）预设的答案当然是后者，因为他反复强调，只要一个命名没有取消或改变，人们要走出偏见的阴影是相当困难的。但另一方面，他似乎又处处要否认语言对人的这种束缚力量，要证明语言本身是受人的观念和种种无可名状的情绪、要求、兴趣和场景所决定的。他发现："语言看来并不是绝对客观的、中性的，语言空间在某种观念的引力之下，总是要发生扭曲。"（第30页）人们可以为政治需要、道德伦常或任何临时的个人方便而任意取消、讳避、禁绝语言，剥夺人的命名权，或是转化、歪曲、颠倒语言的含义。他为马桥人对"醒"和"觉"的颠倒用法辩护说："马桥人完全有权利从自己的经验出发，在语言中独出一格地运用苏醒和睡觉的隐喻"（第46页），甚至主张"每个人都需要一本自己特有的词典"（第401页）。继而他指出，有些语言完全是地道的废话，是应该由听者听而不闻、随时予以删除的。"仔细的清查将会发现，语言的分布和生长并不均匀。有事无言，有言无事，如此无序失衡的情况一直存在。"（第260页）不过，他在列举这些"不可认真对待"的废话、如打招呼用的"你老人家"、开会用的"全国形势大好"等之后，认为粗痞话作为"语言的肛门"倒有一种扫荡废话的作用

（也许他在此想到了毛主席的一句诗词），认为"只有在充斥虚假的世界里，肛门才成了通向真实的最后出路，成了集聚和存留生命活力的叛营"（第262页）。他把这仍算作对语言的一种褒扬（而不是糟蹋）。但他忘记了，粗痞话也是可以成为套话、废话、甚至打招呼的话的（如我们举世闻名的"国骂"）。一旦人们认可了"人性本痞"，公认了肛门是"通向真实的最后出路"，立刻就会"咸与维痞"起来。时下小说里靠糟践语言来表现"真实"和"生命活力"正是时髦，但我总怀疑那是装出来的。

所以毫不奇怪，当作者在80年代与马桥的后生们接触时，他"发现了词义的蜕变，一场语言的重新定义运动早已开始而我还蒙在鼓里"。不仅是他所憎恶的"懒"字在这些人的新词典里获得了夺目的光辉，而且"欺骗、剥削、强霸、凶恶、奸诈、无赖、贪污、偷盗、投机、媚俗、腐败、下流、拍马屁等，都可能或已经成了男人最新词典里的赞辞和奖辞"（第334页）。但这说明了什么呢？说明的不正好是在中国，其实从来都是"人说语言"，而没有什么"语言说人"么？韩少功对于一个人因违法乱纪而受到惩罚的事注解道："整个事情不过是一次语言事件，是一次词义错接和词义短路的荒唐作业。违法者最终使自己丢掉了饭碗，为一个或几个极普通的词付出了代价"（第337页），这种解释给人一种莫名其妙、故弄玄虚的印象。在中国，连神圣的法律都可以通过拉关系、走后门、托熟人而绕开，有权势者常能逍遥法外，区区几个"词"又算得了什么！很明显，韩少功在语言对人类生活究竟起着什么样的作用这个问题上陷入了惊人的混乱，这种混乱在他把中、西历史事件加以混同时就更加剧了。

从中国来看，他指出在"文革"中，"除了'红司''革司'一类少有几个词的区别，当初武斗的双方在思想、理论、做派、趣味、表情、着装、语言方面完全没有什么不同"，"那么一场场红着眼睛的相互厮杀是怎么发生的？"（第366页）无论问题的答案是什么，肯定不会是像他所说的，"语言的力量，已经深深介入了我们的生命"（第278页），正相反，应是人们对语言的共同性及对语言本身的蔑视。人们关注的其实是语言底下那不可言说的"心"，即各人不同的内心情感体验。"文化大革命"是一场在统一语言旗帜下各人凭自己的情感体验"表忠心""献忠心"的运动，那本来是要使全国人民步调一致的统一语言便成了亿万自我膨胀的"心"的体验的工具和道具。每当胜利一方踏着溃败一方委弃的旗帜乘胜前进（追穷寇）时，他们所呼喊的同一语言就遭到一次毫不留情的践踏和洗劫。

西方的情况则有所不同。韩少功读过《圣经》和《古兰经》，认为除了"上帝"和"真主"一类用语的差别外，"两种宗教在强化道德律令方面，在警告人们不得杀生、不得偷盗、不得淫乱、不得说谎等方面，却是惊人的一致，几乎是一本书的两个译本"（第366页）。那么为什么会有一次次血流漂杵的"圣战"呢？韩少功的解释是奇怪的：语言虽很重要，但一当它上升为神圣，它就不再重要（失重），而成为"无谓的包装"，即只有在它不重要时它才重要。其实，他从两部

115

"圣书"在内容上的一致去判断它们语言上的一致，这一开始
就是误入歧途。从内容上说，世界各大宗教乃至各种伦理说
教都可说是大同小异，绝没有一位先知教导人们要偷盗、要奸
淫等，更何况基督教和伊斯兰教有同源性。但问题在于，这两
部圣书是用相互陌生的两种文字写成的，并且对同一教义内容
的表述方式、对同一戒律的解释和执行仪式等都有差别；这种
差别不仅仅是对一件事的内心体验的差别，而且是两大民族文
化的整个生活方式、思维方式、信仰方式和文化心理的深刻分
歧，"十字架"和"新月"只不过是其最集中的象征符号（广
义的语言）而已。所以西方的情况的确可以用《圣经·创世
纪》中有关巴比伦塔的故事来说明，即上帝有意变乱人们的语
言，使他们相互分散，造不成通天高塔。韩少功表述为："世
界上自从有了语言，就一次次引发了从争辩直至战争的人际冲
突，不断造就着语言的血案。"（第366页）

　　然而，韩少功没有看到，虽然西方的人际冲突来自于对
同一些事情的不同语言表达，但中国的冲突通常却来自对同一
语言的不同体验。中国历来没有仅因语言、说法、表达方式
的不同而导致大规模流血冲突的（历代"文字狱"正因为不是
诉诸文字本身，而是诉诸个人体验，才显得那么凶险叵测）。
因为人们早已看透了，任何"名"都只有附着于"实"之上才
有意义，绝没有离开"实"而独立的意义。孔子虽有"正名"
一说，但正名的标准恰好是忠孝仁义的内心体验；且中国历史
上"名不正言不顺"而大行其事的比比皆是，几成惯例。任何
名言规范在中国人眼里其实并没有什么神圣性，即使是对"嘴

煞"的恐惧（见"嘴煞"条）也不是对语言本身的魔力的恐惧，而只是许多其他禁忌中的一种，且只是对某几个词语的特殊作用的迷信。所以中国从来没有过西方那样大规模的宗教战争，尽管有以宗教为旗帜的造反，也有政府从政治考虑出发的灭教，但早熟的中国人犯不着为教义上的词句之争大动干戈。相反，西方人把语言视为上帝的"道"（logos），便滋生出一种为了语言（道）而狂热献身的精神。语言，特别是具有普遍性和逻辑规范性的语言（概念语言、数学语言和法律语言）在西方看来是一个凌驾于现实生活和一切个人体验之上的超验世界。所以他们可以潜心从事于纯学术和纯科学，发展逻辑、形而上学和思辨神学，也可以为彼岸世界的信仰而无视此岸世界的流血牺牲。韩少功没有区分这两种截然不同的情况。当他对现代的语言疯长和语言爆炸表示担心："谁能担保这些语言中的一部分不会触发新的战争"（第367页）时，他忽视了两个事实。第一，中国从来不曾因语言的膨胀而触发什么战争，同样，中国历来的战争也从不因为语言的贫乏（如焚书坑儒）而能避免，今天，新的语言和词句满天飞虽然可厌，但并不可怕，它导致的只是国民财产的浪费和思想的麻木，而不是流血的战争；第二，西方的信息爆炸尽管有种种弊端，但最不必担心的恰好就是由此引发战争。西方人终于认识到，除了他们的《圣经》的语言统一性之外，全人类应当通过对话谋求一种更大的语言统一性，这种对话越是迅速、广泛、开诚布公，便越是能将冲突消灭在萌芽之中。所以当今世界，战争总是在那些相对沉默的民族（如两伊、波黑、非洲国家）之间持久地进行，而在比较开放（语言开放）的国家，语言不仅是"寻求真理的工具"（对话），而且的确被当作"真理本身"（条约、协定）那样严格遵守。韩少功把"脸上露出自我独尊自我独宠的劲头"的"言语者"称之为"无情讨伐异类的语言迷狂"（第367页），完全是用错了词（即混淆了"言语"和"语言"）。唯我独尊的言语者恰好是对语言的践踏（而非迷狂），他只相信自己的言语，而无视普遍的、与他人共同和共通的语言。韩少功既然"更愿意强调语言与事实存在的密切关系，感受语言中的生命内涵"，"较之语言，笔者更重视言语，较之概括义，笔者更重视具体义"（序，第1页），那么他将如何避免这种言语的"生命内涵"及其"具体义"变得"唯我独尊唯我独宠"起来呢？

总之，当韩少功不加区别地用西方语言理论来套中国只重行动、体验、言语而不重语言的传统现实时，他到处都显得力不从心、牵强附会。他有时强调"一块语言的空白，就是人类认识自身的一次放弃"，"语言是人与世界的联结，中断或失去了这个联结，人就几乎失去了对世界的控制"（第237页）；有时却又认为"所有的语言也不过是语言，不过是一些描述事实的符号"，其作用"也不应该过于夸大"（第392页、第393页）。这只能表明，他的知识结构（多半来自书本）和他的现实感发生了冲突。当他忠于自己的现实感受时，《马桥词典》的那些部分是写得比较成功的；然而，一旦他想要作些理论上的发挥，他便常常乱了方寸，变得不知所云了。

二

当我们撇开有关"语言""言语"的种种迷魂阵，用看待普通小说的眼光来看《马桥词典》，我们应当承认，作者有很多写得精彩的地方。在这里，我主要关注的是作者在小说中所表现的某种"世纪末"情绪。这种情绪特别体现在作者对马桥人内心世界中根深蒂固的道家精神的不由自主的欣赏、赞叹之上。这一方面是因为，中国文化的根底在道家，一个对中国文化寻根的作者必然会达到道家情怀和道家境界；另一方面是因为，道家本身就是一种最典型的"世纪末"情绪，因为道家在人类文明的起点上就已经把这个文明的归宿和终点都看透了、想透了。两千多年来他们一直在向人类一切文明的标志——仁义道德、礼法规范、国家体制、科学艺术等一一发出警告，在抵制一切由名言规范形成的任何形式的"本文"（text）。老、庄及其追随者们以猫头鹰的智慧所体悟到的、以身体力行的固执所昭示出来的生命真理，在20世纪下半叶已由西方的哲人们重新发现了。但可惜的是西方人除了在幻想中之外，已再难在他们那个世界里找到这种真理能够生存的土壤。可以想见，如果他们来捧读《马桥词典》，很可能立即把这个地方设想为一个理想的乌托邦，尽管他们不一定敢到这里来落户。

我不知道，像马桥的马鸣和"四大金刚"之类的活神仙在中国广大农村中究竟有多大的普遍性。类似的人物在我下放农村十年、转移过三个很不相同的知青点的生涯中也只遇到过一例，还是一个经医生鉴定过的真正的精神病人。他居无定所，不出工，不讨饭，冬夏披一件救济棉袄，数月才从生产队出一箩救济谷，居然红光满面，中气十足地成天骂大街，从蒋介石直骂到毛泽东。但至少，韩少功是将马鸣一类的道家孑遗人物当作透视马桥世俗生活的背景来描述的。尽管马鸣本人是"马桥的一个无，一块空白，一片飘飘忽忽的影子"（第38页），已被开除出了马桥的整个语言系统（包括成分复查、口粮分配、生育计划和人口统计等），但正因此他是马桥人的一个标准，一个极限。马桥的一切都是相对的，只有他是绝对的。

奇怪的是，马桥人并不以马鸣的生活态度为然，尽管他们处处以缓和了的方式实践着马鸣的原则。当知青试图劝说罗伯实行他们发明的干燥法来减轻担柴的重量时，罗伯不屑地说："柴都不想担了，这人横看直看都没有什么活头了。"还说"科学"就是"学懒"（第40页），令人想起《庄子·天地》中"凿隧而入井，抱瓮而出灌"的老者的话："吾非不知，羞不为也。"但马桥人把"科学"归之于马鸣，实在是冤枉。马鸣是有些科学知识，但他绝无半点科学精神。他的"科学"的确只是为自己的"懒"寻得一个冠冕堂皇的借口，而不是奋发有为的探索和发明。他的身体上的懒和罗伯精神上的懒完全是相通的。这种懒，从另一个角度来看未尝不是一种最高的聪明智慧。所以马鸣对"科学"一词不像其他马桥人那么反感，这恰好表明他比其他人更为透彻，正如韩少功所评价的：

> 人们可以叹息他的潦倒和低贱，嘲笑他又臭又硬又痴又蠢最后活得简直像一条狗。但是从另一个角度来看

呢？从马鸣的角度来看呢？他也许活得并不缺乏快活，并不缺乏自由和潇洒，甚至可以常常自比神仙。尤其是人间一幕幕辛辛苦苦的闹剧终结之后：大跃进，反右倾，文化革命……人们太多太多的才智成了荒唐，太多太多的勤奋成了过错，太多太多的热情成了罪孽，马鸣这个远远的旁观者，至少还有一身的清白，至少两手上没有血迹。他风餐露宿，甚至比绝大多数的人都活得更加身体健康。（第46页）

韩少功本人正是站在这种"闹剧终结"的世纪末立场上，来看待马桥的事事物物和历史的。这种立场很容易将一切当事人当时看作性命攸关的事都视为无所谓，无可无不可。"我怀疑世上的万物其实在意义上具有完全同格的地位，之所以有时候一部分事物显得'没有意义'，只不过是被作者的意义观所筛弃……"（第68页）所以他不仅关注马桥的人和人事，也以庄子"齐物论"的精神为马桥的两棵枫树作传，乃至于崇拜原始的万物有灵论。当然他也有犹疑，"因为我既希望自己强大，也希望自己一次又一次回到弱小的童年，回到树根的梦和森林的阴谋。"（第75页）希望强大是生命的本能冲动，"复归于婴儿"达到"绝圣弃智"则是一切生命冲动的最终家园。每个人在上帝面前或在自然母亲面前都是无知无识的婴儿。凡自定目标、自以为是地奋发追求者都是狂妄和未看透的表现。

这的确也是颠扑不破的真理。所以马桥人安慰失去了儿子的水水所用的道理具有强大的说服力：人生早死是大好事，是

"贵生"，他吃的苦最少，享的福最多，所以不死倒是"害了他"（第80页）。中国人不像有些厌世的西方人那样主张干脆就不要生出来（如卡尔德隆说的："人生最大的罪过就是——他生出来了！"），而是要维持住刚刚生出来的幸福状态，不要长大。为此他宁可牺牲一切知识、理智甚至清醒的意识。他相信只有这样他才"最接近真理"（第86页），"在最不科学的地方，常常潜藏着更为深邃的科学"（第87页）。庄周梦见自己是蝴蝶，马桥人也把"梦婆"视为真理的持有者，她的精神病是"白日里清醒的梦"（第87页）。当然，人若不死，总是要长大的，但马桥人是用反向的眼光看待人的成长、成熟的，也就是把人的成熟看作是向他的"根"的回复、回归。"在马桥的语言中，人们不大说命，更多地说'根'，有一种自比植物的味道。"（第234页）"与'根'相关的词是'归根'"，它相当于"宿命"（第235页）。其实老子早就说过："万物并作，吾以观其复，夫物芸芸，各复归其根，归根曰静，是谓复命。"（《道德经·16章》）什么是"根"？根就是"自然"，"莫之命而常自然"（51章）。这个自然并不靠什么"得心应手的语言把握"来摆脱"无根之感"（第237页），而是"希言自然"（23章），也就是话要说得少，顺其自然，因为"道常无名"（32章），天道不是可以名言的。在"植物"一般的沉默无言中，马桥人从自然之根一代代萌生，又永远回复到这个沉默之根。

所以马桥人对"生"和"命"的看法是极其自然的，他们用一种非常淡然处之的态度来表达生命的结束，这就是"散发"这个词透露出来的信息。"生命结束了，也就是聚合成这个生命的各种元素分解和溃散了。"（第105页）他们当然也还是留恋生命的，但他们并不以为生命与周围的自然事物有什么本质上的不同。真正说来，"散发"（死了）才是归了根，可以安心休息了。所以我们也常听到"叶落归根"一说，这常常也是"死"的一种温婉和诗意的表示。

可以看出，作为现代城市文化人的韩少功，对于马桥的这种根深蒂固的道家文化的态度是矛盾的。一方面，他仍然停留于80年代文化批判的眼光，指出马桥的荒诞、可笑、闭塞、不可理喻；另一方面，他似乎力图穿透这些表面的外在批判而深入到"同情的理解"，从无道理中找出更内在的道理来。这当然是一种深化，一种成熟，一种升华。然而他的高明之处正在于，他并未陷于一味的崇拜和赞叹，如时下某些文化回归热和文化保守主义的浅薄的追随者那样，而是使自己保持在这种矛盾和犹疑之中。对淳朴而愚昧的马桥人，他不时地施以不动声色的嘲讽，但更多的是一种深切的同情，为他们的种种不可理喻的言行作辩护；而辩护过后，他又复陷入怀疑，留下巨大的困惑。由于他对语言的特别关注，这种困惑也特别在对马桥人的说话方式上表现出来。例如关于罗伯"一张嘴巴两张皮，见人说话，见鬼打卦，总是把人家爱听的话说得头头是道"，"他讲来又讲去，倒也不见得是讲假话，倒是处处见真心，讲得实在，雄辩有力……玄道本就是不可执于一端的圆通，永远说得清也永远说不清"（第269页）。其实，不光罗伯是如此，这是马桥人（也是中国人）通常的说话方式，即"栀子花茉莉花"的说话方式。"进入马桥的人，都得习惯听这一类模棱两可的话：暧昧、模糊、飘滑、游移，是这又是那"，"一般说来，马桥人对此不大着急，甚至一点也不怪异，他们似乎很乐意把话说得不大像话，不大合乎逻辑"，"我不得不怀疑，从根本上说，他们常常更觉得含糊其辞就是他们的准确。"（第362页）中国人的处世之道大体如此，他们总是能对各种不同甚至对立的语言模式愉快地适应，并且出自真心地坚决拥护、举手赞成、欢庆胜利，一点也不感到悖谬。

马仲琪的死是全书写得最精彩的部分之一。他正是在这种"栀子花茉莉花"式的糊涂状态中自杀身亡的，因为他一辈子安分守己，从未做过越轨之事，但却洞悉他人一切见不得人的秘密勾当。正当他第一次终于按捺不住也想偷一块肉来改善一下自己那难熬的贫困生活时，却被当众抓获，他是因无脸见人而服毒的。马桥人对他的评价是："仲琪是有点贪心，又没怎么贪心；一直思想很进步，就是鬼名堂多一点；从来没有吃过什么亏，只是运气不好……说他偷东西实在冤枉，他不过是没给钱就拖走了屠房里的一块肉；黄藤是他自己吃的，说他自杀根本不符合事实。"（第362页、第363页）这正是中国传统圣人道德与低下的物质生活无法相容的表现，也是马桥人无论如何也要将矛盾双方兼收并蓄的善良心地的体现。实情是，中国人的道德一直是靠一种少年老成的睿智维持着，人们尽量把自己想象为一个纯洁无瑕的儿童，以抗拒自己生命的诱惑，压抑自己成长的冲动，在抱怨他人的奸猾无耻时，尽量克制自己忍不住要像他人一样堕落的渴望。他的一生就在这种美好幻想与严酷现实的矛盾冲突中忍受着煎熬。当他沉溺于幻想中的道德境界时，他也许会感到某种宁静、淡泊和高超，而一旦被现实的生命冲动所战胜，他就完了，他从此无法容身于这个虽崇尚儿童的生命、却处处在压制儿童要长大成人的生命本能的社会。所以，看上去十分本分的中国人，内心其实一直是不本分的、骚动的，只要一有机会，一个最老实的人也会突然干出令人吃惊的坏事来。每个人时刻处于善与恶的交界处，以不善的意念做着善举，并为一切恶事寻求善的理由，只是人们一般不意识到这一点而已。那内心沸腾的恶总是能在自欺欺人的借口之下遮蔽自己和他人的耳目，直到有一天不得不身败名裂地昭示于天下为止。韩少功对此提出的问题是："他该继续他的本分，还是继续他的不本分？"（第364页）

> 如果他还在我的面前，如果他向我提出这样一个问题，我很可能会有一时的踌躇。我很难做出非此即彼的回答。在这个时候，我可能会暗暗感到，一种栀子花茉莉花式的恍惚不可阻挡地向我袭来。（第364页）

这也正是我们这个时代向每一个人提出的一个根本性的生存问题，一个不可回避、但又无法解答的"活，还是不活"的问题。我们只能在罪恶发生时承受一种巨大的历史悲哀。如果我们还想活下去，而不想像仲琪那样草草了此一生，我们就得承认并直面人性、人心中恶的本源，就得自觉地从孩童式的天真或故作天真中摆脱出来，就得重新发明一种语言。这种语言不是模糊矛盾，而是突出矛盾，不是安慰人心，而是警策人心、拷问人心，不是把荒诞化为笑话，而是用悖论来折磨人，使人在与自己的撞击中发出痛苦的火花，照亮黑暗的处境，激发人们向更高处超越和攀登。

沾染过西方文明的韩少功，能够看出马桥文化的模糊、混沌、退缩和压抑生命的本质，但由于他本人实际上已浸透了道家精神，他没有力量否定这个文化去创造新的语言，而只有无可奈何地向这一强大的传统势力妥协。这种妥协具有一种情感上、艺术上的极为真切的感染力，但却缺乏从现实世界中发明可能世界的创造性天才，因而他只能以一种陈旧、古老、模糊不定、发育不良的语言冒充那使人的生存得以明确表达的自由语言，为"言不言""才说一物便不是"的马桥智慧编写一部落笔即已作废的《马桥词典》。

六

顾城：女儿国的破灭

顾城杀妻自杀的爆炸新闻现在终于慢慢沉寂下来了，唯美主义者似乎都站在为顾城辩护的一边，而道德家们则都异口同声地谴责他违背起码的人性；也有人持一种公允平正的世故态度，主张将这两方面（艺术方面和道德方面）"分开来看"，一面谴责他的道德败坏，一面欣赏他的感受的美丽优雅深沉。整个评论界被这件事搞得要得精神分裂症，但却没有人将这两方面当作一个不可分割的统一体来进行一番深入的精神分析。中国人已习惯于对一切矛盾，包括最剧烈的自相矛盾视而不见。他们在矛盾面前唯一关心的是讨个"说法"好使自己安心，而始终不愿触动自己内心既有的任何一个审美标准和价值标准。

　　顾城是以"朦胧诗"而在文坛崭露头角的。正如中国一大批以诗作进入文学创作的青年作家一样，他的文字功底并不是十分的好，但感觉却特别细腻、准确。他的诗才并不表现在语言和词句上，而是表现在意象上。所以读他的诗句很费精神，远不是那么朗朗上口；但一旦悟过来，的确有种韵味和感染力。这种特点也带进了他唯一的自传体小说《英儿》（与雷米合著）之中。我们看到《英儿》中他写的那些部分常常是语无伦次、废话连篇，甚至语句不通。写"按摩"这一节拉拉杂杂一万多字，尽是一些无关痛痒的对话、斗嘴、回忆、神侃，真要命。又如"我那感激地矗立着被她要了，她轻轻的看着，就像摸在我的心上。"（《英儿》，华艺出版社1993年版，第55页，下引此书只注页码。）什么话？也许是笔误或印错了，就再举一例："神态颐若"（第149页）或"空气中略有出入凉意"（第154页）。我这里不是要揪他的毛病，只是想更为平实地看待这位天才的制作。

一

读《英儿》，总体的感觉可以用一个字来概括："小。"正如听一个被人娇惯着的孩子反复地说："我小！"小王子，小公主，小儿（女孩子、"小姐家家""姑娘家"）心理和小儿情趣，这些都是在书里反复出现的意象。与"小"相连的就是"玩"，所谓"游戏是儿童的天性"吧。你看顾城把爱情当游戏，英儿更是如此："挺好玩的"，"真是好玩"，"女孩真好玩"，"比较好玩"（第19页），"她跟我玩呢，她玩大发了"，"玩吧，我陪着你"（第23页）。玩什么呢？玩"我的心""我的姑娘家"（第24页）、"我的女孩子"（第26页）、"我的宝贝"（第25页）。我想中国的读者们之所以被顾城打动，正是因为这"小"以及这小孩子过家家式的、"两小无猜"的"玩"，他们的心特别容易认同这种天真、纯洁、不谙世故的儿童意境和情趣，因为那正是他们不论从道德上、情感上还是从气质上，也不论是从儒家、道家、佛家的立场还是从日常生活的立场上，都特别向往的一种轻松、快乐和无忧的境界啊！

> 我在世界上生活
> 带着自己的心
> 哟！心哟！自己的心
> 那枚鲜艳的果子
> 曾充满太阳的血液
> 我是一个王子
> 心是我的王国
> 哎！王国哎！我的王国
> 我要在城垛上边
> 转动金属的大炮
> 我要对小巫女说
> 你走不出这片国土
> ……
> 你更成了我的心
> 我就变成世界
> 呵！世界呵！变成世界
> 蓝海洋在四周微笑
> 欣赏着暴雨的舞蹈（顾城：《小春天的谣曲》）

写于20世纪80年代初的这首诗，可说是最纯粹地体现了这位"童话诗人"那清澈、纯净、如五彩玻璃一般透明的儿童心境（尽管他此时早已不是儿童了）。读着这些带着奶香的柔美的诗行，谁会想到有朝一日，那位"小王子"会成为一个暴戾的"可汗"，那尊"金属的大炮"会真的瞄准了"小巫女"开火呢？难道那些令人毛骨悚然的恶毒、仇恨和凶暴，那种执意毁灭美好事物的可怕欲望，竟会潜伏在如此白璧无瑕的洁净心田中吗？

然而，"不该发生的事情"毕竟发生了，它甚至一开始就在发生着。正如一个铜板的两面，那纯洁的童心在诗人那里正是作为"恶之花"而开放的。当诗人将自己的天真单纯当作一面旗帜飘扬起来的时候，他同时向整个人类宣了战。在《英儿》中，他把人类称之为"你们"。他的口头禅是："你们活什么呢？"（第248页、第251页）当然，他不是想要人们都死，他只是自己想死，并希望他最爱的人同自己一起死，以保持他和她灵魂的纯洁。他瞧不起"生活"，"到生活里去了，这是我憎恨的事。我很惊讶人为什么愿意活"，"我生来不是属于生活的"（第87页），"你们是生活所生，我也是。但我的灵魂却是死亡所生，它愿意回到那里去"（第98页），"没有比一直活下去更可怕了。"（第118页）他说："我要一块石头一块石头地筑我的墙、我的城堞和炮台，我幽暗曲折的甬道"，"没有人能够走进这个城堡。"（第174页）其实，凡是走进这个城堡的，没有人能够（活着）走出这个城堡，这是死堡，是他灵魂的"家"或"冢"。

不过，正如儿童般纯真的爱是他的一面旗帜一样，"死"也不过是他的另一面旗帜。尽管他常常说起上帝，并自比为被钉上十字架的耶稣，他骨子里却并不相信死后的灵魂。他是个地地道道的无神论者。他知道，死了就什么都没有了。他只是用死来作为对人世生活的一种报复，一种仇恨的发泄。所以，当他以"爱你"的名义口口声声地说："你等我死，我就死。"（第14页）"我爱的人都可以杀我。"（第16页）"我是爱你的，那一次你给我，让我感动。仅仅于此你就可以取我的生命。"（第42页）这时，我们从中嗅出了一种凶险的气氛。可怕的是，他并不是真的把死当作一种幸福来渴望（如基督教殉道者那样），而是把和别人一起死当作一种安慰和补偿，那潜台词是：我看你还能活着！"我们是一个人。"（第14页）因此，他虽然看出他不能见容于这个世界，只有死路一条，但却始终恨恨地，以死来做最后的威胁和要挟："我把刀给你们，你们这些杀害我的人。"（第16页）

口里说自己要死，却又不愿意痛痛快快地去死，而总想扯上别人，陷别人于不义，刻意使自己的死在活着的人之间留下一个可歌可泣、可悲可悯的形象，这就足见这种儿童心态从根本上没有责任能力，死（或死的宣言）只不过是搅扰别人、惊吓别人的一种手段而已。凭借这种恶作剧，一个坏孩子就可以对那些惶惑的人们肆意嘲笑，觉得自己高居于别人之上的优越感是多么的开心。当然，最开心的还是，当他诅咒了全人类之后，还有那么多人朝他顶礼膜拜，视为神明，证明他生来就与人不同。我想，他直到死大约都没有怀疑过这一点，因为他完全被自己陶醉了。特别是，他那不可企及的"爱"是任何人都不具有的"宝贝"，谁能不羡慕他、嫉妒他呢？他的死，以及他和她的死，不正是对这一宝贝的无人付得起的标价吗？

小说主要部分都是以顾城向他的正式妻子雷米倾诉他对自己的情人（或另一个妻子）的动人的爱为主题的，顺便也倾诉了他对雷米的爱。这种双重的倾诉究竟是怎么回事？是顾城的"爱"太多了，无法在一个女人身上完全消受？还是雷米的"爱"太广阔、太伟大了，能够容纳顾城的任何伤害，就像大海容纳暴雨的舞蹈？书的作者们显然是这样认为的，他们把这当作是一种先锋派的爱情观，一种新颖时髦的玩意儿。那个时代（80年代）的年轻人我接触过一些，他们仿佛觉得自己只要一转念，就可以变成"世界人"，可以不受任何民族的、文化的、传统的和意识形态的观念的束缚，就可以比嬉皮士还嬉皮士，比后现代还后现代。不像90年代的年轻人，处处感到自己不得不回归传统。那是一个异想天开的时代。顾城和雷米可以说在五分钟内就决定了自己后半生到南太平洋的某个岛屿上去开始自己的新生活，就像当年高更隐居塔希提一样。因为这种生活款式根本不用深思熟虑，是他们从来就暗中追慕的，也是那时的年轻人个个暗中追慕的。所以这个念头的出现就像一道光明，照亮了他们内心的渴望：远离世俗，远离这个不干净的、喧嚣的、不能自由自在痛痛快快地爱的世界，用自己的双手去建造一个纯粹的理想的乌托邦。但是问题在于：顾城真的"爱"雷米吗？或者，雷米"爱"顾城吗？

纯情人士们会立刻反驳我：你的爱情观太陈旧了！你怎能断言，爱一个人才是爱，爱两个人就不是爱呢？顾城自己就颇为"世界"也颇为"民族"地说过："一夫一妻制是天主教闹出来的，把中国害苦了。我们中国人不能忘了祖宗。"（第7页）当然，他肯定没有想到，这"祖宗"要一直追到北京猿人。但是，即便如此，我们还是可以看看，《英儿》中顾城与雷米的爱的性质究竟是怎样的。首先，整部小说虽是由这对恩爱夫妻合作的产物，但我们在其中却只看到顾城大声喊叫他的爱，在雷米那里却听不到半个字的回音。书中以旁观者（乡伊）的身份说：

　　　　令人费解的不是G（顾城）和英儿的异样恋情，倒是最正常的C（雷米）、她和英儿之间始终友爱微妙的关系，到底是什么使她用正常的情感来对待这异常的生活？（第264页）

　　这的确是小说中一个最大的谜：雷米作为顾城的原配妻子，对顾城的小情人不仅没有丝毫芥蒂，反而带着欣赏、赞叹的态度为他们的幽会提供一切方便。甚至可以说，顾城的"婚外恋"正是雷米自己一手促成的。她到底是回到了中国古代传为美谈的妻妾如姐妹的传统美德，还是前进到了未来世界取消婚姻束缚的理想境界呢？当我们尚未弄清她对顾城的真实感情之前，这个问题是无法回答的。但是，从她不回答（至少在书中没有回答）顾城声嘶力竭的、甚至可说是气焰嚣张的"爱的呼唤"这点来看，我们不得不猜想一个很可能是真实的事态，这就是：她根本不爱顾城！或者说，她对顾城的爱根本不是妻子对丈夫的爱，她只是顾城潜意识中的恋母情结的对象而已。

当我们发现这一秘密时，一切问题都迎刃而解了。看来顾城从小和父亲生活在一起，儿时缺乏母爱；1979年顾城在火车上邂逅了来自上海的雷米（谢烨），其后4年间，雷米一直在"柔和地拒绝他的求婚"（第6页），直到1983年他们终于结合。我不清楚这4年中两个相隔两地（北京—上海）的年轻人是如何交往、恋爱的，我猜想那一定是童话式的和柏拉图式的。借助这种爱的激情，顾城4年之间成了一个令人仰视的诗人。没有一位纯情的女孩能抵挡得住成为这样一颗诗坛新星的夫人的诱惑，何况雷米本人也是一位纯情派诗人，她对童贞的迷恋绝不下于顾城本人。然而，母爱是她的唯一的天性。本书最后几篇散文（第266—304页）出自她之手，清楚地表明了她对儿子那种母爱是多么的深沉。我们可以想象，正是凭着这种母亲式的爱，她最终答应了顾城的求婚，这在她无非意味着，她决心自己来照顾这个需要一位小母亲的"宝贝"，这个自己都承认"从来没过八岁"（第216页）的、"始终没有发育成熟"的"魔鬼般的顽童"（第256页）。

的确，顾城对雷米的"我爱你、爱你"的肉麻的表白，与其说是表达对一个异性的爱，不如说是在母亲面前撒娇。所以那种表达与他对英儿的表白是有性质上的不同的。他称雷米为"我的恩"，他说："雷我爱你，我敬你呀，是爱你，你老是不让我走出去，我真喜欢这种安全。""每一次我走过了，都是你拉我回来，站在安全的地方。"（第21页）事实上，顾城对雷米的依赖到了惊人的程度，雷米不仅要为他掌管钱、钥匙、证件等，还要帮他写信，出门找袜子和上衣（第7页）。但最累人的，还是时刻监护着这个宠坏了的大孩子那自我中心的瞬息万变的情感，因为弄不好，稍一不留神，这个"只有七寸大小"（第5页）的魔鬼就会出事。用旁观者乡伊的话来说："你让人感到严重，时刻必须认真对待。你可以'不管'，可以说'不活'，别人不行。……所以谁都不想惹你。你在与你有关的人中，关心你以及爱你的人中，就一直被小心认真地对待着……总之你是让人感觉太严重了。雷在你边上是太太地累了。"（第223页）

不难明白，在这种无穷无尽的苦役中，突然出现了英儿这样一个可以让顾城分散一下注意力的女孩，雷米是感到大大地松了一口气，就像把手中的孩子交给了另一个小保姆，或一个活玩具。要她同时照顾好顾城和木耳（他们的儿子）这两个宝贝，真是太沉重了。她像真正的母亲安排儿子的婚事那样安排着顾城与英儿的会面，安排他们同床共寝，甚至亲自给他们拿来避孕套，"还不无嘲弄地瞪了我一眼，'很贵！'你告诉我。"（第37页）她还筹划着有一天让顾城和英儿正式结婚，自己退居"二线"（第211页）。实际上，有英儿在，雷米感到安心。只要英儿能管住顾城那颗不安分的心，能够用男欢女爱来缓和顾城的任性和对生活的厌倦，雷米是什么都肯为他们做的。她与英儿并不是平辈的女人，也不是什么姐妹，而是真正的婆媳。所以当顾城和英儿在一起调情时，在雷米面前却不敢放肆，"我们都知道停止在什么地方。"（第141页）在《英儿》中，顾城从头至尾没有哪怕暗示过他与雷米的性关系，表明他们很可能只是在维持一种名义上的夫妻；因为从顾城如此津津乐道、不厌其详地描述他与英儿做爱时的细节和心情来看，他是不可能不把这些场景与和另一个女人的做爱（如果有的话）加以比较和品味的。正是因为这一点，英儿才能如此坦然地在他们家里充当"第二夫人"的角色而毫无顾忌，甚至还能和雷米建立一种难舍难分的亲密关系。雷米具有中国传统女性看重现实、吃苦耐劳、逆来顺受的美德，又受到西方现代性解放的思想熏陶，对顾城和英儿的胡闹：不仅不会反感，还带有一种由衷的赞赏和骄傲。但显然，她除了从书本上和童话里以外，一辈子没尝过真正成熟的男女情爱，就糊里糊涂地被人结束了自己的生命，做了一个精神侏儒的妄想的牺牲品，这绝不是一件值得夸耀的事。

　　然而最可悲的是，无论是雷米，是顾城，还是读者们，都不认为这种"长不大的孩子"的幼稚心态有什么不好、不正常、令人恐惧和恶心。相反。人们一致认为回到儿童心境在任何情况下都是一种值得追求的境界，只有在那里一个人才能得到净化，才会找到自己的本心和真心。人们认为，社会容不了这种纯真，这是社会的错，顾城归根结底是为社会所毁。至于他自己的责任，则不过是太走极端、太不理智，是一时的想不开和冲动。人们没有想到，世界上最残暴的兽行往往是以纯真和幼稚的名义施行的，刽子手们脸上总是挂着顽皮的微笑。如果说一个真正的儿童还没有气力和胆量去做那些残酷的事，那么一个具有儿童心态的成人则往往成为邪恶的化身；而且这种人在干完坏事之后没有丝毫忏悔之心，反而觉得自己的一腔真心足可涤除一切污秽和罪过，凭这真心即可得到廉价的同情和原谅，如果不是得到崇敬和褒扬的话。人们没有从根本上看出，顾城的残忍、凶暴、痞并不是什么一时的迷误或"走火入魔"，而正是他的天真、美丽的纯情的另一种表现形式。这种纯情"是一个婴儿，也是一个野兽，它浑然无觉地要离开这一切，到那充满精灵的野蛮的世界中去"（第254页）。他以为，只要自己"纯情"了，就有权居高临下地以"可汗"或皇帝的身份要求女人的纯情报答。他竟然没有意识到这种要求是多么"痞"，多么侮辱人、毁灭人，反而自始至终都自以为是一个玲珑剔透的"宝贝"。事情都是被别人弄糟了：英儿不理解他，世道太险恶，他所设计的"天堂"不为人世所容。当这个王国被"他人"所毁坏时，他就不惜用最野蛮、最痞性大发的手段（斧头和绳索！）结束了其所能支配者（雷米和他自己）的生命。

人们常常惊骇于一个如此感情丰富、细腻、真挚而敏感的诗人怎么能用这种方式杀害他仍然爱着的妻子。其实，顾城在他的作品中是以一种梦幻的眼光来看待自己、美化自己、欣赏自己的。他只端出了自己美的纯情的一面，而隐匿了自己本性中的蛮痞，更割断了这种蛮痞与纯情之间的本质联系。他将他和两个女孩的三角关系描写得极其和谐，纯情得让纯情少女倾倒，让稍有点世故常识的人感到肉麻。他所追求的完满首先体现在他的两个妻子的心心相印中，体现在以他自己为中心、以几个"水做的女孩"为淫乐游戏对象（鱼儿戏水）的交融关系中。他不知道，西方至今实施的一夫一妻制并非某一教派或国家法律使然，而是有女性人格独立和一般人格独立的观念做根基的；而他所创造的一夫多妻的"奇迹"则不过是中国女性人格极端缺乏，只能像"水"一样被男人玩弄和规范的产物。他的纯情不论具有怎样的"自我牺牲"的假象，但却不是建立在尊重人、尊重他人自由的人道原则上的，而是建立在他自己的自然天性、即未受教化甚至反对一切教化的"唯我独尊、唯我独宠"的痞性之上的；因而这种纯情对他人、对被施与纯情的对象具有一种痞陋的强制性。越是纯情，这种强制便越甚；越是理想化，就越不允许对这理想有任何一点玷污，否则就要以非人的、兽性的方式全盘捣毁。纯情取消了你和我的一切界限，因而自杀也带有这种蛮不讲理的痞性：我死，也要你一同死，因为你就是我，我死了，你还活什么？

但读者也许会说：不管怎样，顾城毕竟经历了一番可死可活的真正的爱情，他对英儿的感情难道不是真挚的吗？他的死，撇开对雷米的不公平不谈，不也可以看作对英儿的一种殉情吗？我们下面就来分析，他对英儿的"爱情"实质上是怎么一回事。

二

顾城说："我真像拜神一样的爱她。"（第34页）当她跟着别人跑了的时候，他骂起来、哭起来："吃我的鸟儿，抢我的鱼和我的姑娘家……你们偷了我神殿里的东西，我的神殿呀。"（第24页）可是，这样一种神圣感、崇拜感并没有导致西方人的那种骑士精神，而是导致某种完全相反的东西，即导致想自己来品尝禁果，占有她并享用她的情欲冲动："这是一个甜美的果子，一个女孩儿。"（第64页）这种中国式的神圣感并不是在自己的偶像面前的自律，而只是意味着不容许旁人来插手和染指我的东西、"我的宝贝"。就是说，这种神圣感只不过是一种洁癖，一种要小心地保持和维护对象的清纯、干净、洁白无瑕（以"留着我在世界上用"）的狂热。"女孩被碰了，我的心就会发抖，因为那是我的心"，"我梦想着洁净，想让她杀死我，除了我心里的一个地方，其他愿望都是不洁的"（第98页）。他希望和英儿一起葬在"花朵一样的坟墓"里以"保持清洁的样子"（第112页），那时，"我们都会变得干干净净的"（第204页）；他最不能原谅的是"她拿了我的心，到污秽的地方去了"（第100页）；但他所能做的或他唯一想到要做的，不是去找那个"老头子"算账，去维护女孩子和自己的荣誉，而仅仅是"你把我摔碎吧，你不要把我的女孩子破坏，你把我破坏吧"（第26页），这本身就是小女人的口气。

因此不难理解，顾城为什么对"姑娘家""女儿"和"女儿性"如此情有独钟了（据说他曾专门做过以"女儿性"为题的讲演）。他不用"姑娘"而用"姑娘家"，不说"女子""女人"而说"女儿"，是特别看重女孩子在出嫁前（在"家"里、当父母的"儿"）的玉洁冰清，所谓"凡山川日月之精秀，只钟于女儿，须眉男子不过是些渣滓浊沫而已"
（《红楼梦》第二十回）。所以正如贾宝玉对林黛玉的爱一
样，顾城对英儿的爱也总是和"怜"字连在一起的，是一种
"爱怜"（第39页。韩少功也注意到这是中国人对"美丽"或
"可爱"的通常的说法，见《马桥词典》"怜相"条）；女孩
子自己也往往渴望把自己置于这种被人疼爱的地位，所以，她
们总是找借口哭哭啼啼，嗲声嗲气，矫揉造作。"也许是和英
儿在一起，心里有一种凶凶的感觉，她喜欢这种感觉，喜欢有
点暴力，这样她更像女孩子。"（第34页）正如贾宝玉对林黛
玉一见钟情时黛玉给他的第一印象是"罥罥"，同样，英儿
在初次见面时"打动我的就是她那种孤儿似的神情"（第225
页）。他欣赏的是她在谈论性的事情时"神色单纯而天真，简
直就像小女孩一样"（第144页），尽管明知她是装出来的，
还是不能不为之动心。他在做爱时欣赏她"白色的内衣，小身
体丰润细致，到处都充满女孩子的情趣"（第46页），"我知
道这是从小最深处的愿望"（第48页）。换言之，在他看来，
保持着儿童式的纯真幻想的爱情就是最理想、最圣洁的爱情，
它的特点是，男孩女孩都要小，女的要有"东方女孩子式的小
身体"（第46页），"小小的裙子"（第56页），"小小的乳
房"（第57页），"她们是上天无尘的花朵"（第249页）；
男孩子呢，必须是顾城那样脆弱、敏感、孩子气的小王子和童
话诗人。"他要排除外界的一切，所有男人，所有男性化的世
界、社会，甚至生殖和自然，包括他自己"，"他不做诗人，
也不做学者，甚至不想为一个男人；所有的生长、发育都使他

感到恐惧。……他一直反抗着他的性别，他的欲望，所要求他做的一切，他不仅是反社会的，而且是反自然的……他无法表达他的爱，因为他爱的女孩不能去爱一个男人；他也无法继续他的爱，因为这种爱使他成为一个父亲。"（第248页、第249页）他与其说是努力使自己女性化，不如说是努力使自己儿童化、女孩化，他终生所求的是"像女孩那样去生活、相爱"（第249页）。

因此，顾城和英儿的关系，在他们的想象中是如此纯洁、幼稚，既缺乏男性的激越，也缺乏女性的深沉，唯一只剩下一股纯"姑娘家"的闺阁之气。英儿是"生来厌恶那些自负的男子或筋肉纵横的大力士"（第62页）；顾城则"不太希望她把我当男人去爱"（第98页），因为他自己就不想做男人。他在诞生时就生错了，他唯一向往的是"好女孩和好女孩在一起"。以至于他干脆直截了当地说："我不是爱，我是在梦想一个女儿世界，我的爱是微不足道的。"（第98页）的确，他没有半点男人味，而是像女人一样虚荣、懦弱、嫉恨。他对跟一个"老头"跑了的英儿怀恨在心，但说出来却好似两个女中学生在吵架斗嘴一般可笑，小里小气。如英儿出走后，雷米问他英儿怎么害你了，他回答说英儿曾约他回海岛碰面，实际上自己并没回去，而是让那"有点武功"的老头回岛上转了一圈，还"说我的坏话，我根本没招她"；雷米说这不算害你，顾城说："还没害我？""我那会儿要是飞回岛上，撞上老头有什么好事？她还挺会给我们凑对儿的。差点儿。"（第232页）就是说，差点儿挨了情敌一顿好揍。他说出这种话来一点都不感到屈辱和难为情，不是生就的窝囊废吗？难怪英儿时常抱怨他："就知道脱姑娘家衣服，什么也不会。"（第40页）小男孩只敢欺负小女孩，一遇到外部世界，就躲得没影了。

不过，顾城虽然在对待外部世界时表现出典型的孱头，但在对待他掌中的"宝贝"——女孩儿上却是那样不由分说的霸道。在两个人直接面对面的时候，他便直接地去脱他的"宝贝"的衣服，毫无半点神圣感。因为在他眼里，对方不过是一个清澈见底的女孩子，"她的轻巧给了我一种放肆的可能，一种男性的力量的炫耀。"（第38页）我们从这里可以窥见那些在正式的恋爱上百无一能、一败涂地，却迷恋于玩弄雏妓、猥亵幼女的变态男人的心理奥秘。实际上，英儿就是一个专供他玩弄的雏妓，他们之间没有、也不需要任何精神上的交流。一个是只知道"我的心""自己的心"的自我中心主义者，一个是虚荣、做作、自欺欺人的风流女子，她读过顾城的诗，可以想见她读这些诗也像她读《红楼梦》一样"随便一翻就哭"（第220页）。她知道像顾城那样的男孩子需要什么样的女孩子。她口口声声要去当"青楼女子"（第125页），还说"其实当妓女挺好的，自由自在没人管着"（第226页），这既是一种诱惑，也表明她深知她与顾城的关系实际上与"红灯区"没有什么两样（第146页）。但她只在口头上、在幻想中生活，具有北京人那种"侃"的全套本领，却没有下过乡、吃过苦，她根本没有顾城那种实干精神，不屑于去理解顾城到底想干什么。她就像某些发情期的雌鸟，站在一旁观看雄鸟忙碌地筑窝，她自己脑子里转的却全都是世俗的念头：衣服、名声、钱等，是一个很俗气的女孩，当然也并不坏，是那种会写散文的"小女人"。

这就造成了顾城和英儿之间一开始就有的某种裂隙以及英儿最后的出走。实际上，当英儿满脑子美丽的幻想，从尘土飞扬的北京飞到南太平洋的激流岛来和她心目中的童话王子会面时，很是失望（第243页），也"很惊讶"（第226页）。生活中的顾城"大异于她的想象"（第220页），那么穷，那么累，简直是在饥饿线上挣扎。更难忍受的恐怕还是精神上的隔膜，顾城"没想到她那么喜欢钱和体面。这在她情真意切又缥缈的信里是从来没有提到的"（第226页）。其实她又从顾城那诗一般的信中读到过多少真实呢？仅仅是为了好歹将自己几年来的理想赋予一个现实的形式，他们同居了。他们试图在赤裸裸的肉体关系中开始重建某种精神联系，但这种精神联系是肤浅的、靠不住的。顾城洋洋自得地说："我们创造的那种生活、谈笑、相互的戏谑，对我的嘲笑，各种妙语的连珠，是一种永远不可替代的和谐的趣味。"但其实它并未深入双方的灵魂，使他们从根本上融为一体。因此他时刻提心吊胆，认为"她的身体却是盲目而脆弱的，像是一个篮子谁都能把它提走"（第39页），因而要对这个身体加以"守护"（第40页）。人的身体当然不是"篮子"，它是受灵魂支配的。顾城所担心的其实并不是她的"盲目的身体"，而是她那陌生的灵魂。然而，他并没有做任何努力去消除这种陌生性。他一开始就明知英儿在矫揉造作，"她在最爱的时候都做出依恋、做作，和想象中伊人的样子来，哭起来。她也告诉你，她也要这东西，要你的心，你的心就是她的心，像演戏，一会儿扮演一个心爱的角色。她对自己演戏，现在还在演戏"（第18页）；她"一直扮演一个小女孩的角色"（第140页）。但他并不想深入她的内心，反而和她一起满足于这种自造的幻影，甚至把相互之间的"陌生""不认识"当作刺激自己情欲的一个重要因素（见第46页，这正是"家花不如野花香"的"红灯区"心理）。他直到最后还一厢情愿地认为英儿和他一起度过了"在岛上的两年快乐生活"（第217页）。他说："艺术最主要的就是要脱离生活。"（同上）但当它连内心精神的真实生活都脱离开来，它就注定要枯萎了。

　　然而，顾城其实并不超脱，对于他所钟情的女孩到底在想什么，有什么样的内心生活，他是很在乎的，特别是当事情终于弄糟了，他再也无法自欺的时候。"回北京了解了好多事，才知道她确实有好几颗心。这件事从根本上就有毛病"，她"能够随时改换她的感情波段"（第227页）。按理说，既然这样，自己看错人了，也就算了，没有什么值得留恋和怀恨的。但他不，他觉得自己吃了大亏。"她弃我是合理的，但不该利用我的真心。"（第227页）他从来都是从自我中心出发，只要自己觉得付出了"真心"，就不管别人怎么想，一心以为人家也应和他一样真心实意，并要求人家处处围着自己转。一旦发觉自己受了骗，就自己不想活还要人家的命。"当她抛弃了我的时候，我可以死，但是她的身体活着，我死不安宁。"（第41页）英儿的确是从他那儿逃命出来的，她感到和顾城这样一个疯子在一起过活实在太累、太可怕。她本来是来寻找一位童话中的王子，结果却落入了一个魔鬼的网中，还得不断地编造出新的童话谎言来哄这个恶魔入睡。她并不爱那位"老花花公子"，她实在是出于对那过于甜腻的童话的逆反心理，出于自暴自弃的痛快而和老头一起出逃的。她终于看穿了顾城是一个"内心虚弱、乖僻妒忌，还要伪装于世的虐待狂"（第222页）。但她仍然说顾城是她的"命"。她解释说人不跟自己的"命"在一起，"只有心是属命的，不属这个世界"；在这个世界上"她跟谁同居都是可以的"（第220页）。换句话说，她内心仍然认同顾城的理想、幻想、梦想，但在现实中她要求轻松、潇洒、无责任、自由自在。所以她与顾城一旦分开就恢复了生机，"精神焕然一新"（第223页），如释重负。那老头固然一无可取，但却能给她心灵的自由，不对她做任何强求，他们互相利用并且认可这种互相利用。顾城的纯情、真心却给人带来恐怖。"梦是挺好，变成真的就招人恨。"（第217页）但它招人恨的原因恰好是这种梦的残酷性，它要用人的生命和鲜血来养活。英儿所逃开的命运，最终悲惨地落到了无辜的雷米头上。顾城错就错在他具有一般中国人没有的彻底精神。幻想中的纯情是自欺，真正实现出来的纯情则是痞。

现在，我们透过顾城那真实的内心描述而揭开了事情本身的真相。当然，顾城的描述并不是客观的，毋宁说，"他默默无言或高声宣告，都是在对自己说话，甚至在他最后的文字里，也含着这种装饰的成分。"（第263页）但即使这种装饰也是真实的。因为这种装饰就像小孩子的撒谎，一戳就破，倒泄露了真情。顾城实在是一个不可多得的标本，他不会装假，因而他泄露的就不是某个人有意造成的假象，而是中国纯情文化本身固有的虚假，是纯情和痞的内在辩证结构。在他那里，我们最直接、最鲜明地看到了90年代的世纪末情绪最深处的根源，这就是以顾城的"女儿国"所代表的中国人的纯情梦的彻底破灭。英儿的出走是一把"锋利的铁铲"，它"铲得太深了"，"它不仅毁坏了我的生命，而且毁坏了我生命最深处的根，我的梦想"（第115页）。其实这"铁铲"就是当代生活。生活不会为一个梦想而停止脚步，人类也不会为一个疯子自愿赴死而毁灭，幼稚如英儿，也在不可遏止地要长大，要成熟，尽管她还受着自欺的蒙蔽，她的生（活）和她的命（运）相互乖离，但她毕竟靠自己活下来了。谁能预料她不会冲破自己的"命"的束缚，真正成为自己生活的主人呢？

七

张炜：野地的迷惘

1992年，张炜完成了他的《九月寓言》。他在该书的后记"融入野地"中写道："城市是一片被修饰过的野地，我最终将告别它。我想寻找一个原来，一个真实。"（《九月寓言》，上海文艺出版社1993年版，第340页。下引此书只注页码。）"我拒绝这种无根无定的生活，我想追求的不过是一个简单、真实和落定，安慰自己这颗成年人的心。"（第341页）对此，我们并不陌生，我们已在张承志、贾平凹、韩少功、顾城那里多次看到过几乎完全相同的说法（在这里，时间上的先后并不重要）。我们可以说，除个别作家外，90年代一切纯文学多少都是"寻根文学"。人们说当代文学的特点是多元并存、流派纷呈，甚至无法归类。人们发明了多少词汇来给这个流派、那个"主义"命名。但我要说，当代文学的主流和实质便是寻根：寻回失落的童年，寻回远古的回忆，寻回数千年无变化的"原生态"，寻回人们既有的"本心"。这是当代作家们得以施展手脚的唯一话题，也是对他们的致命的束缚。苟有冲破这一束缚者，便是现代文学史上的大功臣。但这实在是太难了，非强弩善战之士不能为。

《九月寓言》的主题是写秋天的野地，写这块野地上田园诗一般的日常生活，写那个海滨农村朴实愚昧的村民，他们每日的基本资粮即烧胃的地瓜干，写这些地瓜进入肠胃、化作热力流进血管，烧得一伙男男女女在野地里发情、打架、干活和寻衅。据说小村人从很远很远的地方迁来这里，当地人称他们为"名鲅"，即一种有毒的海鱼，是由他们到达时喊叫"停吧停吧"而讹传下来的。因而小村人数代都与周围当地人处于相互隔绝状态，他们的姑娘从不外嫁。可是有一天，外面的工程师发现小村的地底下有丰富的煤矿，于是挨着小村建起了矿区；整个小村都被掏空了，小村一天天陷落，祖辈传下来的规矩也逐渐破坏了。小村的姑娘和小伙子们有的被毁了，既毁于传统也毁于矿区的诱惑；有的在彷徨和观望；有的逃离了小村，远走高飞……正如当代其他寻根文学一样，张炜的小说也不可避免地带上无限的惋惜、伤感和迷惘的情调，与其说他在寻求一种真实、落定和安慰，不如说他在倾诉一种失落的哀伤。90年代纯文学大体上就是一种"挽歌文学"。

一

小说没有什么主要人物，作者意在烘托一种气氛。他的主人公是"他们""她们""大家""女人们""男人们""老人们"和"小村人"。他写写这个，又写写那个，但可以看出，他写得最精彩、最畅快的还是对复数第三人称的一般性描述。这些描述明显地受某种理念的支配，他写他们的活动、笑声、喊叫，写季节、风物、景色，写夜间满地的野物：鼹鼠、刺猬、喜鹊、狐狸、鹌鹑、野獾、兔子……他似乎感到单纯的"山野精神""民间精神"（第36页）这样的概念太抽象，于是便塞进了过分膨胀的各种意象，而这些意象并不带有直接的感性色彩，只是同一个概念出场的各种不同的道具。这就使他努力搜集起来的这些意象显得重复、臃肿、拖沓、苍白。一般说来，张炜的艺术感觉不算好。语言也不纯粹、不自然，他是凭一股主观的激情在写作，行文中经常夹杂了"啊""哩""呐""啦"等感叹词，似乎老在叹息什么。他力图把小村的历史变成他自己情感的历史，把客观的历史变成观念的历史；但由于他的主观意念太强，他总使人感到有某种故意"魔幻"的倾向（尽管他否认这点，说他写的都有事实根据，第359页、第360页）。其实，问题不在于某件事实际上有没有可能发生，而在于要用这件事表达一种什么观念。张炜的整个观念——对"山野精神"的复归——才是一个最大的"魔幻"，他要在我们这个急剧变化的时代抓住某种"永恒的东西"（第340页），一个"原来"的"真实"，他便只有诉之于奇迹。实际上，小说的结尾已经无可奈何地承认："时代真的变了，我们再不用像你的先辈们那样，赤脚穿过野地。"（第340页）没有奇迹，只有幻觉（宝驹、大火、精灵什么的）。

但张炜的原意并不是要描写山野的失落，他描写这种失落只不过是反衬出山野的浓郁的魅力（所谓"失去了的才觉得更美好"）而已。因此他未能也不想表现出这种失落的不可阻挡的必然性，仿佛只是一种外在的偶然诱因（如工区的矗立和进入小村的生活）才破坏了野地的永恒的宁静的呼吸；他把全部的感情都"融入"了小村的原始古朴的生活。在这里，有几个意象是他反复摩挲、把玩、慨叹、欣赏，并如数家珍地予以解释和介绍的。一是地瓜（红薯）的象征作用。在九月，地瓜是野地中普遍的能量之源，它养活了小村人、流浪汉和野地里的一切野物，它像乳汁一样将大地母亲和人联系在一起；人们的一切骚动、不安、胡闹和风风火火，都被解释为"瓜干烧胃哩"。"小村人每年吃掉的瓜干如果堆起来会像一座小山。焦干的地瓜点燃了，肯定是一座灼人的火山。这么多东西吞进肠胃，热力顺着脉管奔流，又从毛孔里涌出"，"他们吃得肚子胀胀，激动拥抱，用沾满炭灰的嘴巴把对方的脸颊弄脏"（第9页），人们甚至把死也称作"熟透的瓜儿了"（第125页）。与红色地瓜相连的意象是火和血。"红色的地瓜一堆堆掘出，摆在泥土上，谁都看出它们像熊熊燃着的炭火。烧啊烧啊，它把庄稼人里里外外都烧得通红。人们像要熔化成一条火烫的河流，冲撞涤荡到很远很久。"（第221页）有时这种火气太猛烈，就会让牲口或人烦躁不安，这时就需要"去火"，就是用铁锥在牲口脖子上照准粗长的脉管一锥，让"暗红的血喷出数尺"（第221页）；对太狂躁不安的人（如金祥）的办法则是"按时吊打"一番（第43页）。

由此便又生出"打老婆"的话题。这是小说中当作一番轰轰烈烈的事业反复歌颂的日常活动：

瓜干烧胃时人就满炕滚动，如果是个老婆就要讨打。那会儿男人把她打得皮开肉绽她也不记恨。喊叫呀，喊叫得满天星星都发抖。那是充满了谜语的呼叫啊，只有小村人才能从她们不同的音高节奏和嗓门的粗细中，听出那些特别的欢乐和崭新的冲动。啊哟哟小村男人是人间一宝，他们质朴内向其貌不扬，有时不注重打扮，破衣烂衫；可他们才充满了温情和故事，在脏腻的枕边对女人讲下了万千话语，让老婆一会儿欢笑一会儿哭泣。老婆说，俺这辈子是你的，下辈子还来；你只要不嫌弃俺，打死俺也死跟着。男人说，我要换根坚硬的皮带，一带子把你抽得吱哇乱叫，像中了铁夹的野物。女的说，怎么不好？中哩，中哩中哩！满村的福分都是这样召唤出来的，有多少瓜儿就有多少福分。（第328页）

　　打老婆是小村夜晚一景，是"小村人辈辈相传的美好习俗"（第110页），其中打得最出色、最狠的是金友。他有一句名言："老婆是苦虫，不打就不行。"（第61页）多少男人钦佩他，女人则羡慕他的老婆小豆。入夜，当打老婆的音乐在村里响起，女人就把男的吵醒，告诉说："人家又开打了。"并不断地骚扰男人，迫使男人终于"不得不蹲在小平原特有的大土炕上，正经收拾起老婆来"，"好一阵劈头盖脸的击打，真解躁"，连村里的狗都静卧着，"美滋滋地听着各家的打斗吵闹。"（第72页）
　　另一个动人的意象是土。土地是承载小村的基础，是小村人生于斯、葬于斯的地方。但小村人不仅认为自己靠土为生，而且认为自己就是土，就应当是土。"土人离土不活。"（第329页）土成了小村人的道德信念和支柱。肥以此为理由拒绝工区子弟挺芳的求爱："我是小村人，也是一个土人，生下来就要土里刨食。"（第31页）所以，当小村的女人们禁不住矿区洗澡池的诱惑，结队去那里洗过一回澡，将身上的陈年污垢洗下来，变得又白又鲜嫩时，她们就是忘了本了，道德上堕落了。当然，洗大池子热水澡是从未享受过的快乐。"真的，一辈一辈都在土里打滚，种地瓜，怎么就想不到这一大池子水呢？她们还想让上年纪的父母也来泡泡，那时候他们咬着黑煎饼就不会再唉声叹气了，就不会喊'烧胃哩'。她们还想到了自己的男人，这会儿觉得他们一辈子都是脏的，都是土人！……他们呼一口气都有土味儿，土味儿满屋都是，她们知道那是天长日久土末儿从毛孔渗透进肝肺了。她们终于懂得，这是几辈子传下来的土，非大热水池子泡洗不可哩。"（第66页）但这种思想的解放在小村遭到了舆论的一致镇压，以致"所有过去洗过澡的女人都无脸见人，一连数月像老鼠一样只在夜间活动"（第71页）。因为这件事导致了小豆被看澡堂的小驴强奸及金友和牛杆对小驴的正义的惩罚，对"土"的背叛由此便定型为文明的罪恶了。当小豆被小驴压进泥土，她感到这是对她的堕落的"报应"，"她本该是个土人，这是命定的呀！"她忏悔："她将老老实实地、一辈子做个土人。她躺着，泪流满面，恨不能即刻化为泥土"。（第68页）

再一个津津有味的话题就是"忆苦"。每当村里开"忆苦大会"，就是男女老少的节日，给贫困而乏味的生活增添了极大的内容和乐趣。隔上那么一段时间，村里的女人就要唠叨："夜里有工夫去听老人忆苦多好。天哩，多少日子没听他们数叨了，想哩！"（第15页）张炜专门写了"忆苦"一章，绘声绘色地描述了小村人的这项业余文化生活。最具有忆苦天才的苦主是金祥，他一开讲，就能使台上台下大哭成一片，"苦啊！苦啊！"满场的人连连呼叫（第148页），伴随着一阵阵口号，使会场达到高潮。他善于在这种热烈的气氛中缓一口气，然后又从容地将过去的苦编排成引人入胜的故事，一个串一个地讲出来，就像过去的说书人摆场子一般，听得人如醉如痴，直到最后爆发出群情激愤的效果，使群众满意，领导也满意。金祥讲出了名，便经常有人用地排车请到外村去讲，很为小村人挣回些脸面。

　　这些意象，还有许许多多其他意象，都是一些苦难的意象。在这些意象中，人根本不是人，或根本不被当作人，而是当作牲口，甚至当作可以任意践踏砍伐的植物。然而，正是这一点，是作者为之着迷和陶醉的。他很哲学地说："一个人这时会被深深地感动。他像一棵树一样，在一方泥土上萌生。他的一切都来自这里，这里是他一生探究不尽的一个源路。人实际上不过是一棵会移动的树。他的激动、欲望，都是这片泥土给予的……故地在我看来真是妙迹处处。"（第342页）当有人对他说，小村人的生活太苦了，小村人越欢乐就越让人觉得苦，"好像作者是为了让人觉得他们愚昧才写他们的欢乐吧？"他的回答是：我是在写"真正的"欢乐，那种欢乐让我真实地感到了，我才会写。比如"劳动与爱的欢乐"（第361页）。可见，作者迷恋的正是世世代代苦难的生活，是对这些生活的不断咀嚼和回忆（"写作说到底更多的是回忆"，见第359页）。他就是金祥，也是金祥的那些死去活来的听众，他们从自己和自己民族的苦难中体会出了"永恒的美"。他甚至宣布："但愿截断归途，让我永远待在这里。美与善有时需要独守。"（第347页）

同样是60年前的一个九月，鲁迅先生写下了这样一段话：

> 一个活人，当然总是想活下去的，就是真正老牌的奴隶，也还在打熬着要活下去。然而自己明知道是奴隶，打熬着，并且不平着，挣扎着，一面"意图"挣脱以至实行挣脱的，即使暂时失败，还是套上了镣铐罢，他却不过是单单的奴隶。如果从奴隶生活中寻出"美"来，赞叹，抚摩，陶醉，那可简直是万劫不复的奴才了，他使自己和别人永远安住于这生活。（《漫与》，见《鲁迅全集》第4卷第588页）

显然，靠舔食自己的脓疮来补充匮乏的营养，借玩味自己的苦难来增添生活的乐趣，凭"一个人消逝了，一株树诞生了"的自我"转换"（第352页）来维持自己的"自尊"和"骄傲"，通过把自己化解、融入野地和蛮荒来守护住"诚实和朴素"的"好德行"（第355页），这种阿Q式的自虐并不是90年代新潮的时髦，更不是张炜一人的发明创造，而正是我们这个民族以知识分子，特别是以作家为其代言人的劣根性的一贯思路。这些作家以民众中封闭、保守、奴性和惰性的一面为自己作品的"真实性""客观性"做辩护，以为人们只要远离文明，弃绝文化，荒废语言，达到"口不能语，手不能书"的"自然松弛"的人性状态（第347页），就能回到自然而真实的生活；其实只表明他们的创造力已经完全衰竭，再也鼓不起新的精神力量去发明什么、建设什么，只有在对自然无为、天人合一的虚假幻想里去醉生梦死罢了。

二

当然，说张炜这本书完全是主题先行，似乎也有些冤枉。他自己自述他是"凭直觉奔向了土地"（第349页），"从具体走向了抽象"（第346页）的。他的童年和少年时代都是在海边林子和小村里度过的，他凭记忆写作。然而，当一个人对待生活的观念出了问题时，再牢固的记忆也会出错。特别是二十多年后林子和小村"什么都没有了"（第371页）时，他更可以凭一点记忆的影子进行编造了。张炜在《九月寓言》中也写到了一些具体的、有名有姓的人物，但他写这些人物时，你总会感到好像隔了一层，感觉总是模模糊糊，不太准确的样子。如写小村青年们的领头人赶鹦，我们除了知道她远近闻名的俊，辫子长、腿长，像小马驹一样精力充沛，每晚率领年轻人在野地里疯跑之外，对她的内在的方面就不甚了了。她和家人说话，动不动就来一段"数来宝"似乎也有些不近情理，不知她是调侃呢，炫耀呢，还是真有点傻气；至于她"数来宝"究竟"数"的什么内容，小说里在十几次提到时却都忽略不谈，似乎作者不耐烦描写这些细节。写秃顶工程师，跟乡巴佬说话也那么文绉绉的，时不时还夹上两句英语，居然能让赶鹦的父亲"红小兵"（一个没有交代的奇怪的外号）对他着迷，不断地请他喝酒斗嘴拉呱儿，特不可信。工程师的四川籍老婆看来是个家庭妇女，作者却让她对丈夫说出"请让我自己哭"这种生硬硌牙的语言来（第347页）。他们的儿子挺芳更是一个影子，除了他孱弱无能，追求肥，挨过小村人的揍之外，他究竟是干什么的？上不上学，平时在哪里？这些都不知道。又如写龙眼少白头，在他母亲喝农药未死的奇迹发生后，作者逼迫这个农村孩子"像受到什么启示一样"顺口编出了一句书生气十足的"歌儿"："妈妈活了，我无比欢欣！"（第133页）还让所有的小村青年在去工区偷鸡时跟着他嚎唱"我无比欢欣！欢欣！"（第140页）真令人作呕。这句歌词在小说里反复出现，显然具有某种象征意义，但我们在其中看不到半点"山野精神"或"民间精神"，倒像一个大学一年级学生在参加过"社会实践"后用几个书面词汇拼凑出来发表在学校小报上的一句歪诗。龙眼最后在矿井里被砸死，死前意识到自己掏空了小村的基础，是"有罪的孩儿"（第338页），明显的是用作者自己的观念加在了这个农村孩子头上。

　　一般说来，张炜并不缺乏对农村和"野地"的知识（也许他随身带个小本子，时时记下各种东西？），但他既缺少韩少功的体验，也缺乏莫言那样的想象力。尽管他自小生长在农村，但当他作为一个作家来描写这个农村时，他显得只是生活的一个旁观者，带着自己头脑里的观念去罗列些走马观花、道听途说的事实。他不屑于也不耐烦去展示生活的真正的原生态，这从他的人物对话中可以看出来。他熟悉农民的词汇、用语，但他写不出地道的农民的对话来。每当对话的场合，他总是急促地跳过去，草率地交代一下。他更习惯于独白，而这些内心独白总是过多地带上了知识分子的抽象观念；每当他要编出一句顺口溜什么的，就显得特别笨拙，如他让大脚肥肩说出的俗语："男人是个柱，抽开没法儿住。"（第226页）农村里比这更好、更生动更形象的俗语太多了，但张炜自己压根儿没有真正"融入野地"，所以他编不出来，他书生味太浓了。

《九月寓言》中也有写得比较生动的人物，例如那个游离于小村之外的露筋和他的瞎子老婆（闪婆）。这是一个集中了张炜的观念矛盾的人物。张炜的"野地"概念本来是和"劳动"概念分不开的，"土地与人之间用劳动沟通起来"，"我怀着赶赴盛宴的心情投入了劳动。我想将自己融入其间"（第345页），"我在那个清晨叮咛自己：永远不要离开劳动"（第353页）。劳动是张炜把野地与传统道德观念联结起来的纽带，凭了它，张炜才得以正气凛然并和山野痞子划清界限。但对劳动的这种纯情的吹捧在露筋身上就统统失效了。据说这露筋"从来没做过一点田里的事情，极为蔑视劳动"，他成天游手好闲、不务正业。19岁那年被父亲赶出家门，凑巧又是个遍地"吃物"的九月，他遇到了美丽的盲女，便把她抢来做了媳妇，但双方的亲属都不承认他们这桩婚姻。他们只好在大地上流浪，偷庄稼地里的粮食藏起来过冬，躲在河边上的洞里藏身。多少年后，露筋的父亲死了，他们才回到小村，生下个儿子欢业，但仍然怀念那无拘无束的流浪生涯：

> 露筋躺在炕上，回想着田野里奔腾流畅的夫妻生活，觉得那是他一生里最幸福的时光。有谁将一辈子最甜蜜的日月交给无边无际的田野？那时早晨在铺着白砂的沟壑里醒来，说不定夜晚在黑苍苍的柳树林子里过。日月星辰见过他们幸福交欢，树木生灵目睹他们亲亲热热。泥土的腥气给了两个肉体勃勃生机。他们在山坡上搂抱滚动，一直滚到河岸，又落进堤下的茅草里。雷声隆隆，他们并不躲闪，在瓢泼大雨中东跑西颠，哈哈大笑……（第87页）

每个真正在农村生活过的人，都会明显感到这段浪漫描写的虚假。在农村，一个人糊自己那张口尚且不易，拖上个瞎子老婆流浪，真能那么逍遥自在吗？若如此，小村人恐怕个个都要涌上那"无边无际的田野"，去吃天上掉下来的好馅饼了。张炜还设想有"更老一点的护秋人"在他们不劳而获地偷窃人家的劳动成果时为他们感叹和辩护："别惊动他们，他们是在成亲哩。"（第81页）颇有西方人道主义者和动物保护主义者的情怀，简直令人怀疑张炜有没有好好在农村"劳动"过。我忍不住要问问张炜：你说的要"融入野地"，究竟是融入小村那个老实、古朴、本分、靠自己的劳动实实在在地过日子的

"野地"呢，还是露筋那个风餐饮露、鸡鸣狗盗、无拘无束的"野地"？

当然，张炜一点也不想触犯传统道德，他那样热烈地赞美了这个道德的温情的一面，乃至于残酷的、毁灭人、把人变成植物的一面；但他内心里又有一种冲动，本能告诉他这种道德毕竟是戕害人性的，他总暗中渴望有个机会能彻底浪漫一下。这就是露筋这个形象的意义。他被评价为小村"有史以来最优秀的一个流浪汉，一个懒惰的天才"（第83页），他的自然无羁的痞（在农民眼中，这种人是地道的痞子）与小村人的纯情形成了一个"儒道互补"的天然结构。不过，作者为了防止所有的人真的向他学痞，便把露筋限定为一个不可模仿的"天才"，一个特例。"不知有多少人想做这样的懒人，结果白费力气。因为正像任何天才一样，懒汉也是天生的。"（第74页）其实在现代社会中，设想出这样一个脱离社会、单靠自然界生活的懒人才需要一种狂想的天才。如果说这种天才诞生在两千年前（如庄子）还情有可原的话，那么在今天，这种想象一定表明作者头脑里某个地方出了毛病。韩少功笔下的马鸣就已经疑点丛生，张炜的露筋更是不可思议。这些形象都是当代寻根文学不可避免地要制造出来并加以美化和"魔幻化"的精神作料。

如果说小说中还有一个人勉强可以算得上是主要人物的话，那就是肥。这并不是说肥在小说里有多少动作，恰好相反，她从头至尾虽不时地出现，但她的特点恰好是无所动作（除了最后那个惊世骇俗的动作）。她唯一的动作是一个人

"跑啊跑啊"，她耿耿于怀的念头是"往哪里跑啊？哪里是东，哪里是西，哪里是瓜田，哪里是热乎乎的家？跑啊跑啊，最后连自己的村庄也摸不着了，到底是什么在催赶着这两条腿，到底要跑向哪里啊？"（第31页）一个又一个小伙子向她求爱：挺芳、憨人、龙眼。均被她一一拒绝。"我不哩我不哩"成了她的口头禅。她不断地否定，逃离既定的生活，逃离周围的人群，逃离死去爹妈的鬼魂；但她不知道自己到底能逃向何方。她一度委身于龙眼，但那也不是她真正的归宿。"这个让人垂涎的姑娘啊，你心里藏下了什么秘密？你属于谁？你也是个土里刨食的人吗？"（第203页）这也是作者的困惑。作者这回是凭直觉感到，小村里，乃至任何一个荒凉偏僻的村子里，都应当有一股"跑啊跑啊"的内在冲动，一种不安分的欲望，否则就太沉闷了，太令人绝望了。肥是小村的光明、一丝希望，但作者不知道那究竟是什么，他不能感觉得更深了。

但他毕竟感受到了。小村的一切生命的喧哗和枯萎，一切无望的挣扎，失败的反抗，苟且的陶醉，数着日子的苦熬，后面都有一股不声不响，但终有一天要使得小村天翻地覆的暗流。一代又一代，这股暗流有时冒一下头，旋即又消失在地层；但它总在那里悄悄地翻涌着，说不定什么时候就涌出地层。这就是肥心中的"秘密"，也是肥所代表的小村人或"野地"的真正秘密。这股子冲动使小村的每个人几乎都在"跑"着：赶鹦领头跑，露筋撒腿跑，欢业继续跑，金祥被催逼着跑，老鳖（独眼老人）跑了一辈子，说："要知道人这一辈子总要找个什么啊！"（第250页）正是这个"什么"，而不是"瓜干"，使小村的生活生动、起伏、跌宕，使奇迹随时可能发生，"魔幻"有所依附。然而，所有的人跑到后来都不跑了，归窝了；唯有肥，她不怕"天谴"，一直在跑，最后终于跑了出去。"我要扔下这空荡荡的小屋走了，我真有一天要走了。"（第294页）她舍下了小村和野地里的一切，舍下了小村人和张炜所珍视所崇敬的一切，她执意要看看还有没有另一种生活（如果不是更好的生活的话）。张炜有什么根据，特别是有什么权力判决道："我这本书中的女孩子们生活得不可能再好了，她们就是那个命。"（第369页）肥就是张炜的对头，张炜的心病。张炜和肥的死去的父母一起在喊："肥呀你快扳住地上的树、玉米秸、紫穗槐棵子，扳住了它就缚不去你了。你扯一把地瓜蔓儿抽打它的腿爪，拔断爪上的倒勾刺，快呀，我帮不上你了。"（第336页）但终于无济于事，那个"什么"把肥抓走了，引走了。"我们逃出来了，我们去找自己的生活。"（第339页）肥跟着小村人的受害者、工程师的儿子挺芳乘车远走高飞了，这挺芳差点死在小村人那由瓜干烧出来的嗜血的残忍之下，是肥将他救了出来。他的母亲曾教导他："只要真的爱上了，就永不反悔。"（第30页）他是肥见过的唯一懂得温情的人。肥要追求的是真正的爱，不是由瓜干烧出来的"爱"（这种爱与残忍、与恨没有什么区别），而是心的奉献，是对人的尊重。也许她并没有清楚地意识到，但她凭直觉感到了，更重要的是，她在朦胧而盲目的追求中逐渐觉出了，那原先被自己，也就是被小村传统坚决拒绝的男人，正是"我的男人"，于是毅然做了出来，跟着他跑了！

当然，正如小村的大姑娘小媳妇们议论的那样，肥找个工区人，不一定有好结果。易卜生的娜拉出走，还有个"走后怎样"的问题呢。但肥毕竟走出来了，这是一次观念的革命。它的冲击是巨大的，是对"山野精神"的否定；或更准确地说，是这个"山野精神"自身的自我否定。如果要说"时代精神"的话，这才是真正的时代精神。张炜对"时代精神"的理解是肤浅的，他说："每个时代都有个集体的精神和原则。……写单个女人的遭遇、故事，无非就是为了接近一个时代的总体态度，即平常所说的'时代精神'。"（第369页）由这种角度出发，他断言："依我看时代精神就是土地精神。"（第374页）。这一定义未加任何限定，显然是不对的。我宁可相信它是失言。张炜的真正意思可能是：我们时代的时代精神就是捍卫土地（山野）的精神，因为他在前两句谈到"我们的历史就是一部不断被金钱毁灭的历史"。不过，他好像对自己的判定也缺乏自信，他说："我不信一个当代人能够准确地抓住这个精神……谁能准确地指认自己的时代，像后代人评说过往岁月那样公正客观，事情也就简单多了。"（同上）我不知道他有一天是否会提议举行一次"全民公决"来发现"一个时代的总体态度"，但可以肯定，如果投票，鲁迅和顾准这些人在他们的时代第一轮就会被淘汰出局，正如肥遭到小村人一致的遣责一样。

所以，尽管我们今天仍然要捍卫土地，因为我们今天绝大部分生活还离不开土地，背叛土地也就意味着自杀；但我仍然认为，我们时代的时代精神不是守着土地，而是千千万万的人摆脱土地的束缚，向城市、向大海、向天空寻求更广阔的生路，甚至就连对土地的捍卫，也只有走上这条开阔的生路才能做得到。土地本身自然而然就净化自己、保卫自己、平衡自己的时代已经一去不返了，她像一个年老的母亲，不但不能放心依靠，而且还要细心照料了。没有这样一种视野，张炜的一切道德理想都不过是纸扎的楼阁。

三

张炜在《九月寓言》的"代后记"（即"融入野地"）中，专门有几节讨论语言。这几乎成了90年代纯文学的一种定式，不谈几句语言，似乎作品就不够深刻。所以才出现了《马桥词典》这样干脆敞开来谈一谈的壮举。张炜说："我总是急于寻觅一种语言。语言对于我从来就有一种神秘的感觉。人生之路上遭逢的万事万物之所以缄口沉默，主要是失却了语言。语言是凭证，是根据，是继续前行的资本。"（第344页）"我崇拜语言，并将其奉为神圣和神秘之物。"（第346页）但张炜的说法与韩少功有所不同，他不满足于"相互隔离的语言"，即个别特殊的、无法沟通的语言，而要求"通行四方的语言"，即普遍共通的语言。河水流淌，大海喧嚷，鸟鸣人呼，这些都不够。"野地"本身是无语的，"让人亲近、心头灼热的故地，我扑入你的怀抱就痴话连篇，说了半晌才发觉你仍是一个默默，真让人尴尬。"（第344页）小说中时常出现的那个象征性的大碾盘，虽然"刻下滔滔话语"，但他"不能将其破译",使"我感到了凄凉,更感到了蕴含于天地自然中的强大的激情。可是我们仍然相对无语",只有"深深的陌生感"(第344页、第345页)。这真是张炜写作《九月寓言》的困惑心情的真实写照。他大约也感到,光是一个人在那里滔滔不绝地独白,到头来只会更加感到难耐的寂寞。"无语的痛苦难以忍受,它是真实的痛苦。"通行四方的语言不在独白中,而在对话中。作为一个作家,他不应当把语言当作内心早已准备好的某种观念的独断的演绎,应当撞击自己心中的语言,用语言撞击语言,要有一种自我否定、自我深化、自我发现、自我产生的冲动,要有承受痛苦而不露痕迹、不动声色的刚毅,要有面对死亡仍能妙语连珠的幽默的天才和勇气。这些都不是通过融入自然、通过"人性的自然松弛"就能做到的,而是需要振奋起人的全部心力,自己与自己过不去,自己反思自己,拷问自己,将自己内心隐藏的那个向来戴着沉默的面具的灵魂逼迫出来,哪怕它将会是丑陋不堪的。

但张炜缺乏这种勇气,他太沉迷于自己自然天性的诚实美丽,太急于将这种诚实美丽作为自己的旗帜和永久归宿。他摆脱上述困惑的妙法是展示自己童年的纯情本色:"我回想了童年,不是那时的故事,而是那时的愉快心情。令人惊讶的是那种愉悦后来再也没有出现。……那时还来不及掌握太多的词儿,因而反倒能够与大自然对话;那愉悦是来自交流和沟通,那时我还未完全从自然母体上剥离开来。"(第345页)然而,尚未与母体分离的童年,本身也只不过是自然的一部分,是"一棵会移动的树",他是以什么身份"与大自然对话"的呢？显然不是以主体的身份，而是以自然本身的身份。这种对话不是真正的对话，而是自然本身的独白，是一个"喃喃自语的世界"（第349页）。这种与自然的"交流和沟通"，其实是自然本身的独断而专制的演绎，在这种演绎中，人消失了，树诞生了，甚至树也无所谓"诞生"，它从来就在自然中，"一切都平平淡淡地过下来，像太阳一样重复自己。"（第348页）这真是"一旦放逐了自己就乐不思蜀"的大智慧啊！但这与河水流淌、大海喧嚷的沉默真有什么不同吗？张炜真能以"一阵欣慰，长舒一口"来庆贺自己"解开了这个谜"（第345页）吗？

当然，还有"劳动"。小孩子不劳动，大人劳动。但在张炜看来，劳动不是使大人成为大人，而是更成为自然的孩子，不是使人"完全从自然的母体上剥离开来"，成为独立的人去和自然、和他人打交道，而是使人重新返回到自然母体。"我的声音混同于草响虫鸣，与原野的喧声整齐划一"（第351页），"寻求的结果却使我化为了一棵树"，"有人或许听懂了树的歌吟，注目枝叶在风中相摩的声响，但树本身却没有如此的期待。"这种自然与人浑然一体、主客不分、人树等同的"劳动"，与动物和植物的求生本能并没有什么区别。张炜的最大谬误，就是把人的劳动和一切活动在根本意义上等同于或描写为自然本身的流转过程。他转了个圈又回到了河水流淌、大海喧嚷的"相互隔离的语言"，或回到了沉默，但他却自以为终于解开了"通行四方"的共同语言何在这个"谜"。

然而，张炜的一切深情的自白和感叹都表明，他真正要寻找的并不是什么"通行四方"的语言，而正是万物齐一的沉默。孔子曰："四时行焉，百物生焉，天何言哉？"张炜也说："你发现寻求同类也并非想象那么艰苦，所有朴实的、安静的、纯真的，都是同类。它们或他们大可不必操着同一种语言，也不一定要以声传情。同类只是大地母亲平等照料的孩子，饮用同样的乳汁，散发着相似的奶腥。""一种相依相伴的情感驱逐了心理上的不安。我与野地上的一切共存共生，共同经历和承受。"（第350页）这才是真心话，而一切有关"语言的神圣"的标举都是时髦的包装，冒牌的赝品。不过，即使这些情深意切的真话，也是一说出来便带上了一层虚假。"永远不要离开劳动"（第353页），然而，坐下来写作算什么呢？也算一种劳动吗？作者花了整整五年时间，"藏在了登州海角，默默地做一件事"（第375页）；但他没有种出一兜地瓜，他在干什么呢？如果这不算劳动，那么他已有五年脱离了劳动；如果这也是一种劳动，那么这种劳动就是掌握"俗词儿"的劳动，是"田野上"的劳动所应当"忘记"的劳动；如果这种劳动仅仅因为它描写、回忆田野上的劳动而可以称为劳动，那么这种劳动也太容易、太轻松、太取巧了，任何一个劳动者都可以借口他能更好地讲述劳动而逃避艰苦的田野劳动，那又要作家干什么呢？所以才有"知识分子劳动化"一说。

　　毫不奇怪，张炜寻求神秘语言的结果，最终是对"世俗的词儿"的极度蔑视，是对"词语的奥秘"的自然主义的探求。一个词的发音究竟是来自对自然声音（如鸟鸣声）的模仿还是另有来源，这本来是个语言学上有争议的问题，但张炜凭他先天的观念即断定：他能"将音节和发声模拟野地上的事物，并同时传递出它的内在神采。如小鸟的'啾啾'不仅拟声极准，'啾'字竟是让我神往的秋、秋天秋野"，"我在默默夜色里找准了声义及它们的切口，等于是按住万物突突的脉搏"（第350页），这就给人以"走火入魔"的印象了。我不想认真对待这种毫无语言学意义的任意联想，我只想指出，张炜的这套"语言学"时装最终将使他的"世俗词儿"扫荡一空，只剩下几个拟声词和"啊""哩""呔""啦"之类的感叹词，也就是剩下几句据说含义无比丰富，但无人能理解的儿语。《九月寓言》中虽未能彻底做到这一点，但其趋势却很明显。那些"爸呔爸呔""妈耶妈耶""不哩不哩"的叫唤直使读者对人物的心理幼稚状态担心不已，不知这些长不大的幼儿（"娃们"）怎能适应现代的生活和交往。这只是一个"四时行焉，百物生焉"的无语的世界，它找得回来吗？张炜对自己童年的这种自恋及其一厢情愿的本体论化、扩大化、普及化，就不怕给现代人留下笑柄吗？

语言的本质总是"世俗"的，即便是《圣经》上的话，在当时也是一些世俗的话。抛弃"世俗的词儿"，便只剩下神谕和鬼话，或是剩下失语、儿语和哑语。中国几千年传统中的知行之辨、言意之辨，不仅是要贬低世俗语言，而且是要贬低语言本身（参看拙文《论中国哲学中的反语言学倾向》，载《中州学刊》1992年第2期）。"五四"以来白话文对文言文的胜利，正是"世俗语言"的胜利（虽然文言也是古时的世俗语言，但现在已经不那么"世俗"了），因而也是语言学精神本身的胜利，即语言学精神战胜了过时的伦理学精神。世俗的语言在今天变得恶俗了，那不是"词儿"的错，而是使用这些"词儿"的人的错。因此我们目前的任务不是抛弃"词儿"，回到一味妙悟和不言，而是对这些词儿进行细致的打磨，重新加以纯粹的定义，规定其明确的关系，以创立一套新的语言规范体系。一切对"词儿"任意胡来和痞里痞气的态度都应当清除，这比给每个词儿"指认实物"（第347页），即还原为实物，单凭实物去体会那"难以言传的欢愉"（第345页），沉入"口不能语、手不能书"的"忘情"状态（第347页），要艰难得多，也实际得多。正如维特根斯坦所说的：一个词的意义其实并不在于它的指称，而在于它的用法。

八

莫言：恋乳的痴狂

90年代寻根文学在其向中国人文化心理的深层探索中，越来越突出了一种恋母情结。我们前面已经看到，从张贤亮开始，张承志、贾平凹、顾城、张炜，总之，凡是标榜某种"纯情"的作家，几乎无一例外地陷入了这种恋母情结而不能自拔；就连王朔的"痞"和韩少功的学问，尽管主观上竭力想和对母亲（自然、群体、文化）的依恋拉开距离，但那背后仍隐约现出一股不可抗拒的无形的力量，要把他们拉回到母性的温存和幼儿的纯真。1996年初，我在一次学术座谈中有一段发言，用"文化恋母情结"这个概念概括了我们时代的回归传统、回归自然的倾向：

　　　　现在有许多人认为中国当前的道德沦丧就是传统文化的沦丧，所以主张回到古代传统中去寻求道德资粮。我认为这种看法表明了一种文化上的"恋母情结"。中国文化发展到20世纪，一直是一种母性（女性）文化，从来没有断过奶。"五四"导致"文化断裂"的说法，纯粹出自臆想。"文革"也是如此。在前者是要断裂而不得，在后者是自以为断裂了实则变本加厉。实际情况是进入本世纪，母亲的奶水已显得越来越稀薄清淡，这既是由于母亲年事已高，又是由于孩子开始发育，需要更多营养，这时就应该断奶，吃点别的东西。我们常在乡下看到有的孩子两三岁了还不断奶，甚至五六岁了，吃几口饭还扑到母亲怀里吃几口奶。这容易使孩子营养不良，在精神上处于婴儿状态。

认为外来（男性）文化是对母亲的侵犯和亵渎，因而憎恨、拒斥西方文化，想单靠母亲的奶水长大（自力更生），这是恋母情结的一种表现。所以直到今天，我们的文化还处于不成熟或未成年状态，尽管有五千年历史，却像个老小孩。判断事情不是凭理性，而总是凭感情；听到对母亲的批评不去想有没有道理，而只是掂量是否"太过分了"。这是一种"自闭症"……传统文化的奶水挤干了，但留下了我们这些儿女们，"身体发肤受之父母"。所以说恋母情结在现代就表现为自恋，人们在大谈传统文化的辉煌灿烂时往往会觉得自己也变得纯洁、光辉起来，有种崇高感，上升到了某种一尘不染的"境界"，不知身在何处了。但一到现实生活中，白日梦破灭，说的和做的不一致，表现出一种有意无意的伪善。（部分载于《钟山》1996年第6期）

座谈会上，刚刚读过连载于《大家》1995年第5、6期上的莫言的长篇小说《丰乳肥臀》的文学评论家昌切先生立刻用这部小说的主题印证了我的发言。当我后来读到这部作品时，我深感这绝不是一种偶然的巧合。莫言凭他对文学的敏感和某种自我超越的灵气，发现并抓住了我通过文化和哲学的反思所揭示的同一个问题，即我们时代各种症状的病根。

　　莫言80年代的作品，基调是红色的，与寻根派大同小异。但他着力表现的是男女主人公的血性和烈性，连小孩子（如《透明的红萝卜》中的黑孩）都是那么怪怪的，显得桀骜不驯。拍成电影的《红高粱》更是充满一派原始古朴的阳刚之气，令外国的洋导演们大跌眼镜。80年代是一个拼命鼓吹阳刚之气和民族精神的年代，莫言的作品是这一狂热思潮中令人惊叹的浪花。然而，当浪漫主义的红色激情消退之后，人们渐渐从这种貌似阳刚的呐喊底下，听出某种缠绵阴柔的调子来，发现那些痞里痞气、匪里匪气、充满霸气与煞气的民间英雄，心理上却是那么幼稚和残缺，他们的"气"不是自己独立地建立起来的，而是从娘胎里带来的，是从"高密东北乡"这块"热土"中浸润而来的，是我们这个"食草民族"祖祖辈辈从"我老老爷爷""我老老姑奶奶"那里（见《红蝗》）一直沿袭到"我爷爷""我奶奶"一脉相承的传统资粮。所以，不论这些人干出了多么惊天动地的事，我们对他们的敬佩总是停留在外部形象动作的剽悍和行为的中规中矩（合乎"义"这一简单的游戏规则），认为他们体现了某种原始生命力的充盈和爆发，足以和我们今天人性的萎靡、苍白相对照。但我们毕竟感到，在今天要模仿那些顶天立地的人物来处世行事将会是多么天真、愚蠢和异想天开。那些人物不能给现代人的内心生活和精神世界提供更多丰富的食粮；他们自己的内心就是平板的、简单的，犹如一些孩子。《红高粱》中的人物个个都像没娘的孩子，他们在胡闹了一通之后最终都想起了自己的亲娘——高密东北乡的父老乡亲和民气，并坦然为之献身。这种由观念混合着想象力刻意营造出来的虚假的"阳刚之气"，在莫言90年代的代表作《丰乳肥臀》中便烟消云散，显出了它底下的真实的一面：阴盛阳衰、恋母、心理残疾。我们简直可以把《丰乳肥臀》看作对《红高粱》的一个全面否定和批判。

《丰乳肥臀》一开篇，便写铁匠上官家一片阴盛阳衰的颓唐气象：上官父子生得矮小猥琐，在打铁营生中只能当夫人上官吕氏的下手；儿子上官寿喜百无一能，打起老婆来却心狠手辣；儿媳上官鲁氏连生了七个女儿（其实都不是上官家的种），在惨遭虐待、实在无法再活下去的情况下被洋牧师马洛亚神父所救，并和他发生了性关系，这才生下了男女一对双胞胎，即金童（小说中的"我"）和玉女。上官鲁氏从此信了天主教。小说的寓意十分明显：古老的传统只有引进外来文化的因子，才有可能形成"杂种优势"，摆脱阴盛阳衰的颓势。当然，最终结果如何，还要看整个外部环境的导向。

正如《红高粱》一样，《丰乳肥臀》一开始也把故事的背景置于抗日时期那个遍地英雄的时代。日寇、伪军、游击队、新四军，你杀过来，他杀过去，人头滚滚，血流成河；是非、正义、人性，都被淹没在海洋一般的仇恨中。不同的是，《丰乳肥臀》并不着意刻画"民气"的英勇与悲壮，而是集中描写上官氏一家人的纷乱、矛盾、流离和破碎。上官父子一开始就死在日本兵的枪口下；上官姐妹各自以自己的花容月貌吸引了各路草莽英雄，使上官家成了时代各种冲突的集中的焦点。但那些英雄在小说中再也凝聚不成一股撼天动地的"精神"，他们孤立地看每个人都是血性男子汉，但加在一起却成了一台闹哄哄的闹剧，成了漂浮在历史河流上的泡沫和渣滓；真正的历史则是以上官鲁氏为代表的静静流淌着的母性，她经历了人世间难以想象的苦难，每一拨"英雄"都使她（或她的女儿）惨遭践踏，一个个带走她的女儿并扔下婴儿由她抚养。而她，这个人间圣母，便凭她"永远毁坏不了的"双乳（见《大家》1995年第5期，第39页。下引此书只注期刊号及页码。）和坚忍不拔的生命力，在那样一个战乱年代独自抚育了整整两代人。当然，真正给了她生活的目的和信心的，还是对她的命根子、她的独生儿子上官金童的爱。

上官金童（"我"）是叼着母亲的奶头长大的，直到十几岁，他还除了母奶以外不吃任何别的东西，一吃就要呕吐，据说医学上称为"恋乳厌食症"。母亲的溺爱使他迟迟不能断奶。上官鲁氏还真的准备让他"吃奶吃到娶媳妇"，并举例说谁谁就吃到了娶媳妇（第5期第78页），实际上是想让他吃一辈子奶，吃完她的吃媳妇的。他自己也养成了一股子"不吃奶，毋宁死"的拗脾气，七岁时就因为断奶而投过一次河。这后来成了一种不可救药的精神障碍。这种对母乳的依恋是温情脉脉的，但也一开始就是蛮横的：当孪生的八姐要来分食"我"的乳汁时，"我"便毫不客气地用小脚把她踹开，并横蛮地大哭大叫，迫使她不得不满足于羊奶的喂养。当他长大一点后，他见到任何一个年轻女人，便升起一股不可克制的欲望，要去抚摸、玩弄和吮吸她的"大奶奶"。直到他成为一个成年人，他对性关系的理解仍然停留在婴幼儿的水平，虽然没有任何生理上的缺陷却不能正常地做爱。弗洛伊德曾把"恋母情结"归结为幼儿时代男孩对父亲的嫉恨，从而归结为不能独占母爱的心理创伤。他显然没有考虑到上官金童这种"有中国特色"的情况：父亲（不论名义上的父亲还是亲生父亲马洛亚神父）在他出生时即已死去，他"独占"母爱直到长大成人。在某种意义上，他甚至等于没有真正走出母亲的子宫。从本质上看，这种情况在中国并不是罕见的特例。在中国广大农村中，夫妻关系更少地建立于爱情之上，更多地建立于传宗接代的考虑之上；一个独生子完全有可能一直独占母爱而不必担心父亲的情感侵夺，他的恋母情结和心理幼稚病也就与西方人具有不尽相同的根源和表现形式。但由心理的不健全、不发育而导致精神病症却是共同的后果。

莫言是个编故事的能手，他似乎怎么也控制不了他那脱缰野马般的想象力的狂奔，各种离奇古怪的情节在他笔下如同亲眼所见、亲耳所闻。《丰乳肥臀》中的故事更是波澜壮阔、一泻千里。但也时有人为的痕迹，如上官金童的八个姐姐及她们的后代在颠沛流离中一个个失散，最终又都以各种各样的"巧合"与金童挂在了一起。其实，莫言的想象力归根到底还是为他的观念服务的，这是几乎每一个中国作家都极难跳出的思维定式，从古代的"诗言志""文以载道"既已形成了。只不过他的观念在90年代的确有了一个飞跃，这就是对传统文化心理（或曰"国民性"）的深层次的反思乃至于批判。他以象征的方式不断地使我们由上官金童的畸形心态联想到当今人们视为理所当然的和习惯成自然的各种论调，使整部小说成为一个巨大的反讽。他尽力解剖的是上官金童的精神畸变的合理性和可理解性（为此他坚持从降生的第一天起就用第一人称描写上官金童的内心活动），但这只是为了更加衬托出这种主观合理性与外部世界的客观现实之间的反差，从而具有一种强有力的震撼作用和启蒙效果。

的确，恋母和恋乳，在中国现代一直是个神圣、崇高的意象，是文人和诗人们一提起就要热泪盈眶的。中国现代一切男子汉的刚强和血性都是基于恋母和恋乳这种儿童心理之上的（以张承志为典型）。从心理格式塔来说，恋母是由于恋乳（乳汁是婴儿的食粮）；而由恋乳也很容易把一切乳房发育的女性看作是自己的母亲（有奶便是娘）。"我摸了你的奶子，你就是我奶奶，我就是你孙子了。"（第6期第114页）对于断奶以前的幼儿，这原本也是很自然的事。因此，按照从未断过奶的上官金童的逻辑，他的恋母情结以乳房为媒介而扩展到一切丰乳肥臀的女子身上，包括他自己的同母异父的姐姐们身上，也是合情合理的。因此，正如他从小便怀着焦虑守护着母亲的两个奶头，生怕被人夺走或分食一样，七八岁的上官金童对于六姐嫁给巴比特，被夺去了原本应属于自己的乳房也感到悲愤难当。"这世道太不公道了，你们这些下贱货，为什么不理解我的苦心？这世界上，没有人比我更懂乳房更爱乳房更知道如何保护乳房了，可我的好心被你们当成了驴肝肺。我委屈地哭了。"（第5期第85页）这就是金童对一切女人乳房的自作多情的逻辑，如同贾宝玉对一切妙龄女子的不由自主的倾心一样。与贾宝玉同样幸运的（如果不是更幸运的话）是，金童居然在高密东北乡一年一度的"雪集"上，当选为独一无二的"雪公子"，按照风俗，他名正言顺地挨个摸遍了集上女人各式各样的乳房，总共约一百二十对，手都麻木肿胀了。据此，警幻仙子送给贾宝玉的"天下第一淫人"的称号也可以恰当地安在雪公子金童的身上。"雪集"以一种神秘的方式，表明了传统文化中与金童的恋母心理十分吻合的某种观念联系：纯洁的雪，像雪一样洁白无瑕的男孩，女人的雪白的乳房。"雪公子"是人人羡慕和崇敬的荣誉，它标志着当选者的纯洁及冥冥中与神秘大自然的沟通，也意味着天真、美好、可爱，能给人带来好运。在雪集上，一切语言都是对大自然的神秘规矩的破坏，将招致大祸临头。所以赶集的人们全都暂时性地失语，仅靠各种约定的手势和眼神交流。那是一种沉默的、怪异的群众集会。语言的禁忌使一切日常道德评价的界限都消失了，文明与野蛮，虔诚和欲念，纯情和痞，都不声不响地化为了一片混沌。这种氛围并不只是几个什么文人构想出来或写在书上的理论和教义，而是实实在在渗透在民间，为一般老百姓认同和首肯的、心照不宣的"反语言学精神"。上官金童是它的代表，他的恋母、恋乳只是一股无言的情绪，一旦说出来、写出来，无论怎么声情并茂，都是不合逻辑、贻笑大方的。它是不能讲道理的，一成为"道理"，就显出自大狂、自作多情和蛮横、痞。所以诗人们只是用诗的语言赞颂和标榜着这种情绪，小说家也回避对这种情绪的理智的反省，以免陷入被人指责的尴尬（如张承志一不小心就显出"唯我独左""唯我独革"的"恐怖主义"倾向，受到攻击）。唯有莫言，以一种"同情的理解"反思了这一暧昧的情绪，将它揭示于光天化日之下，使它的一切痞和纯情都以悖论的形式凸显出来。

因此，当莫言以上官金童的眼光高歌母亲那"粉红色的、小巧玲珑的奶头"，赞美"那是爱、那是诗、是无限高远的天空和翻滚着金黄麦浪的丰厚大地"（第5期第109页）时，他同时又以母亲的眼光忧心忡忡地说："金童，你何时才能吃东西呢？"（同上）事实证明，上官金童尽管有洋人的血统，但在中国浓重的女性文化的陶冶下，他终于还是成了一个废物，他一站在女人面前，就渴望得到乳汁的喂养。他的男性一直都在沉睡不醒。唯有与龙场长，在她开枪自杀后，有过一次奸尸行为，并为此被判了十五年徒刑。十五年后，金童回到母亲身边，已经四十二岁了，却仍然像个婴孩一样盼望着吃奶。他的行为举止也根本不像个男子汉，连一只兔子也杀不了。年老的母亲终于醒悟过来，是自己害了他："几十年了，我一直犯糊涂。现在我明白了，与其养活一个一辈子吊在女人奶头上的窝囊废，还不如让他死了好！""你给我有点出息吧……我已经不需要一个永远长不大的儿子，我要的是能给我闯出祸来的敢说敢做的儿子，我要一个真正站着撒尿的男人！"（第6期第91页）为此，她甚至不惜亲自给儿子和独乳老金拉皮条。

但是，一切努力都为时已晚。金童渴望的不是与老金做

爱，而仍然是要吃她的奶。老金半是为了满足自己的情欲，半是要完成上官鲁氏嘱托的把金童变成男子汉的任务，千方百计地试图改掉他这毛病。费了九牛二虎之力，最后虽用类似于给驴戴上眼罩的方式使他恢复了性交能力（他本来并没有生理上的毛病），但却改不了他懦弱无能的屠头秉性。而且，一旦去掉那套特殊装束，露出她丑陋的乳房来，金童立刻又失去了男人的能耐。老金终于耗尽了耐心和信心，将他赶走了。金童的幼儿心理使他不仅在女人身上一事无成，而且使他在事业上也百无一能。女老板耿莲莲对他的一顿痛骂可说是入木三分：

> 你是个十足的笨蛋，像你这种吊在女人奶头上的东西，活着还不如一条狗！我要是您，早就找棵歪脖树吊死了！马洛亚下的是龙种，收获的竟是一只跳蚤！跳蚤一跳半米高，您哪，顶多是只臭虫，甚至连臭虫都不如，您更像一只饿了三年的白虱子！（第6期第101页）

这顿骂击中了上官金童的要害。但他的反应，却只是捂着耳朵逃进了芦苇地里，像老娘们一样号啕大哭起来："娘呀，你为什么要生我呀！你养我这块废物干什么呀，你当初为什么不把我按到尿罐里溺死呀，娘呀，我这辈子活得人不像人鬼不像鬼呀，大人欺负我，小孩也欺负我，男人欺负我，女人更欺负我，活人欺负我，死人也欺负我……"（同上）这种哭诉真令人恶心。正如老金说的："你是抹不上墙的狗屎，扶不上树的死猫。"（第6期第95页）然而，令人同情的是，金童对自己这种彻底的无能倒是有种坦白的勇气，不像今天有些文化人用各种好听的堂皇的词句来自欺欺人，自以为"担当"着一大堆无用的劳什子就显得多么崇高而悲壮似的。实际上，金童的这番话是一个真正觉悟了的人才说得出来的，它难听，但真实。

可是，他并没有真的去死。他既缺乏死的勇气，也无法抗拒乳房的诱惑。环境和现实没有给他任何别的暗示，只是一味拖着他继续顺着惯性走。"他最终决定，回到塔前去，到母亲身边，任说什么也不再离开。窝囊就窝囊吧，无用就无用吧，在母亲身边，吃不上鸵鸟蛋，洗不成桑拿浴，但也绝不会落到赤身裸体逛大街的可怜境地。"（第6期第105页）何况他对乳房的眷恋，历来就不同于那等无耻之徒的淫秽狂想，而是一种形而上的高尚境界，能够使他在遭到物质的惨败时，享受到精神上的胜利。于是，上官金童佯狂起来，干脆装疯卖傻、潇洒走一回，跑到大街上去吆喝："摸摸大奶子！摸摸大奶子！"他自认为通过"大奶子"看透了万物的本原，宇宙的本体："山是地的乳头，浪是海的乳头，语言是思想的乳头，花朵是草木的乳头，路灯是街道的乳头，太阳是宇宙的乳头……把一切都归结到乳房上，用乳头把整个物质世界串通起来，这就是精神病患者上官金童最自由也最偏执的精神。"（第6期第109页）

他的外甥、"韩国巨商"司马粮深知这位小舅的病根，并懂得这里头可以做成一本生意经。他先是让上官金童"阅尽人间春色"，用大把美金把大栏市的"好货色"一批一批地招来，让他摸得手指头都起了血泡，成为一个"美乳专家"；然后委任他为"美尔乳"（后来改为"独角兽乳罩大世界"）的总经理，将他的哲学充分应用到乳罩店的商业信条上来。开业那天，店门口升起两个巨大的氢气球，上面挂着两幅大标语："抓住乳房就等于抓住女人，抓住女人就等于抓住世界。""这是一个逻辑学上的三段论，被省略掉的结论是：抓住乳房也就等于抓住了世界！"（第6期第111页）这是一个广告、生意、肉欲和哲学的奇特的混合物。上官金童一通百通，建立了一个无懈可击的体系："乳房是人类世代进化的结果，对乳房的爱护和关心程度，是衡量一个时期内社会文明程度的重要标志。女人要为自己的乳房感到自豪，男人要为女人的乳房感到骄傲。乳房舒服了，女人才会舒服。女人舒服了，男人才会舒服。因此只有把乳房侍候舒服了，人类才会舒服。一个不关心乳房的社会，是野蛮的社会。一个不爱护乳房的社会，是不人道的社会。……乳房是宝，是世界的本原，是人类真善美无私奉献的集中体现。"（第6期第113页）。"独角兽乳罩大世界"（后又改为"独角兽爱乳中心"）生意兴隆，财源滚滚，奇招迭出，蒸蒸日上。这是上官金童一生事业的顶峰，是他的人格和事业、理想和现实、形上和形下、知和行完满结合的极致。

然而，"成也萧何，败也萧何"，刚死了男人的寡妇汪银枝瞄准上官金童的弱点乘虚而入，用自己的乳房征服了他，使他被迫与之结婚；然后鸠占鹊巢，把上官金童撒在一边，自己当起了女老板；最后金蝉脱壳，逼着金童在离婚协议上签了字，将他赶出了大门。金童满怀怨毒，在想象中设计了一个男子汉应当施行的各种报复和羞辱的办法，但被汪银枝的打手拳脚交加，喝令在地上舔食，毫无反抗能力，只有"一边舔一边掉眼泪"的份（第6期第118页）；在街上遇到汪的情夫，还得与之握手，"互致问候，表示感谢，仿佛都占了天大的便宜"；内心却仍然想着："下次碰到他，绝不允许这样温良恭俭让，应该对准他的脸猛揍一拳，打得他眼冒金花，鼻子嘴巴都往外喷血！"（第6期第119页）但这种男人的血性只停留在幻想中，只写在《红高粱》那样的浪漫主义小说中。而在文明化了的今天，他唯一能"硬气一次"的不过是同意离婚，什么都不要，"只要自由"（第6期第121页）。他所理解的"自由"，便是对这个建立在乳房之上的世界的逃避，所谓"金钱如粪土，生不带来死不带去。乳房也没有什么好留恋的了，贪心不足蛇吞象"。他只要回到属于他自己的乳房，即母亲那里去，只有母亲永远不会背叛他。"母亲就是菩萨心，有妈的孩子是个宝。我现在还是宝，活宝，现世宝。到塔前去，与母亲相伴，捡酒瓶卖，粗茶淡饭，自食其力。"（第6期第119页）赤条条来去无牵挂。他要去寻根。

但白发苍苍的母亲已停止了呼吸，纷纷扬扬的槐花落在她的身上。她坐在天主教堂院内的小凳上，教堂里的一切都乱哄哄的。上官金童的同父异母的兄弟马牧师在讲道，各色人等聚集一堂，外面传来嘈杂的市声，院内有死了亲人的媳妇嚎哭，警察冲进来抓走了一个负案在逃的小伙，他临走呼唤上帝"救救我吧！"卖冰棍的小男孩随时进来吆喝……马牧师的布道与

187

这些人有什么关系呢？唯有母亲，以及苦难深重、心中滴血的上官金童，在与上帝的声音相应和。故事结尾，马牧师代表上帝与上官金童相认了，他紧握着金童的手说："兄弟，我一直在等着你！"（第6期第125页）

最后这个象征是意味深长的。80到90年代的寻根文学，没有一个不是在寻求一种自然的根：什么野性啊，酒啊，母亲啊，高原啊，山野啊，奶牛啊，地瓜啊，高粱啊，水做的女孩啊，植物啊……却从来没有人想到过去寻求精神的根、灵魂的根。这些文学处处在标榜精神，其实只是一种伪精神，顶多是一种以物质冒充的精神，即一种"气"。莫言首次对这种寻根文学做了深刻的自我批判，他笔下的秧歌队令人想起《红高粱》电影中的"颠轿"、盛行不衰的安塞腰鼓、震耳欲聋的"威风锣鼓"："他们身上的衣服都用酒液泡得湿漉漉的，他们嘴里都喷吐着酒气，他们扭的是醉秧歌，看似东倒西歪，实则法度森严。他们打的是醉鼓，男鼓手们伪装着古代豪杰的剽悍。人们总认为古人仗义疏财，视死如归，酒量如海，没心没肝，其实也未必，很可能大谬不然。"（第6期第124页）他看穿了这种寻根意向的虚伪，展示了它恋母、恋乳和厌食的本质，唾弃了它的愚昧和怯懦。鲁迅曾说："我以为国民倘没有智，没有勇，而单靠着一种所谓'气'，实在是非常危险的。"（《坟·杂忆》）莫言再次揭示了这种"气"的实质：混沌、模糊、无可无不可、无奈、虚无缥缈、说不清、烧心烧胃、发酒疯、散发……

然而，真正的精神的寻根，需要智，需要勇，需要反思的心力。上帝也只是一个象征，自己不努力，上帝帮不了任何人的忙。上帝不是心灵的避难所，而只是人心的一面镜子。当人心处于混沌中时，上帝本身也就是云遮雾障。精神的根就是精神自己。莫言隐隐约约看出，世事如烟云，在一切血泪和苦难、悲痛和屈辱后面，肯定有某种永恒的东西。世俗的历史变故动摇不了超世俗的根基。但他不知道那是什么。他看到上官鲁氏基于对天主教的信仰的崇高伟大的母性，他看到上官金童的绝望中的皈依，他耳边响起了"以马内利"（意为"上帝与我们同在"）和"哈利路亚"（意为"赞美上帝"）的声音（第6期第139页）。他的小说在这里结束，他再也没有力量去探索"上帝是谁"的问题。

他只是用自己的小说，给上帝、超验世界或可能世界的存在提供了一个"本体论证明"：有苦难，所以有上帝；有此岸的罪恶，所以有彼岸的拯救；有现实的无奈，所以有可能的希望。这一切只是由于必然有一个"我"在承担、在意识、在质问。当这个"我"被纯粹化并从受难中复活，他就是上帝。一个世纪以来民族的血泪史凝聚为一个问题：有上帝（或彼岸的可能世界）吗？90年代的精神放逐凝聚为另一个问题：如果有上帝，那么他是谁？这两个问题是互证的：只有相信上帝，才会去问他"是谁"；只有知道了他是谁，才会去相信上帝。"相信"需要勇；知道"是谁"则需要智。中国传统文化的基因中，既缺乏勇，也缺乏智。缺乏勇，是因为人们过于执着于此岸世界的恩恩怨怨，忠孝节义，光宗耀祖，青史留名，立德立功，保身养命，而不敢对超验的可能世界做全身心的投入；

缺乏智，则是因为人们从来不愿意把话说完整，而满足于浑浑噩噩、吞吞吐吐、欲言又止、难得糊涂。这使我们在日常生活中充满了愚蠢的悖论，却不但不引起冷静的反省，反而引以为自豪和光荣，将这些悖论视为神圣和玄奥，而顶礼膜拜，而膝行匍匐，而高卧安枕。莫言的大功劳，就在于惊醒了国人自我感觉良好的迷梦。他把寻根文学再往前引申了一小步，立刻揭开了一个骇人的真理：国民内在的灵魂，特别是男人内在的灵魂中，往往都有一个上官金童，一个永远长不大的婴儿，在渴望着母亲的拥抱和安抚，在向往着不负责任的"自由"和解脱。他做到了一个"寻根文学家"所可能做到的极限，他是第一个敢于自我否定的寻根文学家。他向当代思想者提出了建立自己精神上的反思机制、真正长大成人、拥有独立的自由意志的任务。

但他没有完成，甚至没有着手去完成这一任务。

九

史铁生：可能世界的笔记

现在，我们的描述，即对当代中国世纪末灵魂的描述将进入一个新的阶段了。在此之前，我们面对的都是一些公开的或隐蔽的寻根文学家，我们听到的则是一片或高昂或低回的精神挽歌，我们从中找不到真正有生命力的、能自己发光的灵魂，而只有一股无可奈何的氤氲之气，朦朦胧胧，懵懵懂懂，凄凄切切，缠缠绵绵。我们见过了太多的肉的残酷和心的脆弱，我们总是被引向灵与肉的融合与混同，最终放弃灵的执着而向肉沉没，向混沌沉没，向冒牌的灵沉没……

　　然而，我们面前终于出现了一位作家，一位真正的创造者，一位颠覆者，他不再从眼前的现实中、从传说中、从过去中寻求某种现成的语言或理想，而是从自己的灵魂中本原地创造出一种语言、一种理想，并用它来衡量或"说"我们这个千古一贯的现实。在他那里，语言是神圣的、纯净的，我们还从未见过像史铁生的那么纯净的语言。只有这种语言，才配称为神圣的语言，才真正有力量完成世界的颠倒、名与实的颠倒、可能世界与现实世界的颠倒；因为，它已不是人间的语言，而是真正的"逻各斯"，是彼岸的语言，是衡量此岸世界的尺度。它鄙视一切伪装的粗痞话，以及一切矫饰的"真心话""童话"，一切自以为有深意的疯话和傻话。它理智清明而洞察秋毫，它表达出最深沉、最激烈的情感而不陷入情感，它总是把情感引向高处、引向未来、引向纯粹精神和理想的可能世界！

这种纯净的、神圣的、普遍化的语言（它绝对是可翻译的，却并不损害它的艺术性），只有那种深怀着普遍人道情怀（而不是狭隘的种族情怀、地域情怀等）的人才说得出来，才创造得出来。他用不着到现实生活中去俯拾那遍地皆是的世俗言语，他自信地说出的是每个人在内心深处说着他们的那种语言；这种语言也说着他，但不是让他独白，而是让他和自己对话，向自己提问，逼迫他在对话、提问和回答中努力振奋起自己全部的灵魂力量，放弃一切惬意的幻想和懒惰的诱惑，提起精神将对话进行到一层比一层更深处，使"逻各斯"的真理自由地展示在他心里，展示在读者面前。史铁生的《务虚笔记》就是这样一场马拉松式的对话，读完它，我几乎筋疲力尽。但我内心被触发、调动起了一股巨大的情绪，我愿再次生活在那种对话之中，面对我自己，面对人类和人性。

的确，《务虚笔记》中写得最精彩的就是那些对话，包括那些内心的对话、内心的戏剧、灵魂的拷问。当然，还有为这些对话做准备、做铺垫的故事、情节、景物等；但这些细节无不蕴藏着一种情绪，是要在对话中释放出来、相互撞击并找到自己的确切意义的。在这里没有故意的混沌，没有故弄玄虚、躲闪逃避，有的是严肃而痛苦的追根究底，是无法回避的语言和问题，这些问题往往不期而至，出乎意料，超乎常识，但却尖锐、致命、一针见血，稍有懈怠，一个人就会被彻底击倒，不敢斜视，落荒而逃，或是想出种种遁词和借口，自欺欺人。人们可以不把现实生活中的血当一回事，甚至往往还有一种嗜血的爱好，但唯独怕看心灵滴血，而宁可醉生梦死。史铁生不怕这个，他用一种普遍化的、谁都能懂的、因而谁都无法回避、谁都没有借口逃开的语言，刺穿了人们良好的自我感觉，把人鞭策到他的"自我"面前，令他苦恼、惊惧，无地自容。作者明明知道最终答案是没有的，灵魂永远不可能得到"安妥"（除非死），"我们并不知道我们最终要去哪儿，和要去投奔的都是什么"。（《务虚笔记》，上海文艺出版社1996年版，第3页，下引此书只注页码。）但正如鲁迅的"过客"一样，他只能踏向前去，义无反顾。

一

前面曾经谈到，"上帝是谁"的问题实质上是"我是谁"的问题，因为是"我"在需要或探求一个上帝；莫言也好，其他人也好，都没有兴趣在自己的写作中认真探讨"我是谁"的问题，他们充其量只能假定一个上帝（或真主），或由别人恩赐给他们一个上帝，而无法去展示、去探求、去理解什么是上帝。只有在史铁生这里，上帝的问题才立足于"我"的问题，而"我"的问题则被推到了极致，被推到了主体、作者、写作者本身的一个悖论：

> 我是我的印象的一部分
> 而我的全部印象才是我（第10页）

而正由于这个"我"是一个写作者，所以上述悖论便直接转化成了一个语言悖论：

> 下面这句话是对的
> 上面这句话是错的（第9页、第10页）

我们曾指出过，王朔在潇洒地通知读者"我又要撒谎了"时，他是自以为绝对真诚的，他没有意识到语言本身的悖论。我们也曾揭示了韩少功在"栀子花茉莉花"式的真假难辨中的尴尬处境。更不用说那些一往情深、对自己的写作状态缺乏反思的作家了。所有这些人没有一个像史铁生这样，在意识到"我"的悖论和"解释学循环"的同时，勇敢地投身于这个痛苦的、钻心的循环，将自己一层一层地撕裂和扬弃，从一个又一个美好的、醉人的、惊心动魄的故事中奋力跳出，看出它的虚假，将它们一击碎，即使只留下绝对的虚空也在所不惜。因为这恰好表明，作者不相信有绝对的虚空，他相信毁灭即孕育着新生：

> 不不，令我迷惑和激动的不单是死亡与结束，更是生

存与开始。没法证明绝对的虚无是存在的，不是吗？没法证明绝对的无可以有，况且这不是人的智力的过错。那么，在一个故事结束的地方，必有其他的故事开始了，开始着，展开着。绝对的虚无片刻也不能存在的。

（第5页）

这显然是一种信仰。你可以说这就是对上帝全在或无处不在的信仰，但根本说来，这是对自己的"此在"的直接信仰，即一种明证的"被给予性"，是对自己生命本性的一种直接体验的真实性。只有最强有力的人，才有这种坚定的自信，而只有彻底孤独、唯一地思考着自己的存在的人，才拥有这种力量。

所以我们在史铁生那里，虽然处处看到上帝的启示和命运的恶作剧，看到人的软弱如同芦苇，然而我们看不到人的乞求，看不到作者的怯懦和惶恐。我们看到一个个人物在悖论中挣扎，并由于悖论而挣扎，看到他们努力着走向自己的毁灭，或为了自己的毁灭而拼命努力着。但我们在荒诞之中感到了人格的强大，即使最脆弱、最无奈的，也透现出一种强大，因为他们的严肃、认真，因为他们的苦难，因为他们对苦难的意识。《务虚笔记》中的人物没有一个是幸福的，然而，正是在深深的痛苦中，他们悟出了："一个美丽的位置才可能是一个幸福的位置，它不排除苦难，它只排除平庸"，"那必不能是一个心血枯焦却被轻描淡写的位置"（第597页、第73页）。美丽的位置，或幸福的位置，真正说来就是超出平庸而建构起人的可能性的位置。平庸只不过是现实罢了；而现实往往是丑陋的。当一个人把自己的位置提高到现实之上，为某种美丽的理想而追求、而苦恼、而受难时，他便获得了一个真正的人的生活，或者说，他便把自己造就为一个真正的人。人就是他自己造就的东西。人就是人的可能性。

只有在可能性中，一切悖论才迎刃而解。悖论总是现实的，就是说，导致现实的冲突的。在单纯现实中，悖论是不可解的，人与人，人与自己，现在与过去、与未来都不相通。然而在可能性中，一切都是通透的。正因为人是可能性，才会有共通的人性、人道，才会有共通的语言，才会"人同此心，心同此理"。凡是想仅仅通过现实性来做到这一点的人，凡是想借助于回复到人的自然本性、回复到植物和婴儿或天然的赤诚本心来沟通人与他人的人，都必将消灭可能性，即消灭人，都必将导致不可解的悖论。我们在寻根文学家（或挽歌文学家）那里多次证实了这一点。但在史铁生这里，可能性才是一个真正的基点。它首先体现为"童年之门"：

> 就像那个绝妙的游戏，O说，你推开了这个门而没有推开那个门，要是你推开的不是这个门而是那个门，走进去，结果就会大不一样。没人能知道不曾推开的门里会是什么，但从两个门会走到两个不同的世界中去，甚至这两个世界永远不会相交。（第46页、第47页）

"会"吗？"不会"吗？中文没有虚拟式，但虚拟的语气已经表达出来了。"会"，这就是可能性。动物没有"会"，动物的"会"是人为它们设想的；人则有"会"，而且"会有"两个可能的、永不相交的"世界"，也许是无数个不相交的世界。但"童年之门"都是一样的，都是那一栋美丽的、饱含诸多可能性（各个不同的"门"）的房子。但不要依赖它！童年只是可能性，还不是现实；童年之所以是童年，就在于它从虚无中给人提供了各种存在的可能性。"那无以计量的虚无结束于什么？结束于'我'。"（第55页）在这个生命的起点上，借助于"我"的行动，"上帝的人间戏剧继续编写下去，就没有什么事是不可能的"（第53页）。唯一不可能的是退回到起点，退回到童年，回到虚无。因为虚无的意义并不是虚无，它本身没有意义，它只是作为生命、存在的可能性才有意义。虚无是存在的可能性，儿童是成人的可能性，如此而已。

所以作者从"可能"（如果、或者、比如、抑或、也许、可以是、也可能、说不定……）开始他的写作，并由同一个"童年之门"（美丽幽静的房子）引出他的诸多人物："我"、画家Z、医生F、诗人L、政治家WR、残疾人C，以及他们的恋人O、N、T、X，这些人物都是可以混淆、相通的，许多语言或对话都可以互换；但由于他们走进了不同的"童年之门"，他们在普遍语言的基础上逐步展示了他们内心极其不同的个别言语结构，凸显了自己独特的个性；而由于这些个性是由共同的语言砖瓦建构起来的，所以他们有一种本质上的人性的沟通。人与人当然还是不可通约的（他们走进了不同的"门"），但可以在极深处相逢；相逢之后仍然不可通约，但却可以理解和言说：我不必成为你，也不必赞同你；但我知道，我如果进了你那个"门"，我也就会是你。尽管如此，我现在并不是你，我是我，你是你。我与你的这种分离不是人们想拆除就可以拆除的。它是我和你从小所建立起来的人格构架；我和你的沟通也不是靠回复到天真，而是靠向语言所建构起来的可能世界的超越。

然而，每一个"我"都毕竟是从那个共同的"童年之门"走进这个世界中来的。可能性一旦变成现实，就具有一种不可逆性，而最初是现实的东西后来成了梦境，却一直以"现实"的模样存在于梦境之中。这种梦中的现实具有多么大的诱惑力啊！中国当代一切"寻根"精神都是这一诱惑的明证，而在这部小说中，女教师O便是这一诱惑的最典型的牺牲品。孩子的梦是正常的，每个孩子都在祈盼着从母亲的怀抱里获得关怀、温情和快乐，尽管随着孩子的长大，这种快乐会（也许过早地）被剥夺、退色，成为一种甜蜜却又伤感的回忆，但这都是正常的。不正常的是，"O在其有生之年，却没能从那光线消逝的凄哀中挣脱出来"（第57页）。她直到死都是一个"蹲在春天的荒草丛中，蹲在深深的落日里的执拗于一个美丽梦境的孩子"（第58页）。其实，在不同程度和不同意义上，《务虚笔记》中的人物几乎都可以看作是"执拗于一个美丽梦境的孩子"，他们太执着于梦中的现实而放弃了现实的梦想，也就是太执着于已不可能的可能性（童年、过去），而闭眼不看真实的可能性（未来），正如那个受委屈的男孩"依偎在母亲怀里，闭上眼睛不再看太阳"（第57页）一样。因此，他们的悲剧一开始就注定了，这些悲剧通常都发生在他们的青春期，即从孩子进入成人和成熟的过渡时期。他们以孩子的心态追求各自的爱情，他们爱情的破灭是那么凄艳美丽，他们只是逐渐地通过付出一生的代价才明白这种悲剧的必然性、不可避免性。整部《务虚笔记》记录的就是现代中国人的青春发育史，它的里程碑式的意义也正在于标志着中国人终于凭借一种成熟的语言跨入了并确立了他们的青春思想，而扬弃和摆脱了幼儿的无辜、无助和未成年状态。

这一充满悲剧的苦难历程可以分为这么几个层次：最基本的层次是贯穿全书的一条灰线，即女教师O与政治家WR、画家Z的两次恋爱（如果不算她与前夫的那次失败的婚姻的话）。就O来说，这是纯情爱情的典范，连它的结局都是传统的，但其中已蕴含着绝对非传统的意义。其次是作为对比出现的两对恋人：医生F与女导演N，以及诗人L和他的恋人。前一对仍是传统的，但从头至尾表现的是对传统观念的质疑，及从传统失语桎梏中突围的努力；后一对则是"反传统"的，但仍无法脱离传统窠臼，诗人的千言万语都成了废话，最终归于沉默。再就是两对比较次要的、但同样深刻的情人：X和残疾人C，Z的叔叔和成为叛徒的女人，然后加上T和HJ（Z的同父异母弟弟）、T（或N）的父母、Z（或WR）的母亲与亡夫以及"我"在"写作之夜"的独白和自叙。这一切构成了一个复杂的网络体系，其中的逻辑关系需要相当的理智和耐心才能理得清。作者似乎在考验读者：一个连这些人物关系都弄不清楚的人，休想清楚地把握书中的观念和哲学意义。史铁生在当代作家中哲学素养最高，这一点最集中地体现在他的《务虚笔记》之中。这使得他这部书绝不可能用一般消遣和欣赏的态度来读，而必须用全部的灵魂和心力去认真对待。

二

该书的故事是从"死亡序幕"开始的，即画家的妻子O服毒自杀，引出了O与Z的颇费猜详的关系，引入了Z在儿时的"童年之门"、也是好几个主要人物的童年之门。这个开端是意味深长的。海德格尔认为人作为"此在"是一种"先行到死"的存在者，即人能以死为目标和终点来筹划自己为一有意义的过程。女教师O虽然并非一开始就由意识到自己的必死性来筹划自己的一生，而是守护着自己童年的理想，毫无筹划地忍受着命运的苛待；然而，只有当她最终把死亡作为一种生命的计划来筹划并自由地实施出来时，她的整个人生的意义才第一次被照亮了。她向世人也向自己表明，她终生守护的那个纯情的理想不能不是一个自相矛盾的东西，是个残酷的、无情的、撕裂温情的东西；她再也不能自欺欺人地、假装天真幼稚地守护下去了。于是她以自己还算年轻的生命，作为牺牲，献给了这个童年理想的自我冲突。

O的童年，是一个非常纯净的女孩子，她的天真、单纯、善良、正直的天性和良好的家庭教养，都使她对这个世界充满了善意。当出身农村的少年WR第一次到她家里来玩的时候，她表现出的那种童真的喜悦能使每个大人都被打动，如果是一个饱经沧桑的人，也许还会感动得热泪盈眶。我读着这些地方，总感到作者一边写，一边在含泪地微笑。他实在是描写这种儿童语言和儿童情趣的顶尖高手（第208—211页，第50页、第51页）。而当他写到O与WR的青春初恋时，那些优美、羞涩、柔情的对话（仅仅是对话！）更是如同一场净化心灵、净化整个世界的甘霖。就在这一问一答中，在恳求中、允诺中、婉拒中，在互相的惊异、叹赏和沉默中，情窦初开的少男少女那心房的颤动像音乐一样，和着窗外的细雨声在悄悄弹拨。这是大自然的神秘，也是心灵的奇迹。能用如此纯净的语言、特别是女孩子的语言这样生动地描述初恋的神秘激动的作家，除了史铁生再没有第二个了。我仿佛看到他含泪的眼和颤抖的笔，但这次不是微笑，而是虔诚（第219—223页）。

美丽的初恋事实上是永恒的，就像那只白色鸟（这一意象贯穿全书）。一个人要从这种虔诚中超拔出来也是极其困难的。不，我说的是"超拔"，而不是"放弃"。人类永远不能放弃的是青春的激情，永远不应忘怀的是初恋的纯真，这种瞬间闪耀出来的理想光辉，正是照亮人们人生旅途中漫漫长夜的火把，值得人们为之献身。然而，只有见过并忍受过了太多苦难的人，才有力量一面保持着对青春的虔诚，同时又超拔到一种大悲悯大智慧的精神境界，对上帝或命运将这一对恋人强行拆散的那双巨手表示理解。青春的激情是超时空的，自从有人类以来，任何民族，任何时代的任何个人，都会在身体发育的一定阶段获得这一大自然的慷慨赠品。但只有通过青春激情进入一种独立人格并摆脱了未成年（被监护）状态的人，才能将这一赠品雕刻成人类最美好的艺术品——光辉灿烂的爱情，才能使它成为人类精神生活的神圣的内驱力。但O与WR并没有达到这种自觉，他们所生活的环境中没有这一说，他们只是一种传统的"青梅竹马"的关系，他们把青春激情儿童化了。没有人提醒他们，也没有人教给他们：能够爱是一个人成为一个独立的人的起码标志（马克思也说，根据男女之爱，"可以判断出人的整个文明程度"）。可以放弃一切，但永远不能放弃爱。爱既不是纯真的本心（童心）的守护，也不是可以牺牲的幼稚的错误，爱是追求的力量。无力的爱不是爱。

　　当WR由于"思想犯罪"而被发配到边疆去时，他们的这种青春的激情就被彻底地否定了。确实，我们不能说WR已经不爱O了。即使十二年后WR回来并拒绝了O的爱时，也不能这样说。然而，当WR登上西行的列车时，他们的爱就已经被牺牲掉了，不管以什么样的理由。O仍然执着地要求WR记住她的地址，WR却知道，童年式的两小无猜的爱是一去不回了，从那一天起，他长大了。所以当O说"我肯定能把新地址告诉你"时，他的回答是："不过我不会把我的地址告诉你。"（第227页）从某种意义上说WR这样做是对的，因为他所理解的爱正如O所理解的一样，也是儿童式的纯真，这种爱没有上升为成年人的成熟的热力，是无法承受社会生活的暴风骤雨的。所以他作为一个长大了的成人，十分明智地切断了一切青春的幻想，他自认为、并且确实也是为了他所爱的人"好"，这是符合我们通常世俗道德的高尚行为。但这一切是建立在对青春和爱情的贬低之上的。被贬低了的爱，作为少年时代的幼稚和孩子的梦幻，在残酷现实面前是那么无力甚至不值一提，只有永远停留在"美丽梦境"中的孩子如O，才会执着于它，那悲剧是必然的。直到他们十多年后重逢，O才逐渐明白："当她在漫长的昨天期盼着与WR重逢之时，漫长的昨天正在把WR引向别处。"（第334页）即引向一个成人的、政治化了的、无爱的人间。

　　WR在大西北劳改地，确实懂得了很多事理。首先他懂得了孩子式的激情（也包括他的初恋）的徒劳无用。"童话是没有说完的谎言。"（第337页）其次，他懂得了"只有权力，能够真正做成一点儿什么事"（第335页），他要抓住我们这个残酷的现实世界的把柄。最后，他树立起了自己人生的目的，或者说理想，就是不再有任何人像他一样被"送到世界的隔壁去"，与这个世界隔绝起来。这一点是他作为一个成年人所唯一可能有的道德信念，也就是通常所说的"政治抱负"。于是他从大西北回来后，决心从政。经过了生活的磨炼，他当然懂得了政治的肮脏；但他决心投身于肮脏的权力斗争。为此他拼命攻击灵魂的圣洁，而为"灵魂的穷人"辩护，自认为是这些穷人的拯救者和代言人。他的这一套的确非常适合于一个弱肉强食的世界，而且作为一种"政治抱负"听起来也比那种小家子气的个人情感要更加博大恢弘，具有牢不可破的价值基础。这实际上也正是中国传统士大夫的忧患意识的现代体现。可是，正当他滔滔不绝地宣讲自己的政治哲学并所向披靡的时候，冷不防"我"向他提到了O，并质问他："你真的是不爱她了吗？"他立刻愣住了，不知如何回答（第341页）。他毕竟看过许多外国书，读过《牛虻》，他无法欺骗自己的心。但他仍然想用理智（天理）来克制自己的情感（人欲）：

> 我只是想，怎么才能，不把任何人，尤其是不把那个看见皇帝光着屁股的孩子，送到世界的隔壁去。其他的事都随他去吧，我什么都可以忘记，什么都可以不要，什么骂名都可以承担……

"我"则一针见血地揭穿了他的伪善："这么说你才是一个圣洁的人，对吗？"

他不承认。但他越是不承认，越是标榜自己将来会"遗臭万年"，就越是说明他与他所攻击的那些"圣洁的人"、精神贵族没有两样，甚至比那些人更加"圣洁"。因为"遗臭万年"在他那里成了一种更高层次的伟大牺牲。他牺牲了"个人的"荣誉和爱情而结了一门政治婚姻，为的是更有权力来拯救人民，他的"存天理灭人欲"的水平无与伦比！他骨子里并不认为自己这样做是卑鄙，他深思熟虑地想过："我是不是一个无情无义的人？我是不是必须做一个无情无义的人？我是不是敢于做一个被人斥骂为'无情无义'的人？"（第336页）他一直是一个诚实而大胆的青年，现在还是；他的伪善绝不是性格上的，而是观念上和文化上的。我们这个文化要求每一个想要成为人的人首先成为非人，要求每一个想要救别人的人首先扼杀自己；而结果是，每个人既不能成为人，也不能拯救别人，因为一个扼杀了自己的非人到头来什么也干不成，只能成为政治的工具。但我们的文化却许诺说：天将降大任于你，所以"必先苦其心志，劳其筋骨"，"动心忍性，增益其所不能"。孟子当然不是说，要你泯灭良知，心狠手辣；但一个人一旦把自己当作"天命"的纯粹工具，为达目的不择手段，他的一切冠冕堂皇的"抱负"就都成了空头支票。

所以WR必然会在他的仕途中遇上一个无法解脱的悖论："如果你被贬谪，你就无法推行你的政见；你若放弃你的政见呢，你要那升迁又有什么用处？"（第553页）他中了中国政治文化的圈套，这时好像才真正从"世界隔壁"回到了人间，从他那井井有条的逻辑理性中感到了某种说不出的悲哀和荒诞。

WR后来和长得很像O的女导演N私通，他是把通奸作为爱情的代用品，把N作为O的替身。他吃够了诚实的苦头，发誓不再"允诺什么"。他知道自己已堕落为一个无耻的骗子，但他仍然自欺欺人地为自己保留下最后一点"诚实"，即他把自己的堕落作为一面警示牌，去维护人间的道德："我唯一的希望就是，不要再有什么人像我一样，因为我他们不会再像我一样……"（第560页）他，这个诚实而大胆的人，终于没有勇气正视自己本性中最终的虚伪、根本的恶，却无论如何要把这种恶理解为善的工具，把自己的人格理解为天命的工具，哪怕是多么可怜的工具！

WR在某种程度上与张贤亮笔下的章永璘有些类似，他们都诚实而深刻，都吃够了政治文化的苦头，都为了投身于这个政治文化并改造它而抛弃了爱情（爱情在他们都相当于一件珍贵的收藏品，可用来交换更贵重的东西），最后又都以婚外恋和性乱作为心理缺损的补偿，却仍然将这种堕落标榜为救世或警世的道德手段。他们都从少年的真诚一步步无可救药地迈入了伪善。不同的是，张贤亮无条件地认同和美化他的人物章永璘，包括章永璘的动摇、困惑、软弱和伪善，并为之辩护；史铁生却以批判的态度超越了WR，从而更深刻地揭示了WR内心的矛盾之症结。在这里，没有任何自宽自解、自我原谅，更没有自怜、自恋和自我欣赏，只有对传统政治文化悖论的冷静的观察、分析，及对这种政治文化借WR之手扼杀青春、摧残爱情的深深痛惜。更重要的是，史铁生没有把这场悲剧单纯归结为外在的命运，而是深入到人物内在的心灵结构，即他们（WR与O）双方对爱情的理解的幼稚性、不成熟性，这注定使一方（WR）为了成人的事业（政治、仕途经济）而牺牲甚至践踏爱情，成为政治文化的帮凶，使另一方（O）成为幼稚无辜的孩子、独守空闺的"怨女"。也可以说，张贤亮是在回忆中写作（张炜也说："写作说到底更多的是回忆。"《九月寓言》第359页），他立足于现实，所以他不知道自己"错在哪里"，因为现实并没有给他提供对或错的标准，一切都是相对的。反之，史铁生则是在可能世界中写作，他立足于可能性，不断地走向可能性。他并不"塑造"他的人物，"我经过他们而已"，他们只是"我的一种心绪"，"我的心路"（第347页）。他说：

我不认为只有我身临其境的事情才是我的经历……我相信想象、希望、思考和迷惑都是我的经历。梦也是一种经历，而且效果相同。因为它们在那儿纺织雕铸成了另一个无边无际的世界，而那才是我的真世界。记忆已经黯然失色，而印象是我鲜活的生命。（第348页）

换言之，张贤亮（还有张炜、贾平凹、王朔、顾城等）是在展示自我，标榜自我，唯独史铁生是在可能世界中寻找自我。他并不预先知道自我是谁，本心是什么，他只是把人们自以为是本心的东西摆出来、展示出来，然后批判它，超越它，"经过"它。他的人物"成为我的生命的诸多部分"（第347页），他是他的每一个人物，但只有经历过所有的人物，即"诸多部分"的总和，才是他的"我"。然而他既然是他的每一部分，他又如何能预先知道这些部分的"总和"呢？哥德尔定理说，"一个试图知道全体的部分，不可能逃出自我指称的限制"（第84页）。所以他不能满足于、停驻于任何一个部分，他必须不断地自我否定、自我超越，去努力寻求那全体的完成了的自我。这才是他实现出来的自由和自信。

于是，在女教师O这条线上，史铁生首先是O，然后是WR，他超越了O的幼稚而变得成熟甚至过于成熟（老练）；然后又超越了WR，揭示出WR的所谓老练在政治权力场中是多么幼稚可笑，于是进到了Z，一种少年老成的精神追求，这种追求仍执着于儿童时代的印象，但已较之O高了一个层次。这三个人物恰好构成一个"否定之否定"。

三

在作者的可能世界中，平民的孩子Z在九岁时走进了那座"童年之门"的房子，受到了九岁的女孩儿的热烈欢迎："'哈，你怎么给来了？'她快乐地说。"叽里嘎啦地又说又笑，蹦蹦跳跳地引着他经过各个门，到她自己的房间里去玩（第50页）。但给Z印象最深的还是插在瓷瓶里的那根白色的大鸟羽毛：

> Z以一个画家命定的敏觉，发现了满屋冬日光芒中那根美丽孤傲的羽毛。它在窗旁的暗影里，洁白无比，又大又长……Z的小小身影在那一刻夕阳的光照之中一动不动，仿佛聆听神喻的信徒，仿佛一切都被那羽毛的丝丝缕缕在优美而高贵地轻舒漫卷挥洒飘扬，并将永远在他的生命中喧嚣骚动。（第46页）

但这时，女孩儿的姐姐，一个冷美人，进来了，对女孩儿说："怎么你把他带来了，嗯？你怎么带他们进来？"（第51页）他被送出门外，还听到一个声音说："她怎么把那些野孩子……那个外面的孩子……带了进来……告诉她，以后不准再带他们到家里来……"（第52页）这句话，这个印象，已经决定了Z的一生。如果说，诚实大胆是WR的天性的话，那么内心的执着就是Z的天性。WR直到被发配到大西北才感到了人与这个世界隔绝的痛苦，Z却早已在幼小的心灵中就悟出了人与人本来就互相处在"世界的隔壁"。WR试图用政治的手腕来禁止人对人的放逐，Z则用艺术的追求来突破人与人的等级阶梯。他们在各自的领域，即在政治的领域和艺术的领域，都在追求成为"人上人"，成为人类的救星或征服者。因此，他们对人类最神圣的爱情也只是视为他们进行征服的一个绊脚石（WR）或是手段（Z）。所以，毫不奇怪，当爱情（然而是儿童式的爱情）至上论者O问Z"爱情和事业，哪个更要紧"时，Z随口便答道："当然是事业"，并解释道，事业上的成就是人们得到爱情的前提，"你以为有谁会去爱一个傻瓜吗？"（第504页）这就引出了Z终生所抱的信念，也是使O的终生信念即纯情之爱受到致命打击的观点：差异论。

换言之，Z从九岁那次印象已得出一个结论：高贵的是美的，但人是有差异的；如果你想变得高贵，获得美，你就必须在精神上成为"王者"，必须征服他人，蔑视他人，让他人崇拜你，嫉妒你，正如他自己那时崇拜和嫉妒那根大鸟的羽毛和那栋美丽的房子一样。Z的一生都在为自己摆脱卑微和贫穷而努力，他小小年纪在心中种下的怨恨和自惭形秽，激励他不断向高处攀登，力图像珠穆朗玛峰、像伊格尔王那样俯视芸芸众生。他以他的智力、能力、成就、事业，也就是他的艺术，自傲于这个等级的世界面前。他相信"真正的胜利者是一个精神高贵的人，一个通过自己的力量而使自己被承认为高贵的人，连他的敌人也不得不承认他的高贵，连那些豪门富贾也会在他的高贵面前自惭形秽"（第516页）。他说最后这句话时，脑子里肯定想着那栋他曾被拒绝进入的美丽的房子。"画家念念不忘的只是，在那个寒冷的冬夜里被忽略的男孩儿，绝不能再被忽略"（第485页）。

"一个高贵的人就是一个孤独的攀登者。"（第541页）画家以他艺术上的成功证明，他正是WR曾如此鄙视地贬斥的精神上的富人。同样，Z也瞧不起WR的"忍辱负重，救世救民"，认为"那不是虚伪就肯定是幼稚"（第511页），并指出"虽然他并不能拯救什么，但是他也许可以成为万众拥戴的拯救者"（第512页）。实际上，如果有谁挡了WR的道，他的确会毫不犹豫地送他到"世界的隔壁"去（如果有此必要而他又有这个权力的话）。Z则否认一切救世主，"每个人都应该管他自己，他是奴隶还是英雄那完全是他自己的事，没有谁能救得了谁"（第515页）。这的确比WR更高明。然而，如果说WR只不过是为了他的理想而牺牲了爱的话，那么Z的整个理想都只是建立在恨之上的，是以接受和承认人与人的等级差异和互相残杀为前提的。他以他的艺术"为心里的愤怒寻找着表达"，抒发着他的"雪耻的欲望"（第512页）。所以当Z问他"恨谁"时，他感到被击中了要害。正是这种弱者对强者的仇恨，激发起他要"使自己成为英雄"的强烈欲望（第514页）。在社会的等级差异中，他要杀败一切人去占据最高等级。就连他对O的爱，也在潜意识中埋藏着某种报复心理和施虐倾向，因为他把O看作那个漂亮房子中的九岁的女孩，他曾经可望而不可即的那根大鸟羽毛。在做爱中他能感到对方既是"多么高贵"，又是"多么下贱"（第494页），因为他能够肆意地践踏、呵斥和侮辱这种高贵。他以能征服高贵的东西，能污损、破坏、占有和随意处置高贵的东西为满足。这样，他对美和高贵的崇拜就成了一种极其可怕的变态的怨毒。他向往的是一枪把那只白色大鸟打下来，用白色的羽毛来装点英雄的帽饰。他对O和所有的人说："你们要学会仰望。"（第503页）

从根源上说，Z的艺术，或者爱情，都植根于儿童时代对高贵和美的向往。然而，社会给他上的第一课是：高贵和美是属于上层等级的，人和人的差异或者等级是他达到高贵和美的必经阶梯；他本人则属于下层等级。他用什么来爬升到上层等级呢？用他的天才和勤奋，用他的成就和事业。然而，正如WR一样，目的和手段在Z这里也发生了一种颠倒，或者说异化：本来爱情（或艺术）是追求的目标，现在成了征服人、"打败他们所有的人"（第503页）的手段。"你的崇拜要变成崇拜你，你要高贵地去征服你曾经崇拜的高贵。"（第501页）他在梦中都在呼唤："杀了它，杀了它，杀了它们……"（第521页）爱情也好，美也好，都不是他真正关注的，"他的全部愿望，就是要在这人间注定的差别中居于强端"（第520页）。他要求像伊格尔王，或者像顾城这位情场上的"可汗"那样，拥有世界上最好的"宝贝"（女孩儿，或艺术）。但多么奇怪！这种狂妄，这种野心，这种怨毒，这种变态，怎么看也像是一种儿童心态。在他强大的一面背后，隐藏的是"那么令人心酸的软弱"，是对心目中的母亲的孩子式的依恋（第488页）。他的确与顾城十分相像，只不过他比顾城更隐秘、更小心地藏起了自己的软弱的一面，因为他从小所受到的

213

那次挫折，使他幼小的心灵不像顾城那么张狂，但骨子里，他是一个"受了委屈的孩子"（第521页）。他怀着童年的情愫千百次地画那根羽毛，他在构思时"心里需要童年，需要记住童年的很多种期盼和迷想，同时就会引向很多次失望、哀怨和屈辱"（第478页）。他记恨的是"人们把一颗清洁的孩子的心弄伤"了。他在某个夜晚在O面前"唯一的一次忘记了他的尊严和征服，抽咽着说：'你们不要再把他轰走，别再让他一个人走进那个又黑又冷的夜里去好吗？那天你们把他轰走了你们说他是野孩子，现在你去告诉他们我是什么人，去呀去呀去告诉他们你爱我！'"（第565页）

这种孩子式的软弱也正是女教师O之所以爱上Z的最内在的原因。当然，Z与WR一样，有才智，有毅力，有男性的气质，他"正是O从少女时代就幻想着的那种男人。家境贫寒、经历坎坷、勤奋俭朴、不入俗流、轻物利、重精神"（第479页）。但他还有比WR更令O动心的一点，这就是作为男人的弱点的孩子气。她渴望在他面前扮演母亲的角色，心甘情愿地忍受他的任性和施虐的倾向。"她相信她懂得这种倾向：这不是强暴，这恰恰是他的软弱，孤单，也许还是创伤……是他对她的渴望和需要。她愿意在自己的丢弃中使他得到。丢弃和得到什么呢？一切。对，一切……和永远……都给他……不再让他孤独和受伤害……"（第494页）这正是一个男孩儿和一个女孩儿对爱情的理解。我们看到男孩和女孩在一起"过家家"时，最能使他们进入角色的就是扮演妈妈和孩子（如兔妈妈和小兔子，鸡妈妈和小鸡们），而少有扮演父亲和女儿的。在女孩子那里，伟大的母性和爱情是混为一谈的。母爱是无条件的，但真正成熟的爱情却是以人格独立为条件的。一个成年女人如果把母爱和爱情混为一谈，这就证明着她的爱情的幼稚性：

> "只要是他喜欢的，她都喜欢。只要是他需要的，她都情愿，我不会再伤害他，我不会再让他受伤害，绝不会再让他高贵的心里积存痛苦和寒冷，绝不让这颗天才的心再增添……仇恨……"O心里一惊，最后这两个字始料未及。（第502页）

O未曾料到的是，同样从童年时代对爱的理解出发，一个女孩子可以引出纯情的奉献，一个男孩子却可能生出怨恨和报复心，如果他的爱（对一个九岁女孩子的爱）受到阻碍的话。她更未料到，这种仇恨和报复心竟是她所爱的这个男人对她的欲望的力量源泉！而且她实际上感到，她是那么喜欢甚至迷醉于这种在她身上施行的报复。在他的施虐面前，她的母性的爱变成了一种受虐狂："他能够使她放浪起来，让她丢弃素有的矜持、淑雅、端庄……O甚至愿意为他丢弃得更多。"（第520页）她就像一片土地，渴望着他在上面胡作非为，只要他能发泄他的怨愤。她从这种仇恨的激情中获得快感，正像张炜笔下的女人们盼望丈夫的拳头一样。这与她从小所守护的纯真的挚爱柔情是多么格格不入啊！这就是她无法反驳Z的"差异论"的根本原因，她凭借对爱情的幼稚的理解根本建立不了平等的爱情。Z的等级理论首先表现并实现在他们的夫妻关系中。

所以，当Z宣扬"爱情必得包含崇拜"，也就是说只有强者才配得到爱情时，O用来反驳他的只是："还有善良。善良也许是更重要的"（第505页）。但Z轻易地就向她证明，一个善良的白痴、精神残缺的人不会有人爱，爱处于等级之中。O仍然不能接受Z的差异论，"我不认为人有高低贵贱之分，一切人都是平等的。"（第516页）于是引发了一场关于价值和平等的争论：

> Z："那么你认为，人，应该有其价值么？"
> O："当然。"
> Z："但是价值，这本来就是在论人的高低。……除非你取消价值不论价值，人才都是一样的，世界才是和平的……"
> O："但是在爱情中，人是不论价值的。爱是无价的。"

这时Z正确地指出，"你的逻辑已经混乱了"（第516页），因为她承认人应该有价值，却又认为爱是无价的。但Z的理论是独夫的理论，一个人除非自己想当皇帝，是不会接受的。问题出在哪里？其实，当他问人是否"应该有其价值"时，就已经设了个圈套，似乎回答只能是两者：要么"有价值"，要么"没有价值"，或一钱不值。一般人倾向于选择前者：人有价值。但一旦承认了这点，哪怕O把这种价值说成是最高价值、"终极价值"，她也已陷入了困境，因为她还得为这种"终极价值"寻求一个"价值尺度"。而离开人，这个价值尺度只能是外在的，即"世界"，或"现实"。从其中是绝不能找出"平等"的根据的。所以Z可以理直气壮地说："你看见人什么时候平等过？人生来就不可能平等！因为人生来就有差别，比如身体，比如智力，比如机会，根本就不可能一样。你这念过大学的，总承认这个世界是矛盾的是运动的吧？可平等就是没有差别，没有差别怎么能有矛盾，怎么能运动？""至于爱嘛，就更不可能是平等的，最明显的一个事实——如果你能平等地爱每一个人，为什么偏要离开你的前夫，而爱上我？"（第517页、第518页）O立刻被问得哑口无言。只要她不主张共妻，她就不能不放弃"平等的爱"的大话而接受这一残酷的事实。

但Z和O一样，都犯了一个原则性的错误，这就是对"平等"这个概念的理解。这个西方引进的概念绝不是从中国传统的"仁者爱人"或"恻隐之心，人皆有之"的善的立场就可以理解得透的；只有从中国文化的特定角度才会说出"平等就是没有（现实的）差别"这种自以为聪明的蠢话。中国人的思维习惯总是用现实性来消灭可能性，用"世界"来消灭人、衡量人。世界、现实是人的尺度，人的价值由世界、现实来评定。然而，西方平等概念本身只是一个可能世界的概念，它是与人的自由、即人的超越现实的可能性不可分的，是建立在"天赋人权"和个体人格这些"抽象"概念上的。你当然可以批评说这些概念（自由、平等、人权等）是抽象的，现实中充满了相反的东西，但你不能否认，正是由于有了这些抽象概念，现实生活本身才有了追求的目标、自我超越的冲动，才越来越比过去更为自由、更为平等、更尊重人权，才有了社会的和历史的"进步"，人也才一步步提高了自己的社会素质；反之，缺乏这些概念，现实生活就会一天天沉沦，人文精神失落，道德理想滑坡，就会堕落为一个弱肉强食、人欲横流的"精神动物王国"。当人们批评这些概念的抽象性时，不应当抛弃这些概念而退回赤裸裸的现实，而应当去寻求使它们由抽象上升为具体、使它们真正实现出来的途径。而要做到这一点，首先把它们作为抽象的可能世界加以肯定和确立。即为它们做一本"务虚笔记"，是绝对必要的，否则我们就失去了开步走的基点。

因此，O所无法回答的问题，可以这样来解决：一般说"人应该有其价值"，并不是说人应该由其他的东西来衡量其价值，精确的表述应是：人本身是衡量一切价值的绝对的价值尺度，是其他一切物的价值源泉；所以人本身是"无价的"，这不意味着人"一钱不值"，正相反，全世界的财富都不能用来换取一个人的生命。对此，我们可以用马克思的劳动价值论来加以说明，因为在马克思那里，劳动无非是人的本质。马克思指出：

> 流动状态中的人类劳动力或人类劳动，是形成价值的，但不是价值。它在凝结状态中、在对象化的形态中，方才成为价值。（《资本论》，郭大力、王亚南译本，第27页）

就是说，人或人的劳动（劳动，按其本性来说是人的自由自觉的活动）本身不是价值，也不具有由他物来衡量的价值，而只能由自身来衡量一切他物的价值。因此人和人的劳动作为绝对的尺度是平等的。但以往的人，特别是前资本主义社会的人不可能看出这一点。也正如马克思说的：

> 亚里士多德不能从价值形态，看出在商品价值的形态中，各种劳动是被表现为等一的人类劳动，为等一的，这是因为希腊社会是建立在奴隶劳动上，从而，有人间的不平等和人类劳动力的不平等作为自然基础。价值表现的秘密———一切劳动的等一性与等值性，因为一切劳动都是人类劳动一般，并以此为限———必须到人类平等的概念已经取得国民信仰的固定性时，方才能够解决。（同上第38页）

显然，Z不具有平等观念，是因为他在现实生活中看不到平等观念的基础，能够提供这种基础的商品经济、市场经济还未能形成，在现有的人类生命表现即劳动中，是找不到互相通约从而达到等一的共同规律（价值规律）的。因此他唯一能做的就是在诸多不平等的劳动中选择一种他认为最高的劳动——艺术，来实现自己的生命活动，并借此凌驾于他人之上；他完全无批判、无反思地认同于这个等级化了的社会现实。同样，O也不具有现代意义上的人格平等观念（＝人格独立观念），

她把人类童年时代的美好幻想——人性本善、民胞物与、己
所不欲勿施于人、人同此心心同此理、"老者安之，朋友信
之，少者怀之"——作为自己的立论基础。她说到了人的"权
利""爱"，她心里想的却是大家不分彼此、其乐融融的平均
主义，甚至无意中放进了"共妻"的"权利"！难怪Z指出，
这只是"一句哄小孩儿的空话"（第517页）。这是一种不可
能性，与那种超前于现实、为人类自由留下空间的可能性是完
全不同的，是纯粹的空想。它不能超越现实，而只能被现实击
得粉碎。相反，人格平等（或人格独立）的观念却完全可以经
受并反驳Z的诘难。由于这种平等的超验或抽象性质，它并不
因现实生活中有差异、有矛盾而失效，恰好相反，它本身正体
现在差异和矛盾中。例如，当O与她的前夫离婚而与Z结合时，
如果她有充分的人格平等观念，她就应意识到她在这种情况下
离开她的前夫正是对他的人格，也是对自己的人格的尊重，而
不是对他们的平等关系的破坏；而她嫁给Z也不是因为她把Z看
得比前夫在等级上更高，而应是因为她和Z平等地相爱（当然
事实上她并未达到这种觉悟）。这种平等是绝不能归结为现实
的价值等级（包括智力、财富、事业成功等，那都是相对的、
变动的）的，而是完全"务虚"的；但它是我们这个发展着的
社会必将日益逼近并"取得国民信仰的固定性"的可能的世界
原则。

　　"我"（在很大程度上也代表作者本人，即史铁生）说：
"平等是一种理想，你不必要求那一定得是事实。"（第524
页）这是不错的，它表明了平等对现实（事实）的超越。但

他似乎忘了补充一句："但它必定要是一种可以自由地去争取的理想。" O的死并不是由于平等不是一种理想，也不是由于现实中还没有平等的事实，而主要是由于她的平等在理论上就站不住脚，因而根本失去了实现出来的可能性。她对平等的自由追求也就被先天注定了是无意义的。她终于发现，唯一能真正实现她所守护的那种"平等"、那种"泛爱众，而亲仁"（《论语·学而》）的理想的，只有死，只能通过自己一死来消灭一切差异。她的理想的自身矛盾把她逼向了死路。这就象征性地说明，传统理想的爱如果不愿意虚伪，如果进入反思，如果揭示其矛盾的话，它就是指向死的。只有死是没有任何差别的，它才是没有差别的"另一种存在"，是"彻底的平等"（第539页）。既然O没有能力跳出这种传统理想的爱，又不愿违背自己的"善"和"平等"的信念，她就把她的爱留在此岸世界，自己穿过死亡之门去另一个世界寻求"平等"和"善"。这就是她临死前留给Z的遗言："在这个世界上我只爱你，要是我有力量再爱一回，我还是要选择你"的意思。"在这个世界上"的爱是建立在不平等、即差异（恶）之上的，她爱Z，Z却并不真正爱她（爱对于Z来说太幼稚了！）。"他其实谁也不爱"，"他只爱他的高贵和征服"（第540页）。但她已发现这是"这个世界上"的爱的宿命，于是她拒绝了这个她活着就不能拒绝的世界。这样，她终于守护住了她"质本洁来还洁去"的童年理想和赤子纯情，但也证明了这种理想的无望、不可能和扼杀生命的本质。

小说最后专门有一章来猜测O的死因。大多数人都认为，

221

O已经不爱Z了，但无法以此解释她为什么不离婚。现代女性T说，O一直认为自己的爱情是最完美的，"她说只要能每天看着Z画画，生命之于她也就足够了，只要一辈子都在Z身旁，听着他的声音，看着他的举动，闻着他的气味，照顾他的生活，对命运就绝不敢再有什么奢望了"，"她说，她幸福得有时候竟害怕起来，凭什么命运会一味地这样厚待我呢？"T不屑地说："其实他俩谁也不大懂爱情。"确实，这样的"幸福"，正如鲁迅笔下涓生和子君的幸福一样，只能是爱情的坟墓，是人格的消灭（参看拙文《〈伤逝〉中的文化冲突试析》，载《鲁迅研究月刊》1994年第5期）。但这还是不能解释。为什么自杀。

诗人L的判断是："O的这一次爱情其实早已完结了，但是她不愿承认，在那儿并没有心的贴近和心与心之间的自由。"（第549页）这看来更有见地。但是，并不只是这一次爱情完结了，事实是，O已见出，她所能理解的所有的爱情都已完结了（否则她为什么不去寻求另一次爱情呢？）。在她眼里，除了这种对君王、征服者的爱之外，再没有别样的爱；但这种爱使她感到寒冷和孤独。"她本能地渴望着温暖的依靠，她的心和肌肤都需要一个温暖而实在的怀抱。"（第550页）但她不知道，这种怀抱要靠自己独立地去争取，而不能靠上天赐予。然而她的人格已被Z摧毁了，在Z面前，她只是个玩物，而且绝无易卜生笔下的娜拉那样为自己争人格、争独立而出走的勇气和力量。她发现除了自己幼稚的一厢情愿外，这是一个无爱的人间，她对爱本身，对所有的男人感到寒心。然而这又无法解释O所留下的充满激情的遗言。

女导演N的猜测是，Z在爱情上的不专一使O失望。她并且评论道："O错了，她大错了，她可以对一个男人失望，但不必对爱情失望。……因为爱情本身就是希望，永远是生命的一种希望。爱情是你自己的品质，是你自己的心魂，是你自己的处境，与别人无关。爱情不是一个名词，而是动词，永远的动词，无穷动。"（第561页）"爱情的根本愿望就是，在陌生的人山人海中寻找一种自由的盟约。"（第552页）的确是精彩的现代爱情观。O并没有达到这一层次，她完全是古典的。O并不会由于Z的不专一而自杀，她也没有对Z失望，甚至没有对爱情（古典式的爱情）失望。她只是承受不了这种爱情的自身矛盾，因为这种爱包含恨，而且是建立在恨之上的。正是这种恨，给她的爱带来力量，带来甜蜜，带来邪恶的激情，与她的纯情的本性处于格格不入的冲突中。她爱着一个她不该爱的人，或者说，她没有爱那些她本该爱，也渴望她爱的人。她不想伤害任何人，不想在这个世界上留下怨恨，但她为了一个人而伤害了其他人，而这个人也是不怕伤害任何人，包括伤害她自己的，她是他自愿的同谋。这就是她的古典式爱的实质！在O那里，爱就是与所爱的人一起恨所有的别人、恨世界！她不愿恨世界，但也不愿放弃爱，所以她只有离开这个世界。

WR则断言，O是由于爱上了别人，但又不敢承认。"她不敢承认旧的已经消失，正如她不敢承认新的已经到来"，"她找不到出路于是心被撕成两半，她不敢面对必需的选择。无力选择爱的人必定选择死。"（第568页）但WR的推断是自相矛盾的：如果不敢承认新的爱，仍在自欺中，就不会感到"心被撕成两半"，而会一直自欺下去心安理得；如果她痛苦得要去死，这就说明她已不是自欺，而她的最后遗言就是骗人。但这并不符合O的性格。况且，为什么一定要死（由于道义？人言？旧情未了？），仍然未有解释。但WR有一点说对了：如果仍然爱着，O是不会去死的。

F医生和残疾人C的见解较为深刻："对爱和生命意义的彻底绝望，那才是O的根本死因。""那样的绝望，绝不会是因为一次具体的失恋……能让O去死的，一定是对爱的形而上的绝望。如果爱的逻辑也不能战胜Z的理论，如果爱仍然是功利性的取舍，仍然是择优而取，仍然意味着某些心魂的被蔑视、被歧视、被抛弃，爱就在根本上陷入了绝望。"（第569页）所以，C认为，当O领悟到爱的意义已被Z的恨和差别论所玷污、所践踏、所取消时，当她在Z的教导下发现，"爱情原来也并不是什么圣洁的东西"时，她便暗暗滋生了一种恨，一种由恨激起的恨，即报复。"她下意识想让Z的高傲遭受打击，让他的理论遭到他的理论的打击。"（第571页）"潜意识指引她去毁掉一个神圣的仪式，O的心里有一种毁掉那仪式的冲动。毁掉那虚假的宣告，毁掉那并不为Z所看重的爱，毁掉那依然是'优胜劣汰'的、虚假的'圣洁'，毁掉那依然是有些心魂被供奉有些心魂被抛弃的爱情，毁掉一切……毁掉这谎言是何等快慰！"（第570页）O的爱情依赖于恨，这种恨又激发起对这爱本身的恨。O已不再爱她的"爱"了。但她仍然期望有一种不是建立在恨上的爱，在她的视野中，这就是"死"：

在O的眼睛里，那也许是假期的到来，是平等的到来，是自由的到来。在那个世界里，不再有功利的纷争，不再有光荣和屈辱，不再有被轻视和被抛弃的心，不再有差别……那才是爱情，才称得上是爱情，才配有一种神圣的仪式。（第571页）

但在C和F的眼里，真正的爱并不是死，而是一个可能的世界。F这样解释O的临终遗言："O是说，在这个世界上她没有力量爱了，但在另外的存在中她仍然在爱，仍然要爱。"但F本人认为："可是，也许，并没有两个截然分离的世界，O，她就在我们周围，在我们不能发现的地方，司空见惯的地方……"C也说："爱，也是在这样的地方。"（第572页）把爱这个可能的世界推到了死亡里，但其实，可能世界就在我们每天的日常生活中，它是我们这个世界的"另一维"。在生活的现实维度中，爱永远是一个疑问、一种追寻的诱惑和召唤；而在可能的维度中，"那永恒的爱的疑问即是爱的答案，那永恒的爱的追寻即是爱的归宿，那永恒的爱的欲望正是均匀地在这宇宙中漫展，无处不在……"（同上）

换言之，爱的真正形而上的本质，就是对爱的追寻。人类几千年来都在追问：什么是爱？不同的人、不同的时代给出了不同的回答。但爱并不是这些回答，爱只是"给出"。没有爱，人们不会去追问爱，只有爱着的人才会去追问"什么是爱"。所以爱永远不是现成的、现实的，而是超现实的，是

"尚未"成为现实的。所以爱不是死亡，而是生命。生命的本质就在于"尚未"。可见，当O企图回到儿童时代已有的现成"本心""真心"去建立爱的牢固根基时，她多么严重地误解了爱的本性！爱的平等、自由绝对不能通过寻根或返本还源而获得天然的保证，而是需要人自己去建立、去追求。而当人的独立的心灵还沉睡在自然天性的怀抱中时，他（她）就不会有力量、也不会有意识去作这种追求，而只有期待上天的恩赐，要么就以死来表明心迹。

但毕竟，O以自己的自由筹划的死，表明了爱的这种形而上本质。O的死不仅仅表明O的古典式爱情的自我毁灭，绝无出路，同时还表明了O寻求真正的爱的决心。虽然她没有能认识到什么是真正的爱，虽然她在她自己的爱中看不出有真正的爱的可能，虽然她也不再爱她自己的爱，但她绝不自欺，绝不妥协。她感到应当有一种真正值得爱的爱，如果现实中没有她所理解的应当的爱，她便有勇气拒绝现实：没有爱，毋宁死！或者说，如果爱就是恨，毋宁死！所以诗人L说："O真是一个勇者，为我不及。"（第150页）

<h1 style="text-align:center">四</h1>

现在我们要说到另一对苦难的恋人，F医生和女导演N了。F和N，正如WR和O一样，也是从小青梅竹马的一对，并且已经确立了恋爱关系。可是当N的父亲被打成右派并被发配大西北之后，F不敢违抗年老双亲的意志，而痛苦万分地与N断绝

了关系。这是一个数十年来人人都很熟悉的故事，但在史铁生笔下，这个故事的内层展示得特别深。N正如O一样，小时候也是个童话中的小姑娘，她的父亲是一个童话作家。但由于她家的遭遇，她"已经从童话中不小心走进了现实"，而她父亲后来致力于写一部"足以葬送全部童话的书"（第62页）。与O不同的是，现实并没有使N对爱情失望，而是把她的爱情观从童话般的梦幻中提升了出来。她看出，爱情这台戏"没有剧本，甚至连故事都还没有。现在除了这对恋人在互相寻找，什么都还来不及想"，"我相信不管什么时候，我们可能丢失和我们真正要寻找的都是——爱情！"（第63页）20多年前的失恋并没有使她放弃爱的寻求，她是一个相信可能世界的人，这个可能世界的支架，在她看来就是语言。

20多年前N与F分手的那个夜晚，实际上是一场语言和失语的对质。在通常情况下，语言应当是男性的强项（例如，男性更善于使用大脑左半球）。但在那个晚上，关系是颠倒的。"F医生只是流泪，什么话也说不出来。不管N说什么，怎么说，求他无论如何开开口，都无济于事。"（第67页）相反，N却执着于语言："但是我知道我没有错，如果你曾经说过你爱我那是真的，如果现在这还是真的，N说我记得我们互相说过，只有爱，是从来不会错的。""你能不能再告诉我一遍，N说，你曾经告诉我的，是不是真的？……N说我不是指现实我是指逻辑，现实随它去吧我只是想求证"（第68页）；"我只想证实这个世界上除了现实之外还有没有另外的什么是真的，有还是没有，另外的，我不要求它是现实但我想知道它可不可以也是真的，我求你无论如何开开口好吗？"（第69页）N的追问是那么理性，强抑着悲痛的理性；F的回答却又是那么懦弱，整个晚上他都没有回答，只是像个孩子（或女人）那样哭哭啼啼；因为他的行为（服从父母意志牺牲爱情）不是可以用语言来规范的男子汉行为，而只是听话的乖孩子的行为。所以他从这时起"开始明白世间的话并不都是能够说的，或者并不都是为了说的"（第69页）。只有一个独立的男子汉才能为自己说过的话负责。他深感自己的"未成年"状态，他再也不能说什么，他说什么都不作数。所以N留给他的最后一句话是："你的骨头没有一点儿男人！"这不是对F一个人的判决，这是对我们这个女性化的、儿童化的、失语了的传统文化的判决。

F一夜之间愁白了头，并从此成了一个沉默寡言的人。这真是一个惊人的意象。他匆匆忙忙地结了婚，然后在生活的"正常"河道中平静地流淌。但他20多年里没有一天不想起N，只是他把白天留给工作、日常琐事和夫人，而仅将这种思念放进他的梦中。"在F看来，梦是自己做的，并且仅仅是做给自己的，与他人无关，就像诗其实仅仅是写给自己的没有道理发表或朗诵一样。如果上帝并不允许一个人把他的梦统统忘掉得干净，那么最好让梦停留在最美丽的位置"，哪怕是"最痛苦的位置也行，最忧伤最煎熬的位置也可以"（第72页、第73页）。他甚至做到了在梦中也抑制了梦话。这种彻底的无言使他几乎达到了"成佛"的境界（第76页、第77页）。

但这一切都是假象，真相不是肉眼可以看得见的。它仍然矗立在这个世界的另一维，存在于可能世界里，停留在"眺望"之中。"F抑或我，我们将静静地远远地久久地眺望。站在夕阳残照中，站在暮鸦归巢的聒噪声中，站在不明真相的漠漠人群中，站到星月高升站到夜风飒飒站到万籁俱寂，在天罗地网的那一个结上在怨海情天的一个点上，F，抑或我，我们眺望。"（第219页）眺望，就是我们这个宇宙的第五维。F在与N分手后，经常去N的住所前眺望。20多年后，他又去N曾经住过的地方眺望。眺望成为一个可能世界，是因为终于有一句话，一句可以牢牢抓住的语言，在20多年的苦难煎熬之后，成了这个男人自己的语言，这就是："你的骨头，从来就不是个男人！"

"也许从来就有这样一个秘诀：咒语由被诅咒的人自己说出来，就是解除咒语的方法。"F喃喃地重复着那句话，心中也如外面的夜空一样清明了……20多年的咒语与20多年平静的小河，便同归于尽。（第230页）那道符咒顷刻冰释，男人的骨头回到了F身上。（第260页）

男人不是天生的，真正的男人是用语言造就的。而造就男人的第一句话，就是说出他还不是男人这个事实，从而建立起他成为男人的可能性。一切自认为生下来就具有阳刚之气，或认为自己祖祖辈辈从根子上都具有阳刚之气的想法，都是自欺欺人。风高放火，月黑杀人，大碗喝酒，"排头儿砍去"，往往倒是人类童年时代恶作剧心态的表现。如果没有对可能世

界的自由筹划，没有对超越现实之上的语言本身的信念，没有
自觉地从语言悖论这个基础上去努力建立一种普遍性的逻辑语
言，一切性格上的痞、无法无天都相当于顽童的胡闹，都只配
成为"古今多少事，都付笑谈中"的过眼烟云。真正的男人是
那种敢于自我否定、自我反省、自我拷问的男人，不是为了屈
服于权势、认同于枷锁，而是为了建立自己的原则、实施自由
的行动。F说出了自己骨子里"没有一点儿男人"，这不是一
种自轻自贱，玩世不恭，轻松解脱，检讨过关，而是一种沉重
的忏悔，同时更是一种决心：他，一个不是男人的男人，要去
保护一个他所爱恋的女人，并由此把自己造就为一个男人。

于是，F去到女导演的拍摄现场，在那场街头动乱的爱情
戏剧镜头中伴随在N左右，不声不响地守候着，必要时可以为
她献出生命。他就这样微微低着头，顶着满头白发，被摄入了
N的镜头，出现在那部爱情戏剧的胶片上。

> 不管N是在哪儿看那些胶片……如果时隔20年N终于
> 认出了他，大家记起了二十几年前那个乌发迅速变白的年
> 轻朋友，那么，F将恢复男人的名誉，将恢复一个恋人的
> 清白，将为一些人记住。否则人们会以为他那平静的水面
> 下也只有麻木，从而无人注意他那一条死水何时干涸，年
> 长月久，在被白昼晒裂的土地上，没人再能找到哪儿曾经
> 是F医生的河床。（第260页、第261页）

F经过20多年失恋的煎熬，终于悟出了一个道理："绝对

的虚无根本不可能有"，"有，才是绝对的。依我想，没有绝对的虚无，只有绝对的存在"，"存在就是运动，运动就有方向，方向就是欲望"（第283页），"这欲望如果不愧是欲望，就难免会失恋，这失恋的痛苦就只有'我'知道"（第284页）。这个"我"，不是指F医生，而是形而上的"我"，既是F，也是L、C、O、N等等，是一切人的"我"。"我思故我在"，我欲故我在，"人有欲望，所以人才可以凭空地梦想、创造"（第286页）。梦想与梦境不同，梦想要靠思和"想"，靠创造；梦境则是如同庄子那样对醒与梦的混淆。F曾一度陷入过庄之蝶那样的醉生梦死，诗人L提醒了他："醒着的人才会有梦想，因而他能够创造；在梦里人反而会丧失梦想，因而他只可屈从于梦境……梦想意味着创造，是承认人的自由，而梦境意味着逃避，是承认自己的无能。"（第286页）梦境是无（无为），梦想是有（有为）；梦境是不可能，梦想是可能；梦境是自欺、瞒和骗，梦想是理想和追求；梦境是躲闪、逃避、灵魂解脱或安妥，梦想是对痛苦的先行承担和站出来生存；梦境是孩童的静谧无忧，梦想是青春的骚动和激昂。梦想与梦境的这一区别，是将中国人的灵魂从传统以无为本的哲学提升到存在哲学、"有"的哲学的关键步骤。我在拙著《思辨的张力——黑格尔辩证法新探》（湖南教育出版社1992年版，第156页）中曾比较过中西这两种哲学的根本起点：

　　　　以有开端还是以无开端……是一个由整个文化心理

传统所决定的问题；因为以有开端的无必然是能动的否定，必然是一个东西的自身异化、外化，这才能产生外向、进取、自由的冲力和打破自身限制的哲学，才有反思和向自身的复归；反之，以无开端的有则只是自然的生成（"忽而自有"），只是在一切外来影响面前保持内心的清静无为，只是万有的无区别、无所谓和个体的消融。前者反映出个人内心的痛苦、罪感和浮士德式的不断追求新鲜刺激，后者则反映出个人一无所求的轻松、怡然自得，颜回式的蜗居陋巷，道家隐者式的退避山林。在对"无"的理解上则必然是：前者理解为运动发展的内在冲力，后者理解为寂寞无为的宁静状态；前者理解为分裂、矛盾，后者理解为和谐无争；前者理解为自由意志，后者理解为自然无欲或扭曲意志（"从心所欲而不逾矩"）。可见，在有无（肯定与否定）这两个最抽象的范畴上，一种初看起来并不起眼的次序颠倒竟蕴含着如此丰富的文化差异！

借助于以有为开端的自否定哲学，F终于在临死前回答了N的逻辑追问。他以微弱的呼吸向L喃喃地说出了："在现实之外，爱，仍然是真的。"（第585页）这句话，实际上相当于诗人L以前向他朗诵过的一首诗：

我等你，直到垂暮之年
野草有了

一百代子孙，那条长椅上仍然
空留着一个位置

　　但当时F脸色惨白地问诗人："你认为像这样的话非要说出来不可吗？"（第67页）F比L现实得多，他深知这样的话难以坚守，因而很可能成了又一次的欺骗或自欺。他知道说出这种话一点也不潇洒，而是多么的沉重，残酷得可怕，痛苦得不能忍受，只有真正的男子汉才有资格说这样的话，而他知道自己不配。他骗了自己也骗了别人："我们都是罪孽深重。"（第66页）他是经过了20多年地狱般的忏悔和赎罪生活，才感到自己有勇气说出真理和真相的。他以一生证实了一个空着的位置、一种真的可能性。

　　但诗人与医生不同，岂止不同，作者似乎有意要把他作为F的对比。F不相信语言，L作为一个诗人，则对语言有一种狂热的崇拜。F曾经有一次出卖了自己的语言，从此丧失了将它赎回的资格；L则是被语言本身出卖了：他中学时写的日记和情书被人贴在墙上公之于众，人们骂他"臭流氓"（第195页）。但这正是他最真诚的语言呀！他写它们的时候"总认为自己心还不够坦白，还不够率真，不够虔诚"（第194页）。而人们叫他改过，不可能是叫他改掉性欲和爱欲，只可能是叫他改掉真诚（第200页），或者不如说，改掉表达真诚的语言。然而，恰好在这一点上，L至死不悔。他把真诚的语言看作自己唯一的救星。"我甚至想把自己亮开了给全世界都看看。我怕的只是他们不信。"（第262页）这是由诗人的天性决定了的。

　　诗人L天生就是一个贾宝玉，一个情种，一个"好色之徒"或"天下第一淫人"。用他自己的话说："我生来就是个真诚的恋人。"他在三岁时就在寻找一个词向女孩子表达他的爱恋，他"找不到一个恰当的词表达我的心意，但那心意已经存在，在那儿焦急地等待一个恰当的词。女孩儿们离开时我急得想哭，因为还是没找到一个恰当的词，那句至关重要的话无依无靠无从显现"（第263页）。直到后来他听到了"爱情"这个词他才恍然大悟。他对爱情的理解和O的理解绝对相似。O希望她能将爱博施于一切人，L也情不自禁地爱恋一切漂亮女孩子。不同的是，O将这种博爱视为一种必须追求的道德、善，L则把这种冲动看作一种丑恶的真相。O由于她的爱情太具有差别性而离开了她所爱的人，L则由于他的爱情太不具有差别性而失去了他所爱的人。O认为，如果仅仅因为一个人比别人强就爱上他，这与动物界的弱肉强食就没有区别了；L和他的恋人则认为，如果一个人没有任何突出的地方值得对方专一的爱，那人们就保不准像动物一样可以和任何一个对象发生关系了。立足于同一个"纯情"基点上的O和L这两种截然相反的爱情类型，只不过反映了这种纯情之爱本身所固有的痞的一面及它的自相矛盾性。换言之，纯情所包含的差别性和无差别性这两个环节，每一个都有向它的对立面即"痞"转化的倾向，如下表所示：

纯情
- 差别性
  - a．正题："我只爱你一个人"（真诚、坦白、真心实意）
  - b．反题："你只能爱我一个人"（高傲、征服、唯我独诚）
- 无差别性
  - c．正题："我爱你因为你是一个水做的女孩（或男孩）"（怜爱、同情、善解人意）
  - d．反题："你也可能爱上任何一个水做的女孩（或男孩）"（淫荡、好色、水性杨花）

在上表中，O、Z的爱情是ab型的，L及其恋人则是cd型的。只是O立足于a而向往着c，L立足于c而强调着a；然而他们都埋下了转化为反题的伏线，要么屈从于征服，要么沉沦于淫荡。他们到底该怎么办呢？

在日常生活中，我们可以责备L的恋人不近情理、走极端。"我只爱你一个人"本来就是"男人的谎言"（第269页），正如一切海誓山盟一样，不必那么较真。何况，L承认他骨子里是一个"无可救药的好色之徒"，这比绝大多数男人都更诚实；何况他还表示他绝不曾、也不想胡作非为，你还要怎样呢？然而，L的恋人也如同Z一样，力图把a变成b，把"只爱一个人"变成"只能爱一个人"，以便为自己这偶然的、一次性的、独一无二的爱情找到可靠的客观根据和保障。所以她反反复复追问的是："你能告诉我吗，我与许许多多那些女人的区别是什么？"（第275页）她想通过找出、确定这些区别，把偶然性变成必然性。这太不可能了。女人与女人、人与人的区别是无限的，但任何一种区别都不足以作为爱的客观根据；何况这些区别（如美貌）还会变动、消失。相反，爱才是这一切区别的根据。爱是根本的区别。L是对的。

然而，L的恋人就一点道理也没有吗？纯属胡搅蛮缠吗？的确，按照她的标准，恐怕她一个真正的男人也得不到，只能得到一个白痴，一个绝对被她所征服和控制的性工具（命题b）。但要求对方对自己专一，以免沦为命题d，不也是任何爱情题中应有之义吗？L的恋人只不过是不愿意模糊而已，她正如N一样，也是一个忠于语言逻辑的人。不同的是，N是在失去爱情之后，仍执着地要求一个清晰的逻辑（讨一个"说法"）；L的恋人则是为了要讨一个顺理成章的说法而宁可放弃已到手的爱情，她对可能世界的这种不依不饶的追求，难道不也是可钦可佩的吗？

但L终于不能给她满意的回答，他眼睁睁地看着爱情从他手中流失了。问题在哪里？如果你爱一个人，如果你同时又是一个诗人，爱情诗人，驾驭语言的能手，你为什么不能用你的语言使对方相信你的爱？语言在这里是多么无力啊！L只能反反复复地说："爱，爱，爱，我爱。"然而，对待这个爱的悖论，他束手无策，给不出一个逻辑上自圆其说的回答。爱对于他是一个陷阱：如果你只爱一个人，你就得对他（或她）敞露全部心怀，告诉他（她），你其实也可能爱别人，告诉他（她），你是想要去爱很多人才去寻找一个人。"我从来就只有两个信条，爱和诚实。其实多么简单啊：爱，和诚实。可是怎么回事呢？我却走进了无尽无休的骗和瞒。"（第446页）作者一针见血地挑明了谜底："这陷阱，是你生命固有的，它就是你的心魂，就是你的存在，原欲，和原罪。而且，掉进这陷阱的似乎也不仅仅是你一个，好像一个什么根本的东西掉了进去，好像世上所有纯洁的爱情都掉了进去。"（第436页、第437页）

　　这就是问题的症结所在！L的爱情，正如O的爱情一样，作为古典式的、红楼梦式的爱情，是个自相矛盾的东西，它承受不了语言和逻辑的诘难。正如贾宝玉在向林黛玉表白，她若死了自己就当和尚去时，林黛玉反问他，那么多姐姐妹妹，你有几个身子做和尚？贾宝玉无言以对。诚实的L，当他沿着自己爱情的逻辑，想要由此出发把这种爱情贯彻到底时，他就必然从a经过c走向了d。他开始"写一部长诗"，"写他在那儿创造一块净土，诗人与不止一个也许不止十个女人，在那儿相爱无猜"（第437页）。这正是顾城已经付之于实践的理想。但这部长诗使他更加迷茫，"仿佛一个回家的孩子发现家园已经不见"（第440页），他从"只爱一个"走到了"爱所有的她们"，已经回不去了。但这不但没有摆脱矛盾，反而陷入了更尖锐的矛盾："爱所有的她们"反过来要求所有的她们都"只爱一个"，即只爱他自己一个：

　　　　她们说："为什么只是我们大家爱你一个？为什么不是很多男人都爱我们？为什么不是？为什么不能是我们去爱很多男人？"L在梦中痛苦地喊："但是你们仍旧要

爱我！你们仍旧爱我，是吗？"她们漫不经心地说："好吧，我们也爱你。"L大声喊："不，不是也爱，是最爱！你们最爱我，至少你们中的一个要最爱我！"她们冷笑着问："最爱？可你，最爱我们之中的谁呢？"L无言以对，心焦如焚。（第443页）

是呀，凭什么英儿不能爱别人呢？凭什么她只能是顾城的"宝贝"，顾城不能是她的一件"宝贝"呢？现在，反过来要由L问自己：在众多男人中"我与他们有什么区别"了。的确没有区别，如果不是因为爱。但古典的爱，如《红楼梦》中那"水做"的爱，能真正将人和人区别开来吗？能真正使人"孤独"，而不是"孤单"（第448页）吗？也就是说，能使人成为独立的、能够去爱和被爱的人格，而不是被爱抛弃的可怜虫吗？L看不出这种可能，他只有破罐子破摔，回到动物界。动物的性交不是也很美吗？在公鹿和母鹿之间，"坦露的真情，坦露的欲望，坦露的孤独走近坦露的亲近，没有屈辱。"（第452页）"为什么人不能这样？从什么时候，和为了什么，人离开了这伊甸乐园？"（第453页）于是，纯情诗人L从意淫一步跨到了"皮肤滥淫"，他开始"同一个又一个萍水相逢的女人上床"（第458页），像动物一样，"什么也都别想"，"不要弄清我的名字"（第459页）。他试图"在交媾的迷狂和忘情中，把那果子还给上帝，回到荒莽的乐园去"（第461页）。顾城再跨一步就是庄之蝶。然而，史铁生既不是顾城，也不是贾平凹。他以其写作，证明所谓寻根只不过是一种"生命中不能承受之轻"，一种面对生活的怯懦和无能。

　　写作，就是为了生命的重量不被轻轻地抹去。让过去和未来沉沉地存在着，肩上和心里感到它们的重量，甚至压迫，甚至刺痛。现在才能存在。现在才能往来于过去和未来，成为梦想，什么才能使我们成为人？什么才能使我们的生命得以扩展？什么才能使我们独特？使我们不是一批中的一个，而是独特的一个，不可顶替的一个，因而是不可抹杀的一个？唯有欲望和梦想！欲望和梦想，把我们引领进一片虚幻、空白，和不确定的真实，一片自由的无限可能之域。（第462页）

这正是L和他的恋人百思不得其解的问题的真正答案！古典式的爱情（即红楼梦式的所谓"如水柔情"，如L、O、顾城等）总是以各种方式轻轻抹去了生命的重量，把它变成小孩子的游戏，总是把一个人融化在他人之中，与他人相渗透，使他人为自己承担本该由自己承担的重量。因此它的模式总是个人向他人敞开，并以此作为他人也应向自己敞开的理由。在这种关系中，是没有成年人的人格这回事的，它要取消一切人格面具，达到两个人之间绝对的赤诚和"心心相印"、你我不分。但一个放弃了人格面具的人就是一个允许任何他人进入的人。这样，"两个人"之间的关系必定会扩展为"一切人"之间的关系。所以L在逻辑上无法否认他至少在可能性上正和贾宝玉一样用情不专，甚至水性杨花（d）。这时，任何爱的语言不论它是多么真诚地说出来，都注定是"男人的谎言"，因为它表达的顶多是一时一地的现象，而不是可能的、逻辑上必然的真实。一个如L这样真诚的人，必然会在逻辑的可能性的展开中导致爱情上的失语，正如贾宝玉找不到向林黛玉表达爱的语言，只有叹息"无可云证，是立足境"一样。

这样，L的古典式爱情从自己内心的绝对真诚出发，无可避免地走向了杯水主义的绝对不诚；相应的，爱的语言也从最初的"肺腑之言"变质为谎言和无言。作者设想，当L与他的恋人再次重逢时，"任何动作都已司空见惯，任何方式都似在往日的性乱中耗去精华，任何放浪都已平庸，再难找到一种销魂荡魄、卓尔不群的语言能够单单给予她了。""性命攸关的语言丢在了'荒原'。"（第464页）"上帝留给爱情的语言，已被性乱埋没，都在性乱中耗散了。"（第465页）人与人既然都一样，都混同和融合，就没有命名的必要了，也没有言说的必要了。失去了语言，他和她"互相并不存在"。语言是存在的家（海德格尔）。L在恋人面前的不存在，表现为他的精神性的阳痿。爱并没有死去，但它找不到一种语言，找不到它与性（性欲、性交）之间的媒介。"那花朵必要找到一种语言才能开放。一种独特的语言，仅只属于爱情的语言，才能使逃离的心魂重归肉体。"（第466页）

但是，既然一切都说过了，如何还能再找到一种爱的语言呢？作者认为，正如医生F说出的第一句男人的语言是"你的骨头从来不是个男人"，从而解除了语言或失语的魔咒一样，L也只有说出"我是一个真诚的恋人又是一个好色之徒"，才说出了"唯一招魂的咒语"。换言之，真诚的恋人就是好色之徒，美丽的梦想就是罪恶的欲望，只有对自己的古典式的爱作最深刻的自我否定，不要辩解，而要忏悔，才能进入新的语境，创造出新的语言。你要告诉你的恋人，你爱上她，并不是出于善良的天性，而是出于自由意志；并不是由于她比别人更好、更优越，而是由于她就是她。你要摧毁你和她心中牢不可破、与生俱来的"人性本善"的天真信念，拒绝那种无条件的互相敞开，维护各人的隐私和灵魂的相对封闭性，在此基础上去建立两个主体间的相互吸引和爱慕的关系。绝对不要借助于忏悔去标榜自己的真诚（那不是真正的忏悔），相反，要对自己的真诚抱一种不信任的、忏悔的态度。当你不是把性爱当作一种光荣，而是当作一种欲望、原欲，当作两个人之间不可告人、不可与外人分享的幸福，当作你们的私事，你才能重新找到唯一属于你们两个的爱的语言。

这种语言，也许并不符合现实世界的真，但只要说者和听者（对话双方）都有自己封闭的人格，他（她）就会意识到现实的真其实无关紧要，重要的是语言的真，是可能世界的真。爱情的确是偶然的，如果我进了另一个门，也许我就会爱上另一个人。但这只是现实世界的真实。而当一个恋人说"我这辈子只可能爱你一个"时，如果他（她）想到的不是现实的必然性（如O不可能不受Z的吸引），而是自由意志的可能性，他（她）就没有说假话。相反，这句话会对他

（她）有真实的约束力，这种约束绝不会由于他（她）需要真诚地面对现实而解除，倒有可能迫使他（她）为了对语言（一句经过自由选择说出的语言）忠诚而牺牲其他世俗的忠诚（如违抗父母意志），以维护自己人格的完整。我们在庄之蝶那里、在F医生和在诗人L这里都看不到这种对自由语言的忠诚，他们随时可以为了非语言的（失语的）内心真诚而破坏对语言的忠诚，或干脆不说话以避免不真诚。这说明他们的语言不是自由选择的产物，而只是"发自肺腑"的本性的记号，随着"本性"的辩证矛盾而随时可以被颠覆；更说明他们都没有意识到把爱情建立于人格的独立之上的必要性，因而他们只是把爱情看作一种命运的偶然赐予，而不是一种自由的创造、语言的创造。

当然，即使爱的语言，也不能保证一切爱情的永恒性，甚至真实性。然而，不去创造爱的语言，几乎可以肯定不会有真正的爱。史铁生这本书整个说明的就是这一点，即：由于中国传统对语言的压制和摧残，由于人们习惯于要求每个人把语言底下的"心"掏出来从而废止语言，中国人多少年来都处身于一个"无语的人间"，也就是"无爱的人间"。一切语言都被败坏了，一切好话都被颠覆了，虚伪化了，人们在沉默中所做的事又都不敢拿出来形成语言文字。F与L，以及史铁生本人，则已经开始着手来创造一种新的语言，即自我否定的语言，要把人们在沉默中所想所做的事说出来，把真相说出来。要说出人们的原罪，恢复人的自由，解除文化的魔咒。这就是《务虚笔记》最重要的意义。

五

史铁生，一个身患残疾的作家，在本书中也淋漓尽致地写出了残疾人的心理。人们说，倘若史铁生不是遭到命运如此残酷的捉弄的话，他也许就不会这么深刻了。很可能是这样。人的本性是如此愚顽和怯懦，非这样无法使他真正面对自身。至少在本书中，"残疾与爱情"这个主题在所有各对恋人中都具有某种普遍的象征意义。L的性乱及其导致的阳痿，Z从小受到的心灵创伤，WR的经历造成的偏执，F对自己的长期压抑，以及Z的叔叔的恋人之成为革命的叛徒，在与爱情的关系上都相当于某种心理残疾。残疾人C"可以与我印象中的每一个人重叠、混淆"（第339页），因为他可以具有他们每一个人的历史、心绪、欲望和追寻。残疾人也是一个正常的人，残疾是一个正常人身上的命运。"命运并不是合情合理的，否则不是命运。"（第422页）残疾的形而上学是："人的本性倾向福音，但人的根本处境是苦难，或者是残疾。"（第408页）

这个残疾人是个中国人，并且住在中国。于是问题来了：他有没有恋爱的权利？这就好比问L：一个好色之徒有没有恋爱的权利？问Z：一个失败者有没有恋爱的权利？问WR：一个"世界隔壁的人"有没有恋爱的权利？问F一个家庭有问题的人以及问Z的叔叔一个叛徒有没有恋爱的权利？

回答全是现实的。"她爱你，难道你反而要损害她？""你可以爱她，但是你真的要拖累她一生吗？""你已经残废，你还要再把她的青春也毁掉吗？""你要是真的爱她，你就不应该再追求她，就不要再纠缠她……否则你岂不是害了她？"（第417页）这里，"她"也都可以置换为"他"。这些躲过了命运的人都这样要求残疾人。但要命的是，残疾人C自己也会自觉地这样要求自己，并将这种要求突出为一个悖论："你爱她，你就不应该爱她"，"她爱你，你就更不应该爱她"（第416页）。因为，C是一个好人，他害怕，"害怕自己不是一个好人"（第415页）。好人就表现为害怕，害怕舆论，害怕自己不被"看好"。

有两种可能性。如果C克服不了自己的害怕，而向恋人X提出分手，这时X也许会成为N，问他"你的男人的骨头呢？"C则充当了F的角色，"让爱，在'好人'的心里早早死干净吧。"（第418页）要么他克服了害怕，不想放弃爱情，这时C便成了N，要求证实"这个世界上除了现实之外还有没有另外的什么是真的"（第420页）；而X则可能成为F，她害怕那些说话的人，尤其害怕自己说话不算数，将来不爱了又不敢离开C。"人们曾经说我是一个好人，这样的称赞让我害怕，我害怕因此我得永远当这样的好人，我害怕我并不是人们所认为的那样的好人，我并不是为了做一个好人才走近你的，我害怕有一天我想离开你我就不再是一个好人"（第421页、第422页）。这是多么真实的心情！它适用于每一种类型的"残疾"。

但这些都是现实的回答，这些语言其实不用说出来，用眼神，用目光，用表情就可以了。这些语言不是真实的语言，真实的语言沉默着。"人们闭口不言C的爱情，不管是他追求还是他放弃，都没有反响。不管他被追求还是他被放弃，都没有反响，都像在梦里，无声，有时甚至没有色彩，黑白的沉寂。没有赞美，也没有惋惜。当他追求或被追求的时候甚至没有人开他的玩笑，当他放弃或被放弃的时候也没有责难，曾经没有现在也还是没有。喧嚣中的沉寂从过去到现在……"（第429页、第430页）

唯有F医生给出了一个不是退缩于现实，而是冲向梦想的回答。他（作为一个医生）告诉C，如果"你仍然怀有性爱的欲望"，"那么，你就没有理由怀疑你爱的权利""你就会发现你并没有丧失性爱的能力"。F医生坚信，"如果触动不能使他勃然迸发"，"毫无疑问，梦想可以让他重新昂扬激荡"（第287页）。这是一种多么鼓舞人心的断言啊！甚至可以说，C因此而得救。但显然，这绝不仅仅是一个医学断言。爱的"权利"本身是一个哲学问题，至于性爱的"能力"问题，也不完全是个医学问题。从医学上说，并不是凡有性爱的欲望都能成功地做爱的。海明威的名著《太阳照样升起》中那位战争中受伤失去性能力的杰夫，虽然仍有性爱的欲望，但无法与恋人勃瑞特结合，两人都陷入极度的痛苦中。但似乎也有些相反的成功的例子。我相信，在很多情况下，下身残疾的男人是否能恢复性爱的能力是个未知数，它除了取决于身体条件（伤残的程度）外，还取决于心理上、精神上的因素。于是，这个"性爱能力"的问题也在某种程度上成为一个哲学问题。换言之，残疾人C如果在精神上失去了梦想，失去了生命的创造欲望，则他差不多肯定不能恢复性爱能力。"直接走向性，C不行"（第287页）；但如果他执意梦想、"凝望"和等待，就像等待灵感去创造一种新的语言，那么，他也有可能得救。

C得救了。他终于成功地使爱走向了性，这无论从哪方面说都堪称一个奇迹。史铁生将这一奇迹描写得多么动人啊！我想，这是因为性爱和艺术极其相近的缘故。爱就是艺术，艺术说到底，也就是爱。正如语言是艺术的仪式一样，"性，原是上帝为爱情准备的仪式，这仪式使远去的梦想回来，使一个残疾的男人，像一个技穷的工匠忽然有了创造的灵感，使那近乎枯萎的现实猛地醒来，使伤残的花朵刹那间找回他昂然激荡的语言。"（第291页）然而，性爱能力的恢复既然靠创造和争取，那结局是成功还是失败就是不可预测的，正如一个艺术家无法预测他的灵感是否枯竭一样。这是一次生死存亡的搏斗。毛姆笔下的思特里克兰德（原型即高更）并不是对自己的绘画天才有把握才到塔希提岛去的，相反，他是到塔希提去才找到了自己的天才和灵感的（见《月亮和六便士》）。另一个人到塔希提去也许会一无所获，谁知道呢？

因此，当F医生告诉C，说梦想可以使他得救时，这绝不是许诺，但也不是谎言，而是激励。"现实不能拯救现实。"（第288页）如果你爱她，你就要由你的爱去梦想，去创造从未有过的东西，去突破我们这个文化深深烙印在我们心中的一切禁忌和规矩，颠覆它们的宝座，把它们看作"罪行"和"丑陋"的，把爱的语言变成"最终的语言""极端的语言"（第292页），使自己在性爱中"放浪不羁""不知羞耻""淫荡"，把高贵的爱的对象拉回到"平凡"（第291页），将各自的秘密互相向对方敞开……可以看出，C是通过调动自己本性中的痞性来恢复自己的创造力的。中国数千年来的文化延续实际上也是仰赖于此，它主要体现为道家向人的原始生命力的回归。直到今天，道家文化仍然是我们民族文化向前跨进必须置于脚下的基点。然而，单是有这个基点是远远不够的；更进一步说，怀着寻根的意向仅仅满足于回归到道家天人合一，这绝对是一种自欺；相反，只有从这个基点向前（而不是向后）迈步，从道家生命的无为迈向有为，从无欲迈向欲望的冲动，从梦境迈向梦想，从失语（得意忘言）迈向语言的创造，才能恢复我们这个身患残疾的文化的活力。（参看拙文：《关于道家哲学改造的临时纲要》，载《哲学动态》1995年第4期。）

但这就需要一种与道家自然精神完全不同甚至对立的自由精神，并相应的，要建立自由的人格面具，和一种真正具有普遍性的语言。C和他的恋人还没有完全做到这一点，他们仅仅凭借传统文化的"坏孩子"或"浪子"（第291页）来暂时恢复自己精神上的原始冲动，一旦回到现实生活，便无以抵御已成系统的、壁垒森严的、老谋深算的道德文化淫威。这样，尽管C在性爱上已经证明了他的能力，他却仍然没有在现实中取得爱的资格。舆论和观念的压力迫使他的恋人再次离开了他。"无边的梦想变成了一个具体的噩梦"（第292页），他又必须等待和眺望。直到他40岁上，他才重新等来了他的爱情，X回到了他的身边。C反思自己这40年，忽然悟出了"生命本身的密码"。这密码是什么？是残疾？还是爱情？C的回答是："是残疾也是爱情。"（第13页）他终于意识到，并不是他的残疾在妨碍他的爱情，而是他的爱情本身患有残疾啊！

　　这也正是中国传统文化的密码。在这个文化中，我们每个人在一定意义上都是C，都是一个残疾人。"C无论是谁都一样。残疾和爱情——命运和梦想的密码随时随地显露端倪：无论对谁，那都一样。"（第431页）爱情总是伴随着残疾，而在残疾中又时时涌动着爱的欲望——这就是我们身处其中的无法摆脱的命运。当C，或者"我"，作者史铁生，说出这一点，文化的密码就破译了。魔咒被炸毁了，一种新的语言被创造出来了，它闻所未闻地说着这一切：爱情，性，命运和上帝，"好色之徒""叛徒""好人"和"坏人"，"淫荡"……它高高在上地评论着它们，无视一切既存已有的戒律和信条，唯一凭借的是锋利无比的逻辑，它轻巧，敏锐，身手矫健，恣肆汪洋，所向无敌。它看来好像只在可能世界中纵横驰骋，但是多么奇怪：整个现实的世界都在它所带来的风声中瑟瑟发抖！

　　《务虚笔记》已不是通常意义上的"小说"，它是哲学。但同时它也是诗，甚至是音乐。在这部音乐中，每个人的故事就是其中的一个声部，合起来就是一曲悲壮的交响乐，它的基本主题就是当代中国人的青春史，由此而衍生出一系列的变奏。正如胡塞尔现象学通过"自由想象的变更"而达到对事态的"本质还原"一样，史铁生通过他的人物各自的内心独白和极富创造性的对话，而建立了一种新型的语言和语境。他证明了胡塞尔所要证明的同一件事："现实存在对于自然科学是独断地被设定的抽象存在，它被赋予了实存之物的意义却并无严格的根据，而只是一种超验的信念（信仰）；现象学的存在则是一切可想象之物的存在，是一切可能世界的存在，它本身并不实存于时空（虽然它有可能实存于时空，即实现为现实存在），但它比独断的超验存在更'具体'，是每个人可以直接体验到、直观到的，实际在手的。正因此才会有'理想'的真实、道德'应当'的真实、艺术的真实，有科学的幻想和成年人的童话，才会在有限的个人、甚至有限的动物物种身上体现出无限的价值，才会在瞬间中展示永恒的意义。"（见拙文《胡塞尔现象学导引》，载《中州学刊》1996年第6期第69页、第70页。）

史铁生是中国唯一的一个进入了现象学语境的作家，因而也是唯一的一个真正意识到"不是人说语言，而是语言说人"这一解释学的语言学原则的作家。实际上，这条原则离开现象学还原的前提，是根本不能理解的，它首先要求承认可能世界高于现实世界，现实世界只不过是可能世界的实例，可能世界自身有它永恒的价值。是梦想，而不是自然天性，造成了现实的人的历史。如史铁生说的：

　　在某些时间，某些地点，某些事件和我的某些思绪里，那女孩儿变成N，变成F医生从童年开始就迷恋着的那个女人。那飘忽不定的悠久的幻影，走过若干年，走过若干人，在经过N的时候停一下，在N的形象和身世中找到了某种和谐，得以延续。于是，又一种虚无显化成真，

编进了N的网结——准确地说应该是，编织进一张网的N结上，从而有了历史。（第59页）

当然，在史铁生这里，现象学还原的最终结果不是抽象的观念、理念，而是无所不在的情绪，是每个人心灵中隐伏着的永恒的旋律和诗。哲学与诗的这种直接契合甚至等同，正是现代西方现象学运动所要达到的理想目标。史铁生所创造的文本与萨特的诸多作品（如《恶心》《脏手》等）相比毫不逊色，而且更加具有诗的气质。而就思想性的丰富度和深度来说，我以为当代一切寻根文学的总和也抵不上一部《务虚笔记》。但《务虚笔记》的思想性还只体现为一种认真的寻求过程，它虽然通过作品中一个个人物体现出来，但没有一个人真正达到了作品本身的思想高度。作者有时仿佛是上帝，在悲悯地俯视人间芸芸众生，有时也加入其中，并和这些人物一同陷入迷惘和彷徨。他在这些人物的命运中，乃至于在自己的命运中看出了问题，他知道有个更高的世界在"另一维"存在，他努力去寻求，同时否定了每次寻求的收获；他创造了一种语言，而这种语言一开始还不是展示出什么，而更多的是否定什么。他不能同意他的任何一个人物，但他自己还未真正成为一个鲜明、生动的人物。他尚未自我现身。

真正致力于一种自我现身的新型人格建设的当代作家是残雪。

十

残雪：灵魂的历程

20世纪80年代，当残雪以其怪异的语言表达出她那充满诱惑的、但又不可穿透的奇思异想时，评论界曾力图对她的文本做出某种确定的归类。但这些尝试多半都是不成功的。所以90年代以来，尽管国外不时传来好评，国内评论界却一直对残雪保持着意味深长的沉默，既像是在"凝视"（对残雪的作品的确需要长久地凝视），又像是在走神。1993年出版的《圣殿的倾圮——残雪之谜》（贵州人民出版社），全面搜集了80年代国内外对残雪作品的最有分量的评论，包括残雪自己给自己写的评论（创作谈等），但在国内评论界似乎并没有引起什么反响。人们对"残雪现象"逐渐失去了耐心和兴趣，也许还会以为她出道"早了点"，若在今天，说不定还能弄个"私小说"之类的头衔戴戴。而现在却成了不好归类、因而也不好评论，成了很可能"进不了文学史"的人物。我不知道这是残雪的悲哀，还是中国评论界的悲哀。

　　从某种意义上说，残雪是最早意识到建立一种自我现身的新型人格这一使命的作家，这最初体现为她特有的叛逆人格的形象。她几乎一开始就不是从"寻根"的立场，而是从批判寻根的立场切入文学创作的。当她有意识地运用自己的"分身术"时，她与史铁生一样进入到了灵魂的内部探险；但与史铁生不同的是，残雪的主要人物虽也是由一个理想原型分化而来，但这些人物在残雪那里往往处于极其尖锐的对立之中，不仅反映出原型人格内心的不同层次、不同方面，而且体现了一种撕裂的内心矛盾；由于这种矛盾，残雪的原型人格呈现出一种不断打破自身层层局限向上追求的精神力量。在史铁生那里，他强调的是"我是我印象的一部分，我的全部印象才是我"这一语言学上的悖论，但"我的全部印象"还仅仅是各种可能性的交叉、重叠和独立发展；它们各自都有内心的矛盾冲突，但它们相互之间却和平共处、各展风姿，而没有一种强烈的冲突和意向贯穿其中，使它们拧成一股巨大的情绪。读史铁生，你会感到命运的忧伤和思绪的颤动，你会伴随他的一个个人物度过思想和灵魂的悲欢离合，你也许还会有一种冲动，要经过他们去把握真正的真理；但你不会找到一条超过他们的途径。各种可能性似乎都被穷尽了，你当然还可以思考，但你不知道如何迈步，你陷在命运之网中。相反，残雪则是新型人格成功"突围"的一个确定的标志，在她身上，你可以发现同样存在着你所感到的困惑、苦恼和矛盾，但除此以外，你还可以看出一种固执而强韧的生命力，它顽强地忍受着身心的煎熬，与命运作对。显然，史铁生《务虚笔记》中的"我"还只是各种可能世界的发现者，而不是创造者，"我"还不是一个有血有肉的具体存在，而是被命运、被各种偶然性、各个不同的

"门"牵引着、诱惑着，"我的全部印象"还没有真正成为一个能动的主体性的"我"，书中的"我"还仍然只是"我的印象的一部分"。而在残雪这里，她的世界首次成为她自己的"在世"（In—Weltsein），成了她所创造出来的可能世界；是她把"无"（无意义的东西）变成了"有"（有意义的东西），将现实锻造成了可能性，并自觉地努力去实现这种可能性。对于她来说，没有什么偶然性的"门"，人的存在只有唯一的真正命运，那就是拼尽全力去撞击那唯一的世纪之门，开出一片从未有过的新天地，否则就未曾存在。

然而，残雪的孤军奋战最终把她引向了一个"进退两难的局面"，即她既要抛弃这个无意义的现实世界，又热衷于介入人世的纠纷，以俗人自居并与俗人为伍。我们在残雪那里看不到史铁生那种知识阶层的优雅、超然和深沉的思绪，有的只是庸俗的市民心态和粗鄙的行为动作，唯有语言，不论是对话还是行文，都具有可与史铁生相匹敌的纯粹性。实际上，这种语言正是残雪小说的灵魂，它以它的理智清明、简练畅达，而与它所表述的事件和人物的猥琐、鄙俗、昏聩形成令人不快的尖锐对比，使人感到不是人物贬损了语言，就是语言拔高了人物。但这正是残雪的妙处：她就是要使小人物，哪怕是只配称为甲虫、臭尸、石头和蝙蝠的庸人，都具有纯净的形而上的意义，她是从人的极限处，即人和非人的交界处，来探求人和人类本真的自我的。而这种探求又只有通过超越世俗常人的、来自天堂的"逻各斯"（上帝之言）才能进行。残雪小说中的这种巨大张力是对中国传统审美心态的一次彻底的颠覆，它直逼西方现代派文学的生存意境，成为90年代中国文学一块绕不过去的路标。

一

当一个人睡到不知道的时候，从宁静的睡梦中一觉醒来，尚未想起现实和梦中的任何一个片断印象，就像一个婴儿，静静地看着窗外婆娑的树影和游移的白云，这时候，他也许会以为他正在体验着他纯洁本真的自我，他多么愿意永远停驻于此，直到永恒。

然而，如果这时猛然有一声巨大的震响，或是一声断喝，或是一个炸雷，将他从床上惊得跳起来，惊出一身冷汗，逼迫他匆匆地起来去干他必须干、不得不干的事情，这时他也许会以为他真是天底下最不幸的人，他会感到委屈、无奈，并怀疑自己是否一定要服从这毫无道理的一声巨响的号令，使自己受到如此非人的折磨。

但还可以设想一下：假如这声巨响不是来自外界和他人，而是出自他自己的心底，甚至出自他的本能，又怎么样呢？当然，这种情况不是每个人都会发生的，却不能否认有些人就会发生，特别是当人们开始习惯于时时观看自己的内心，倾听自己最深处的声音，这种情况就会加强起来，以至于不能自已。他会成天心事重重，一惊一乍，患得患失，走火入魔。他也许并不满意于自己的处境，并不心甘情愿地屈服于内心的命令，这种命令给他在人世上的生活带来无穷的尴尬和烦恼，把他本人搞得神经兮兮，人不人鬼不鬼，使他忍受着地狱的煎熬；但他没有办法，他只能倾听，而且还要听清、听懂。他从此开始了更近地进向发出那个声音的所在的内心历程，一轮又一轮地，他不断寻求着这个声音的方向，希望通过不断放弃自己的良好的自我感觉，包括自己的自尊感、自我纯洁感甚至无辜感，来排除一切妨碍他悉心倾听的嘈杂的噪声。他像一个黑暗地狱里的罪犯，怀着万事皆休的恐惧和绝无希望的沮丧，去急切地迎向自己内心的天堂之光、思想之光。

　　您好、恐怖！
　　您好，冥府！还有您，最深沉的地狱，
　　欢迎您的新主人，他带来一种
　　思想，不因地点、时间而变更。
　　思想全凭自己，它本身可以
　　使天堂变地狱，也可以使地狱变天堂。
　　（弥尔顿《失乐园》，金发桑译，湖南人民出版社1987年版，第11页、第12页）

　　可以说，人真正认识自己，不是在他无所作为地凝视着空旷的蓝天的时候，而是在他起来行动、力图毁灭和建立一些东西的时候；不是在他纯洁无辜的时候，而是在他意识到自己的罪孽的时候；不是在他满怀希望地迎接"美好的明天"的时候，而是在他直接面对死亡、万念俱灰而又还不甘心的时候。唯一鞭策着人去认识自我、寻求自我的，不是道德理想，不是文化教养，不是历史使命感，甚至也不是"美"，而是强大的生命力，是"活"的冲动。在死亡面前，一切都成了"无"；然而，正是通过对"无"的领悟，一个人会发现"有"的意义，即：不活自不活。不活，就连死（虚无）也不存在；但我已经活着，没有什么阻止我活它一个完整，即面对死亡去活。只有面对死亡的活才是完整的活，也才是真正的我活。

　　这样，"活着"的过程从根本上说来也就是一个人寻求自我的过程。这远不是一个轻松愉快的过程，而是一种折磨、一种警惕、一种自我拷问和自我荼毒。他时时要问自己：我是活着，还是正在死去？他从一切迹象中发现自己"正在死去"的征兆，于是他振作起来，凭借逐渐僵硬、腐烂和生蛆的肢体，潮红满面、目光炯炯地去做最后的挣扎。当他不顾头发脱落、虫牙蛀蚀、背上生疮脚底流脓，拖着这一身烂肉仍在追索那神秘的灵魂之光（残雪《公牛》）时，他真正体会到了"活着"的不易。当然，归根结底，他逃不出死神的魔掌，因而实际上，"活着"和"正在死去"本来是一回事；他的一切活的欲望和怕死的挣扎都不过是自欺。正当他使自己生动起来、活跃起来时，他就已经又向死神靠近了一步，他所创造的新的活法在死神面前仍然是、并且永远是一样的，没有意义的。然而，"自欺"恰好证明了"自"（自我）的存在，这存在先于一切"意义"或"价值"，实际上也先于死（虚无），并将死作为自身的一个环节、一个使自己继续存在并越来越存在的内在动力，而使存在成为世间唯一可能的事实。所以，这种本源的自欺恰好成了生命战胜死亡的最现实最有力的一种方式，即一种面对死神的幽默和调侃：尽管我知道死是必将到来的，尽管我知道我的死期已近，我仍然要像我将永生那样的活一回。实际上，也只有对死亡临近、随时可能遭遇的意识，才足以使我抱定这种使自己永生的决心。只不过这种永生并不是一种永恒不变的"境界"，似乎在这种境界中再没有什么新东西产生；正相反，永生是一个无限上升的过程，一种追求，一种永恒的不安息和绝对的自否定。

残雪的作品，就是人类追求永生的一个象征。

1983年，残雪写成了她的《黄泥街》。在中国当代文学史上，这是一个"事件"（Ereignis），一次"事情本身"的真相显露。作为一部早期作品（处女作），残雪力图使每个中国人直接面对他们"正在死去"这一事实，这个事实，在后来的社会历史发展中几乎是逐字印证了。当今天人们回过头来读到这部作品中充斥于目的"世纪末"情绪时，常常会惊叹残雪对当代文学走向的预见性、超前性。然而，这种从字面上（环境污染、人性沦丧、道德滑坡、人文精神失落等）对这部作品的各种分析和评论，以及从中引出的"文化批判""国民性批判"的结论，在今天看来又已经远远不能解释作品的内在精神意蕴了。《黄泥街》的超前性（尽管它只是一部早期作品）绝不限于90年代，而且从本质上来说，它也不光是一种"批判"，而是人的生存处境的一种本真的崭露。当然，这一点，就连残雪本人一开始也是模糊的，她只是随着后来创作的一步步深入和深化，才逐渐悟到她真正要说的是什么。这就不免使她的这部早期作品带上某种尚不成熟和不纯粹的特点。例如，其中大量借用了"文化大革命"的术语并利用了对"文化大革命"进行"拨乱反正"的群众心理，对黄泥街的生活和黄泥街人的描述多少带有一种"类型化"、概括化，结构也比较松散。给人的整个感觉似乎是，作者出于对社会的腐朽、人心的堕落的深恶痛绝，非要以这种不堪入目的场景和人物形象来警醒世人、鞭挞时弊。不过，也有一些迹象表明，这部作品在深层次上其实另有深意。

首先是"王子光事件"的出现，用前述眼光来看就无法做出透彻的解释。在《黄泥街》中，残雪把王子光的到来称之为"改变生活态度的大事情"：

> 这条街上的人们都记得，在很久以前，来了一个叫做王子光的东西。为什么说他是一个"东西"呢？因为谁也不能确定王子光是不是一个人，毋宁说他是一道光，或一团磷火。这道光或磷火从那些墨绿色的屋檐边掉下来，照亮了黄泥街人那窄小灰暗的心田，使他们平白地生出了那些不着边际的遐想，使他们长时期地陷入苦恼与兴奋的交替之中，无法解脱。（《黄泥街》，长江文艺出版社1996年版，第65页、第66页，下引本书只注页码。）

> 如果没有王子光这类事情，我们黄泥街也许永远是一条灰暗无光的小街，永远是一条无生命的死街，永远被昏黄的小太阳静静地暴晒着，从来也不会发生哪怕一件值得永久纪念的小事，从来也不会出一两个惊世骇俗的大英雄。然而从齐婆在厕所边进入那种太阳和冬茅草的意境那

一瞬间起，黄泥街的一切都改变了。矮小破败的茅屋蠕动起来，在阳光里泛出一种奇异的虎虎生气，像是弥留之际的回光返照，屋顶上枯萎的草向着路人频频点头，宛如里面灌注了某种生命的汁液。

黄泥街新生了。（第67页、第68页）

这些话，尽管带有调侃，却含有某种严肃的意味。当然，所谓黄泥街的"新生"，只不过是在黄泥街搅动起了更为疯狂的污泥浊水，各色人等都在以自己的阴暗心理猜度、揣想王子光这个"人"及他的到来这件事的意义，甚至怀疑他的存在。于是围绕着这个"案件"，流言四起，有人调查他的"身份"有人说他"死了"，朱干事和区长则忙忙碌碌地通宵为王子光事件"备案"。但最令人慌乱的是人们一个一个地"失踪"：王四麻、老孙头、老郁、杨三癫子……许多人莫名其妙就死了。但毕竟，王子光使黄泥街人终于有了盼头，有了一个关注的对象。他们尽管语言不通，互相说着不相干的话，但一提到王子光，便双目生辉、精神焕发。正如老孙头说的："王子光的形象是我们黄泥街人的理想，从此生活大变样。"（第66页）但这种形象是"一种极神秘，极晦涩，而又绝对抓不住，变幻万端的东西，也有人说那是一种影射，一种狂想，一种黏合剂，一面魔镜……"（第66页）"只有那种老于世故，而又永远保持着天真纯洁的人，才会在冥冥之中'悟出'它。"（第67页）然而这个神秘的王子光，黄泥街人的灵魂之光，不是人们想要来就会来的。他来无影去无踪，"来一来，又不来了"（第91页）。人们拼命想搞清王子光的身份，以及他"穿什么衣服"，是否"带着黑皮包"，力图用这些外在标记来把握他、理解他。"其实王子光究竟是不是实有其人，来人是不是王子光，是不是来了人，没人可以下结论。"（第89页）尽管宋婆后来宣布，王子光其实是一个普通人，已经跳楼身亡了，但人们仍不甘心，于是又构想出了"王四麻案件"。王四麻是不是一个真人？人们一会儿说他就是王子光，一会儿说他是区长本人，一会儿说他是张灭资。其实正如区长说的："几乎黄泥街每一个人都是一个王四麻（第139页），无法区分。"（第177页）

从王子光到王四麻，都是黄泥街层出不穷的生命活力的象征。这种生命活力是丑陋的，令人恶心的，黄泥街人生活在肮脏污秽的环境中，吃的是泥巴、蝇子、动物死尸，喝的是阴沟水，住的是朽烂了的茅草屋，到处是恶臭和垃圾粪便；人们相互之间充满了恶毒和怨恨，家庭成员没有半点温情。然而，他们是何等强健、何等具有耐受力啊！他们忍受着热昏的阳光，空气中咸津津的尸灰和腐臭，河里泡涨了的动物和人的死尸，屋里的老鼠、毒虫和鬼笔菌，身上里里外外的脓疮、疱疖和无名肿毒，却仍然在热切地关注着意识形态问题和审美问题，以一种可笑、可怜、可鄙然而毕竟令人感动的方式表达着他们不甘沉沦的人性闪光和生命的韧力。正因为如此，残雪看待这些愚昧昏聩、怯懦猥琐甚至穷凶极恶的黄泥街人的眼光，竟是那么温柔、深情，有如耶稣基督的大慈大悲：

哦，黄泥街，黄泥街，我有一些梦，一些那样亲切的，忧伤的，不连贯的梦啊！梦里总有同一张古怪的铁门，总有那个黄黄的、肮脏的小太阳。铁门上无缘无故地长着一排铁刺，小太阳永远在那灰蒙蒙的一角天空里挂着，射出金属般的死光。

哦，黄泥街，黄泥街，或许你只在我的梦里存在？或许你只是一个影，晃动着淡淡的悲哀？

哦，黄泥街，黄泥街……（第65页）

从这一角度看，《黄泥街》是一首温情的诗，生命之诗。作者是怀着巨大的诗情从一个无限的高度在俯视人间这些不甘寂寞的生灵。这些句子的确是真正的诗：

我曾去找黄泥街，找的时间真漫长——好像有几个世纪。梦的碎片儿落在我的脚边——那梦已经死去很久了。

夕阳、蝙蝠、金龟子、酢酱草。老屋顶邈远而异样。夕阳照耀，这世界又亲切又温柔。苍白的树尖冒着青烟，烟味儿真古怪。在远处，弥漫着烟云般的尘埃，尘埃包裹着焰火似的小蓝花，小蓝花隐隐约约地跳跃。（第193页）

卡夫卡曾有一段话，恰好可以准确表达残雪的这种悲悯的温情：

"没有人能唱得像那些处于地狱最深处的人那样纯洁。凡是我们以为是天使的歌唱，那是他们的歌唱。"（转引自林和生：《地狱里的温柔：卡夫卡》，四川人民出版社1997年版，第1页）

　　残雪的《黄泥街》也正是一首地狱里的温柔的歌，她既高居于她的每个人物之上，她同时又是她的每个人物。她如此敏感地体味到地狱的可怖和难熬（在这方面，她的敏感性超出了同时代每一个作家，并因此获得了"怪才"的称号），她同时又为这些鬼魂的西西弗斯式的旺盛精力而感叹、而歌唱。"黄泥街"既是她周围的烈火熊熊的可怖世界，又是她自己那个"随时可能爆炸的内心世界"。当然，后一种说法其实比前一种说法更深刻，也更正确，只不过《黄泥街》作为一部早期作品，还带有某种"社会批判"和"文化批判"的痕迹。但真正说来，残雪的一切创作都可以说一开始就是向内深入的，她走了一条与中国传统"文以载道"和批判现实主义文学完全不同的甚至相反的文学道路，她的许多作品（包括最晚近的作品）也许都可以从"文化批判"和"国民性批判"的角度来进行解读（如《突围表演》《思想汇报》等），正如卡夫卡至今还被多数评论家目为"资本主义批判""控诉法西斯主义"的意识形态传声筒一样；但这种解读毕竟是远远不够的，甚至是导向错误的方向的。她与卡夫卡所进行的其实是一种人性的反省，归根结底是一种自我的发现和再发现。正如格利高里只有在变成一只大甲虫时才如此深切地体验到人与人的爱的需要一样（《变形记》），黄泥街人也只有在万劫不复的地狱生活中才突现出人的生存意志的不可遏止的盲目冲力。

就这样，残雪从《黄泥街》开始，走上了一个不断挖掘和寻找自己的自我的艰难历程。她有意识地从苦难中，从人心最隐蔽、最阴暗的角落中，从地狱中去发现她的"真我"。她看出这个"真我"不是一个可以抓得住的东西，而是一个矛盾，因而是一个在矛盾的推动下不断向内"旋入"的过程。这个矛盾就是自欺。在人心的最阴暗处，人类所曾经有过的或自以为有过的一切真诚、赤诚、纯真、纯情、童心、赤子之心全都破灭了，只剩下自欺。但残雪还保有最后唯一的一种真诚，这就是知道这是自欺，并力图发现自己的自欺，这就是充满在残雪作品中的那种一般人无法看见的最高级、最深刻的幽默的来源。当一个人欺骗（自欺，或欺人）时，他意识到这是不能不如此的，只要他开口说话，他无论如何都在欺骗，于是他姑妄言之，用"假语村言"敷演出一段如梦如幻的"故事"来，同时却将"言外之意"赋予语言本身，一面滔滔不绝、酣畅淋漓，一面却与自己的角色永远小心地保持距离，为进一步深入自身留下余地或留下一个着力点、跳板——这就是幽默。幽默的自相矛盾性就在于，每个人物既是在狂热地追求着自己的理想目标，在真诚地向着更高级的生存状态挣扎，同时又清醒地意识到这种挣扎的终归无效，因而又在嘲笑或自嘲地看待自己的追求，意识到自己在地狱中如此绝望的处境；但尽管如此，他仍然听任自己的生存意志去做冒险开拓，而不是看破红尘、一了百了。这就表现出生命本身的幽默本质，它既不是悲观主义的，也不是盲目乐观的，而是幽默的。

因此，当我们用通常的"批判现实""揭露丑恶"的眼光来看待和评论残雪的小说时，一开始就犯了两个无法挽回的错误：第一，我们没有看出，现实人性的丑恶在残雪这里并不是，至少首先不是一个"批判"的对象，而是无可回避、不可改变的普遍事实。谁也没有资格站在干净的岸上去"批判"和指责沉沦在罪恶之中的人类，就像谁也没有资格用石头去掷那位可怜的卖淫妇一样（见《新约·约翰福音》第7章，《路加福音》第6章也说："瞎子岂能领瞎子。"）。当残雪将现实的丑恶以敏感的心放大十倍展示出来时，她不过是揭示出了人们通常视而不见的人性的真相：人性本恶，一切嫉妒、虚荣、狠毒、残忍、狂妄、自私，都是人所固有的生命活力的体现，也是一切伟大事业得以成就、人类社会得以发展的原始动力。第二，我们更难发现，这种人生的丑恶其实并不是，或主要不是展示在"社会""文化""现实生活"的背景中，而是作为残雪的内心世界而得到一层比一层更加深入的揭示的。这一点，在《黄泥街》中还不是十分明显，但已有迹象表明，《黄泥街》所展示的也不过是残雪的内心，各个"人物"只是她自造的心像，是她内心纷乱的矛盾、极端的感受、绝望的冲撞和狂热的追求的象征化和情绪化的体现。这在后来的《苍老的浮云》中便明确突现出来了：一切外部冲突（亲戚、邻居、同事等）都成了更善无和虚汝华这一对主要矛盾的诱因和营养；而这一对矛盾则是残雪自我中的一种自相矛盾，即一方面力图给自己一个规定，以免成为一个"什么也不是的人"（更善无），另一方面又力图摆脱任何规定，努力做出惊世骇俗的举动，蔑视一切限制自己的规范，越来越走向封闭和孤独，大胆地朝虚无迈进（虚汝华）。这一自相矛盾在《突围表演》中便在"X女士"身上集中体现出来了。当五香街的群众（残雪心中的现实）一齐拥戴X女士为他们的理想代表时，X女士却面临着"进退两难的局面"：她既要成为人类的一员，以同情的大悲悯向人性的共同弱点展示她的温柔和爱，但又忍不住要双脚离地"腾空而去"，去创造从未有过的人性、从未有过的奇迹，去成为冷酷的"超人"。在《黄泥街》中若有若无的王子光（或王四麻），在《苍老的浮云》中分裂为更善无和虚汝华，在《突围表演》中重又综合为X女士：它们都是人性的理想或人的真我的体现，这一真我的自相矛盾在这一历程中得到了发展，越来越尖锐，也越来越有力量，以至于作者不由得借五香街群众的口感叹道："从历史的宏观背景来看，发生在我们五香街的事，是何等可歌可泣呵！"（《突围表演》，上海文艺出版社1990年版，第329页。）

也可以说，残雪的所有小说根本上都是在展示人性的这种自我超越和自我否定的矛盾：没有自我超越、自我否定，人类就"太人性"了，那将是绝望、无聊、醉生梦死、世界末日；但一旦否定自身，要向超人迈进，人就会感到一片寒冷和黑暗的空虚，底气不足，晕眩无力。《天堂里的对话》（五则）以"我"和"你"的相互寻找这一主题使这一人性的矛盾最纯粹地得到了体现："我"和"你"实际上是不可分离的，但却永远处在互相寻找中；"你"是"我"心中的理想，没有"你"，这世界将会干枯，但没有"我"，"你"将心脏破裂，"头昏得像风车旋转。"（《天堂里的对话·之二》）同

样的关系表现在《天窗》中的"我"和烧尸老人之间，《在纯
净的气流中蜕化》中的劳和白脸人之间，《重叠》中的房繁和
会之间，《痕》中的"我"和凶恶的老者或铁匠之间，《辉煌
的日子》中的"我"和老头（及丁老太、院长）之间……这是
现实和理想、地狱和天堂、生的烦恼和死的宁静之间的关系，
通常双方都不止一个人物，而是有一个循次递进的等级阶梯，
他们一个比一个更高超、更神秘，他们在一轮一轮的交替中，
像接力赛似的把主人公（通常是第一人称）引入一个深不可测
的层次，达到一种为所欲为的自由境界。在这方面，残雪90年
代的两部成熟的作品《思想汇报》和《历程》可视为代表作。

二

　　《思想汇报》是以被称为发明家A的"我"向一个一言不
发、形同虚无的"首长同志"汇报自己的"思想情况"这种
方式来讲述的一篇心灵故事。小说一开头就说："我要告诉
您一句在我心里憋了很久的话，这就是：我过着地狱一般的生
活。"（《思想汇报》，湖南文艺出版社1994年版，第1页、
第2页，下引此书只注页码。）身在地狱而忍不住要向至高无
上的、永不回答的"首长"倾诉或"汇报"，这本身就表现
出一种矛盾的张力。"首长"是什么人？他是艺术家（发明家
A）所假定的一个唯一的读者。艺术家的创作真正说来是不能
考虑具体读者的，他只能是自己向内挖掘自己的灵魂。当他越
是深入地进到自己内心隐秘的层次（地狱）时，他的读者也越

来越少，因而他的目标实际上暗含着排斥一切读者的倾向。然而，艺术作为艺术，又绝对不能没有任何读者，否则不成其为艺术。这样，一个寻求自我的艺术家就不得不向着冥冥中的一个"首长"，一个虚设的读者，一个唯一的"知人心者"或上帝倾诉。有了这个上帝，艺术家的一切创作才有了确定的形式，有了成形的艺术品，因为他可以用这个上帝的眼光和要求来规范自己、约束自己、鞭策自己搞出更好的、更高级的作品来；但另一方面，这个上帝又是他自己的一个虚设，一种虚无，绝不会对他的创作发出指示、做出评价，而是给他的自由创造留下了无限的空间。作者和读者的这种既排斥又不得不假定的关系，就是现代艺术的一般特点。

因而，"我"向虚设的读者的这一场冗长的"汇报"，实际上可以看作一场"无中生有"的创造。这种创造面对无人之境，面对一个无人接听的话筒，并正因为如此而能滔滔不绝、为所欲为。但这又绝不是一场纯粹的"独白"，而是通篇贯穿着对话的语境。就是说，抛出去的话语在"首长"那里有一个无形的反弹，尽管这一反弹表现在说话者的自问自答中。正如巴赫金在评论陀思妥耶夫斯基的《地下室手记》时指出的：

> "地下室人"的自白，首先令人惊异的是高度的紧张的内心对话化，其中简直没有一个是坚固的、独白式的、不可分解的词句。主人公的语言从第一句话开始，就在预料中的他人的话的影响下变形、扭曲，主人公一开始便与他人发生了尖锐的内心争论。

　　"我是一个有病的人……我是个凶狠的人。我是个不招人喜欢的人。"自白就这样开始了。主人公一开头，多少带些自怨自艾的语调："我是个有病的人。"但立刻就对这样的语调生气了，因为这么一来仿佛他在抱怨，并需要别人的同情，主人公似乎想说：也许，您听了我第一句话会以为，我在寻求您的同情，那我要对您说：我是个凶狠的人，我是个不招人喜欢的人！（巴赫金：《陀思妥耶夫斯基诗学问题》，白春仁、顾亚铃译，三联书店1988年版，第312页。）

　　同样，《思想汇报》一开头也有与《地下室手记》惊人类似的结构：

　　我是个什么身份的人？谁都知道，国家工业部承认的大发明家A。不，我要说的不是这个，说这个干吗？我生平最讨厌自我吹嘘。……实际上我要说的根本不是这件事，这不过是种普通的介绍，类似于说：这是一只赫赫有名的金丝猴，当我说我是个人发明家时，不但不是骄傲，反而是种微微的嘲弄，是种自我亵渎，因为我这样说的时候，脑子里马上就出现了猴子。（第2页）

　　实际上，《思想汇报》中从头至尾都贯穿着这两种情绪的互相纠缠，即一方面"我"以"国家工业部承认的大发明家"的世俗身份与别人发生一种庸人层次上的对立和冲突，居高临下地鄙视、评论他人，到头来发现自己和"庸人"并无根本的区别，也不过是出于"嫉妒"，这就落入了世俗生活的"圈套"（第6页、第7页）；另一方面，"我"又清醒地意识到自己不过是一只"猴子"，"我有勇气承认这个，我从小就具备这种自我意识"（第5页），这就使他有可能接受在地狱中以平庸的面目出现的王子光和王四麻（在《思想汇报》中则是众邻居们）的激励、启发和引领，逐步放下自己世俗的架子而沉入到最不堪忍受的地狱深处，去发现自己的艺术自我，听它的将令。

A（"我"）的优点就在于，面对上述矛盾，他不但没有去掩盖它，而且有意识地使它尖锐化。他还将一切与外部世界的矛盾都自觉地转化成了自己的内心矛盾，因而实际上，他与邻居们、与时髦同行、与他自己的老婆的冲突本质上都应看作他自己的自我的内在冲突。这些人都是他的"异在"（Anderssein），但作为他的"异在"，他们就有一种本质上的优势，即可以从旁引导他走上一条他单凭自己无法辨别方向的上升之路。当然，这样的"引导"是极其难受的、折磨人的，它要求A把以往自以为得意和据以自尊自爱的一切都抛在后面；但A意识到，他别无选择。"我唯一的出路是朝他们走过去"（第8页），去忍受他们（实即A的对象化的自我、异在）的嘲弄、侮辱、教训，还要被逼着道歉，直至挨打。而这一切都是为了弄清"我究竟是个什么人"。所以，哪怕对"邻居一"反感透顶，"我的思路总被不由自主地引导到邻居一的身上去"，每天偷偷地观察邻居一，"想要猜透这个谜"、人之谜。

但在世间一切事情中，最难做到的就是面对自我，尤其是当一个人自以为是，相信自己早已牢牢地把握了自己的时候。"异在"（邻居们，"我老婆"，时髦同行等）的出现并介入A的生活意味着自我意识的觉醒，即自我拷问、自我折磨的开始，从此"无穷无尽的苦难就要降临到我的头上了"（第12页）。但A仍然在找理由顽抗："我是一个心目中只有自己的人。"（第13页）即企图固执于自己的自在之我，不理睬异在之我的追逼。不过他毕竟意识到这是自欺："我摸摸头发，磕磕牙齿，做了个鬼脸，一切如旧，可又确实并不一切如旧了，因为镜子里的这个人，焦灼之情已经溢于眉宇间。"这时要他摒弃自我意识，正如同"青年时代经历过的"一次被人们抛弃、陷入寸步难行处境的"怪事"那样，令人焦虑。然而他又忍受不了"异在"的日常骚扰，甚至想连老婆都不要了，自己一个人开溜（"搬走"），单只守着"一本很厚的《道德论》"过洁身自好的日子。但"异在"离开他就不再是异在，他们死死跟定了A，他们是A自身的异在环节，其使命是"教育"这位"处在蒙昧和未开化阶段的A"，使他得到"新生"（第18页）。当然，这种"帮助"是如此低级、庸俗，丑态百出，那么违背A的文化教养和道德修养，简直是痞里痞气，令人反感和恶心。但之所以如此，正说明这是人心的一次最深层次的探险，这种探险就是要动摇人在日常生活中从未严格反思过的一切行为规范、习惯、美感甚至"安身立命"的基础。所以就此说来，他们竟是比A、比他的一切文化教养和道德修养要更高，他们是促使A进步、改过和幡然醒悟的原初动力。所以A虽然对他们如此反感，但也不能不承认："这是几个极其神秘的人物。"（第19页）

矛盾就在于，A要坚持自己的一贯的做人方式，而他的异在们则处处与他为难，揭露他的虚伪，讽刺他、挖苦他。然而，A不论多么愚顽固执，他毕竟意识到这些异在不是没有来头的，他模模糊糊地感到其实正是他自己对自己一贯奉行的道德原则产生了怀疑，而这种怀疑的源头，恰好来自某种未曾言明的神秘信念；而他的异在们则把他带到了这个隐藏在后台的神秘信念面前，这就是"桃子"（第23页、第24页）。桃子坐在黑暗里说话，虽然仍然面目不清，但却明确表示要派一个他的"学生"来支持A搞发明，当他的发明的"见证人"，因为"只有我才能理解你的内心"（第24页）。桃子的这个学生就是"食客"，他是发明家或艺术家A的艺术自我，也是A的一个异在（相当于《天堂里的对话》中的"你"）；只不过这个异在与其他一切异在不同，他不是一味地拷问A、摧毁A的旧我，而是主要来提升A，帮助他建设自己的新我。实际上，一切时代、一切文化和人类中，从旧我到新我的进化离开艺术都是不可能的，也可以说，艺术的本质就是要从旧我中创造出一个新我来。极而言之，唯有艺术才能真正实现人的旧我到新我的转换。所以，A的艺术自我——食客，成了他的一切异在之我的首领和"权威""大人物"，与食客的冲突则成了A与自己的异在的矛盾在更高层次上的一个焦点。

但食客比所有其他的异在们都更"痞"，他"全身肮脏，

273

赤裸，仅在胯间前后吊一块裆布"（第25页）。他把所有的异在、包括"我老婆"都赶走，自己占据了最大的房间，还命令A一日三餐地侍候他，动不动就发脾气。然而，就是这样一个粗俗之极的食客，竟是来帮助A的艺术更上一层楼的，这既是食客的矛盾，也是A的矛盾，即艺术既不能脱离世俗的冲突（现实），又不能限于世俗的层面，而必须具有一种超凡脱俗的格调。这一矛盾也体现在异在们（邻居一夫妇、邻居二、"我老婆"）身上，他们既敬畏食客的高超、为A的艺术上的提升而庆贺，又抱怨"A不把我们放在眼里，他有了强大的靠山"（第29页）。实际上，离开了世俗生活，艺术将什么都不是，最粗痞、最原始的生命力才能酝酿出最高级的艺术，也可以说，现实生活中的自我意识是艺术自我意识之母。然而，现实生活中的自我意识并不直接和艺术的自我意识相通，因为前者是理性，后者是非理性。所以，尽管食客的到来首先仰仗于邻居一这些人，是他们把A带到"桃子"那里去，桃子才派出了食客的，但邻居一他们却始终无法和食客谋面，碰上了也视而不见（第34页）。人绝不可能用自己的日常意识和理智去理解艺术的奥秘，日常意识对艺术自我只能无条件地服从。这样，以食客为象征的艺术自我对处在日常意识冲突中的A便能颐指气使，但他并不评价A的工作，只是把他以前的发明（在蛋壳上钻孔）都宣布为"狗屎"，然后命令他钻研烹调术，照顾好食客的饮食（第35页）。这件事本身也表明，任何高超的艺术创造都必须要有基本的肉体生存作基础，都是在人的谋生、求生存活动中产生出来的，都要以世俗生活为老师。所以邻居们与成为艺术家的A通过A的艺术结下了不解之缘，正如食客所教导的："哪怕最劣等的庸人也可以成为你的教师。"（第39页）如果说众邻居是A的血肉之躯的话，食客就相当于A的灵魂；尽管肉体只能以极其粗俗的眼光来理解灵魂，但灵魂却知道自己一刻也离不开肉体。

于是，当食客吃饱喝足之后，就来指导A的发明创造了，这就是逼着他在餐桌上搞"金鸡独立"，每天练习，以便到门外果皮箱上去当众表演，直接现身。这对于顽固的A来说是一件极其可羞的事情（尽管他的日常自我即邻居们称赞这是真的艺术）。从A的欣赏口味来看这种表演一点也不"美"，而且极其"猥琐""难堪"。他开始不相信食客的权威性了。但就在他怀疑动摇的一瞬间，事情的真相显露出来了：他陷入了一切皆空的恐怖，连他自己也要"化为乌有"了（第50页），还是食客及时地用一根"碗口粗的棍子"将他打回了原处。这就是说，离开了自己现身的艺术，离开了这种不容商量、不容怀疑和不讲道理的创造发明，人从根本上就是不存在、虚空；发明家就是从虚无中来创造人生、创造艺术的。"退回去并非不可能，但偶尔回首，身后空荡无物，我注定了是一条要向那迷雾中的发光体飞奔的丧家犬。"（第49页）应当说，只有这种在有和无、存在和消失、生和死的边缘上被逼出来的艺术才真正触及了艺术的根，这种艺术就是自己站出来生存，从虚无中"有起来"，也就是"表演"。在艺术中，创造性的表演比客观的描摹和观察是更深刻、更本质、更难以达到的层次，后者归根结底只不过是在显示某种雕虫小技（鸡蛋壳上钻孔之

275

类），缺乏把自己抛出来的这种生死攸关的原创力。正如邻居一说的，A的发明"一直处在原始低级阶段，可是忽然，权威来了，一切处在蒙昧中的都发生了飞跃"（第47页），食客也告诉他，"我的发明只能从他进屋的那天算起，在那以前我的胡闹算不了发明。"（第53页）食客的使命就是促使A表演并使他意识到自己的表演性，而这种表演完全是非理性的，"只要我运用理智来进行反抗，马上发觉自己寸步难行。"（第54页）真正的艺术不是任何证据和证书可以证明的，只能凭借艺术自我去自己体会。

这种体会，就是死心塌地和食客"携手同行"，进入"每天创新"的创作状态，即排除一切以往的记忆、经验和理智的预设，"非得要脑子里面空空如也才来动手"，一旦发现雷同，便不惜全盘否定；"重要的是舒展，同时对自己的工作半心半意"（第57页），即不要有意地聚精会神，而要让下意识的艺术自我支配自己，哪怕使自己变得像一只被猎人追击的兔子（第58页），不知自己将逃向何方。其实，"金鸡独立"并不是唯一的表演方式，蛋壳上钻孔也可以从表演的角度来进行，来理解；艺术品是什么，这是无关紧要的，它们不是什么"东西"（第59页），只是表演过程的标志和路碑。在这种意义上一切形式的艺术都可以"画等号"。"问题不在于提出什么，而在于一个人的承受和应变能力"（第60页），在于人不断创新的原始生命力。在这种意义上，艺术甚至和日常生活也都可以"画等号"了，因为艺术本身的确也就是人的一种日常生活，艺术的表演也就是日常生活的表演。当艺术家意识到这一点，他就不再是高高在上，而是深入到日常生活中所隐藏的每一个自我冲突中去，发现它们，彰显它们，扩大它们，以它们自居，与它们"和解"，"化神秘为简明人人参加发明创造"（第62页）；"老婆"和"邻居二"就成了艺术家A的一个更深层次的本质环节，他们无意中"将我逼上一条布满陷阱的小路"（第67页）而成全了"我"的艺术。不过，要是没有食客在最隐蔽、最幽深的灵魂深处起作用，A与他的这些"异在"的关系顶多只能产生一些"现实主义"的或"批判性"的艺术，而不能产生出真正的表演。当然，即使在"现实主义"艺术中，"食客"也是在起作用的，但艺术家绝不能凭日常自我意识来认出他。日常自我与艺术自我之间存在某种"陌生化"的距离，各居于两个完全不同的（理性和非理性的）层次中。

这样，艺术家的灵魂就是一个多层面的结构，其中，最外层就是作为"国家工业部承认"（并有证书作证）的大发明家A，他是外界世俗生活中的一分子，处在常人的虚荣、嫉妒、苦恼、怀疑等情绪之中；然后是作为对这个日常生活的自我意识出现的邻居们、老婆、时髦同行等，A一开始认不出他们，把他们当作异己的他在，与他们纠缠在无休止的日常冲突中，但随着他们以巨大的耐心对A进行谆谆教导，A终于一步步认识到他们属于自身中更深刻的层次；再进一步就是食客，即比邻居们更内在的艺术自我，他一方面引导A攀登艺术高峰，另一方面又努力协调着与邻居们的关系，好使艺术不脱离日常生活；但这正是食客本身的矛盾，这一矛盾导致食客最终的分裂，进入到更深的层次，即无意识创作，以瞎眼老太（邻居一老婆）和"过路同胞"为代表。这样还可以无限分裂、不断深入下去，直到最后直接与死神（钓鱼老头）相对峙。在这一终极的点上，艺术与生活、艺术自我和日常自我就完全重合了，有没有艺术品、甚至做不做一个艺术家也就无关紧要了，重要的是做一个人，一个活生生的人。

这就不难理解，食客来到A身边，为什么首先要求A脱离他的日常自我而专心于艺术发明，但却只是当作一个"初级阶段"；为什么在第二阶段，食客便带领A（作为食客的"贴身仆人"）进驻邻居一夫妇家，并"戏剧性地"跪在邻居一的瞎眼老婆面前喊她"母亲"（第76页、第77页）。食客是在将自身的矛盾向A展示出来，并将这一矛盾强行纳入到A的心灵，使他经受危机的考验、不断地深化自己的层次。"这整个第二阶段，是充满了心灵的危机感的，从屈辱、退让，到接受、自觉执行，这中间隔着一道万丈深渊。当然，是食客帮助我插上翅膀飞跃了深渊。"（第80页）例如，"时髦同行"（代表日常意识）强行来和A挤睡在一张窄床上，成天煽动他和食客作对，老同事和邻居一夫妇则怂恿A把自己的世俗生活经历写成一篇自吹自擂的自传。食客对这一切都抱着欣赏和调侃的态度，并鼓励他不妨试一试。实际上正是食客和这些日常自我意识的"异在"在合伙捉弄A，让他在一种"姑妄行之"的自欺的状态中创造出了更高层次上的艺术品（康拉德·朗格曾把艺术的本质规定为"有意识的自欺"，见李斯托威尔《近代美学史述评》，上海译文出版社1980年版，第19页）。"现在是云开雾散见太阳，我首次与大家沟通，达成了某种谅解。这一举动使他们每个人更加明确了自己的位置，明白了自己应该如何调整步伐，直奔伟大的目标。"（第91页）

但有了一点成绩，A又忍不住认起真来，觉得自己真的是个"人物"了，总是不由得滋生出某种怀旧的"伤感情绪"，偷着回家寻找自己早年天才的物证（鸡蛋壳）。但这些物证早已被食客毁掉了，他不准A为自己"留下什么纪念品之类的"，而且逼着他不断地质问自己"我是个什么东西？"（第95页）并不断地写出自己自吹自擂的"生活报告"，包括有关一只"笼养母鸡"的报告和一份"忏悔书"，它们都是A自己的艺术生活或日常生活的真实写照，但却是抱着一种调侃、放肆和逆反（胡闹）的态度写成的。只不过这种态度中的确又含有一种高级的真诚，是对自己内心矛盾的一种深刻的展示。例如，"忏悔书"中列了5条：1.邻居一到底是"我"的自我，还是被派来拯救我的"非我"？2.邻居一是我的忏悔神父，还是本来就是我的"一部分"？（这两条实际上是一条）3.我是无条件地服从邻居一，还是"既服从，同时心存芥蒂"，即建立一种矛盾中的统一？4.由于"本能的抗拒"永远无法消除，矛盾也就永远无法最终解决，只有"时时忏悔，时时纠正偏差，永远处在不安宁的状况中"，"不要有任何确定不变的观点和一劳永逸的想法"，"比如今天写了一纸忏悔书，明天就将这忏悔书加以否定，找出种种毛病来批判一番"（显然，这是对第3条的解决办法，即既抗拒，又通过忏悔的方式服从，永无尽期）。5.目前状况是彻底被动了呢，还是一种真正的自由或主动？这一条与其说是忏悔，不如说是标榜，同时带上一点伤感；但也表明了他对自己此刻处境的一种意识，即他现在虽不如过去一个人那么自由自在、有"独立精神"，但的确上升到了一个"高级创造阶段"，被动中含有主动；限制、否定自己就是对自己从前一切规范的打破。"看来看去，现在这种做法并不是妥不妥当的问题，倒是生死存亡的问题了。创造是什么？就是天马行空，自由驰骋吧。似乎我已经达到这个境界了"，"现在搞发明，金鸡独立，写忏悔书都可以，什么都不搞，只钻研烹调也可以，越是心不在焉越潇洒。只是有一条，必须机动灵活，随时倾听食客的心声，善于做违反自己意愿的怪事，越违反得厉害越有益，成绩越显著。"（第107—110页）

但是，一旦"忏悔书"里流露出一星半点自怨自艾的伤感情绪，就被邻居一一把抢过去撕掉了。A忍着内心的痛苦，与自己的世俗情绪作对，开始向瞎眼老太下跪并呼她为"母亲"（第111页）。这简直是自己在向自己演戏。但谁个不在演戏呢？自觉的演戏比起盲目的演戏是一大进步。只是这种和解的姿态虽然调和了A与邻居一夫妇的冲突，却并未造成他们之间的完全相通，A不得不采取"偷听"的方式来了解自己内心灵魂的对话（第115页），却不能真正"进入他们的意境""拯救自己的灵魂"。他感到自己像一只被戏弄的老鼠一样无可脱逃（第116页），他只好向"首长"这个绝对的听众发出呼吁。这时，"首长"在他的想象中也化为了他的一部分，居然也和他展开了想象的对话。当他向"首长"诉苦："我苦死了，我想找一个活下去的理由，一个支点，但是这个东西分明找不到。我只能不停地向您诉苦"（第116页）时，当他问自己当初可不可以有另一种选择，不至于踏上"这条漫长的、没有归途的崎岖小路"时，"首长"回答说："这就牵涉到一个根本的认识问题了。"（第118页）即你原先当然可以做另一种选择，但那样你也就不会提出这一选择问题；既然你今天已提出了这个问题，那就说明你已经选择定了，不可能再有别的选择或"走回头路"。显然，这是一个认识论的悖论：你不可能在认识之前检查认识工具，正如你不可能在下水之前学会游泳一样（黑格尔就是这样批判康德的）。所以，"答案是在既成事实中，不是在设想中，这种问题，只在于你如何行动。"（第118页）"首长"这番话使A幡然醒悟：我之所以还在害怕什么，正说明我是一个行动者啊！那么我害怕什么呢？说到底，害怕的是虚无，是"什么也没有"（第119页）；我之所以要对着虚无的话筒喋喋不休，正是在拼命撑着延缓虚无的到来。对于"首长同志"的"身份"（他究竟是不是一个有人格的上帝？），"我不可能猜出，也不是真正有兴趣，我是借口探讨我内心的问题呢。""我内心有一些什么样的问题呢？说老实话，最大的问题就是什么问题都不发生。"（第119页）所以人生最大的问题是有或无、生或死的问题，人的一切行动都是由怕死而来的，死了就"什么问题都不发生"了。"我最怕的就是死，长此下去，有一天也许会因怕死怕到极点而死。"（第120页）所以反过来看，人也可以通过自己不断地行动、行动来克服死的恐惧。"食客总是将我的弦拉得紧紧的，每当快要松懈，他又更加用力地紧拉一把，也许这正是置我于死地之举。我总是想休息，我的天性中有懒惰的成分，可是自从被食客缠上身，我就失去休息的权利了。"（第121页）其实，过去的不受拘束、自由自在现在看来也"并非真正的自由"，而是原始生命力未觉醒的受限制状态，一旦意识到必死性，那种状态就再也不可能了。

这就形成了A对待死亡的态度，或者说，一种"向死而在"的态度，只有这种态度才为A提供了源源不断的创作动力。当渔夫，即死神在悬崖边宣扬"除了往下跳，再没有第二条路"，"与这种煎熬相比，往下跳具有更大的诱惑力"时，A提出了不同的看法："如果将渔夫换成我的话，我将在石头上待下来，继续向您，首长同志，搞我的思想汇报。悬崖就在我的旁边，但我目不斜视，口中滔滔不绝，并在此中自得其乐，领略到一种隐秘的快感，这种快感不同于渔夫的快感，渔夫的快感只是一两秒钟内的事，我却总在持续的快感中。"（第122页）A追求的是一种获得快感的"纯粹方式""纯粹风度"，但"目标是看不到的"，只能接近，"因为那种风度是不可捉摸而又变化无常的。"（第123页）一切行动都要不期而至，这正是食客要求于A的。

为了训练练A，食客提出要与他"互换身份"，干脆由A来扮演食客，即要他以纯粹的原始生命力激发自己的艺术自我，"好好体验他的意境"（第126页）。但A一开始还只能从表面上模仿食客的穿着，即赤身裸体，胯间系一块裆布。这显得十分拙劣，且把自己冻成了重感冒。由于怕被冻死，"所以我就干脆穿上厚厚的棉衣，将食客的裆布象征性地围在腰上"，不料这一自发的自欺欺人的举动居然得到了食客的赞赏："好，总算摸到门了。"（第126页、第127页）时髦同行也代表群众说："长此下去，他会练出大人物的风度来。"（第130页）可见，只有出自对死亡的恐惧的表演（哪怕是有意识的自欺）才能真正有成功的创造，否则一切都是做作。

"过路同胞"的撞人再次证明了怕死是A的最高原则。他用武力强迫A与"首长同志"断绝联系，由于怕死，A屈服了。但过路同胞又说他是食客派来试探A的，让他明白他实际上是个"什么信仰都没有的人"（第131页）；实际上联不联系是无所谓的，只是装装样子而已；过路同胞唯一的使命只是监视A的每句话，要都出自食客的意志。这表明，他就是A的深化了的艺术自我，他比食客更为狂暴、更加不由分说、不期而至。但A感到，"非常奇怪，自从这个人像吸血鬼一样附在我身上以来，我从头脑到身体都有了某种改变，我那种秘密的乐趣渐渐平淡下来，激情消失，化为一种习惯……我甚至感到自己与食客有了某种沟通，说起话来也有了某种空灵的成分。"（第133页）他的创作变得自觉起来，他从同一个艺术自我出发，变化出各种花样翻新的变体，完全凭"无法言传"和"灵机一动"的灵感来创作。他有时也担心"我的招数就没有一个穷尽吗？就没有枯竭的那一天吗？我不知道"，这时过路同胞就说："你以为你非要干什么吗？什么都不干也算一招。"（第135页）重要的是那种心境，而不是作品。

达到这种境界，食客就与A分道扬镳了，"他的历史使命已经完成，我现在可以自己去发展自己了。"（第135页）实际上，艺术自我已在A心中生了根，获得了明确的自我意识；而在日常生活中，他已经真正"成人"，摆脱了与生俱来的幼稚性，建立起了"基本的生活态度"。然而，这种"基本的生活态度"，从他现在已为之脸红的道德秩序的角度来看是多么的猥琐无聊啊！它绝不是使人成为传统意义上的"君子"，而恰好是成为"小人"："我只不过是由一个沉默寡言的人变成了一个唠唠叨叨的人。"（即由蔑视语言到不断地创造语言）"由一个意志坚定的人变成了一个优柔寡断的人。"（即由没有矛盾、不做反思到充满了内心的矛盾冲突）"由一个有明确生活目标的人变成了一个奴隶。"（即由服从外在的确定理念到服从内心不确定的原始自发的灵感冲动）从而达到了所谓"零度创作"的境界："不管是有意还是无意，根本不去考虑自己的舌头如何动，因为那是被控制好了的。我总是直到拿起听筒的前一刻还在忙碌着什么其他的事，将每一分钟的时间都占去。"（第136页）这正是残雪实际上进入写作的情形。残雪总是喜欢将自己称之为"小市民""小人"，以对抗整个森严的"君子"道德体系。可以体会出，当她把自己（A）的创作称之为"胡说八道""不务正业""多嘴""浑浑噩噩""以疯作邪"等时，她的确有种"心安理得"的痛快感（第137页）。

而这时，A就不再通过食客，而是经常地直接与钓鱼老头（死神）面晤了。A忽然发现，他现在除了害怕之外，暗暗地还有些盼望钓鱼老头的到来了，"我渴望恐怖的刺激。"

（第141页）但他又想到，终将有一天，食客和钓鱼老头都会离他而去，或不如说都将化作他自己的一部分，他就成了"由五六个人组成的复合体"，"独自一个与外界对立"（第142页），这就达到了他的艺术创造的最后阶段。在这个最后阶段中，一切都已在他自己的掌握中，艺术已完全变成了生活本身，艺术品已完全不重要了，这时如果有艺术品，就完全是自然地流露，只是一种保留下来的与话筒交流的习惯而已，而非刻意的营造。这就上升到为所欲为的自由境界。尽管他的自审永远不会停止，但他已懂得了如何老到地处理这种自我冲突，不再有那种混乱和烦恼，而是与自己的自我灵魂"默默相对"（第148页），维持一种纯净的矛盾统一的张力，脸上现出"不三不四""似笑非笑"的宁静表情——这就是艺术的最高境界。

最后，残雪回答了小说一开头就提出的那个问题：我是谁？或"我是个什么东西？"经过漫长的追问、寻找，答案是：我是虚无。然而，这个虚无，不是一般讲的"没有"，而是一个可以生出有来的虚无。所以A对"首长"说："您是我的救星，我的本质的化身，我的才能的体现，您是一切，我什么也不是！"（第148页）"什么也不是"的"我"却在他自己假定的一个上帝那里使自己的本质和才能得到了"体现"，获得了拯救。所以"我"真正说来是无和有的一个统一体，是一场无中生有、从无到有的奋斗。它首先使世俗生活的一切事件虚无化，进入事件的本质；然后又从本质的层面重新把世俗生活创造出来，构成一个作者自己内心的艺术世界；最后，作者又再次强调了这个新世界的虚无化的本质，让它自由灵动地呈现在人们面前，成为一次性的、不可重复的个人化世界——这就是这部小说所展示的艺术家对自己灵魂追寻的三大阶段。在这里，自我意识（日常自我意识，以及作为它的集中体现的艺术自我意识）的自相矛盾、自我否定始终是贯穿一切的能动的推动力量。屈辱、痛苦和罪感则是整个过程中的基本情调。

如果我们把《思想汇报》和《突围表演》比较一下，可以看出某种层次上的差别。最主要的差别在于，《突围表演》中描述的主要还是主体如何在一个周围世界中"突围"出来的过程。X女士在周围人的猜疑、窥视、闲谈和干扰中奋力表演，这是小说的基调；相反，《思想汇报》却是展示"周围人"（邻居们）对艺术家、主体的一步步启发和帮助，使他从一个层次进向另一个层次的内心历程。当然，所有这些"周围人"在两部作品中都不是简单地意味着艺术家的现实生活环境，而是艺术家内部自身的世俗意识，是艺术家内在创作冲动的激发者和土壤；而由这土壤培育出来的艺术家或主体本身倒是一个虚无或不定的存在。例如，《突围表演》中的每一个人都是如此富有激情，如此焦虑，一有机会就如决堤的洪水般滔滔不绝，他们个个都如此地在乎X女士，为她而活，每个人都声称自己就是她，都企图取而代之，达不到目的就陷入苦恼和自虐；X本人却是一种朦胧的形式，一种理念，五香街的群众则是她的血肉，她的活力（类似于《黄泥街》中群众与"王子光"的关系），二者既脱节又不可分割：这就像我们精神的真实状况。《思想汇报》中则更突出了邻居们凌驾于A之上的激励和引导作用，A则成了一个永远不定地向内深入的过程。

如果说，《黄泥街》中的王子光（王四麻）还只是一个模糊的、似真似幻的理想，那里的"群众"还处在盲目的生命冲动中不能自拔，那么《突围表演》中的X女士则凸显出了这一理想从低级到高级的虚无化方向，即通过艺术使原始的生命力（五香街群众）凝聚为一种统一的意向。至于《思想汇报》，则是这种统一意向具体化的实现历程，它使艺术逐步接近了与现实生活的完全统一。这三部作品正符合于《思想汇报》中所展示的上述艺术灵魂的三大阶段。然而，艺术与生活完全统一之后又怎么样呢？或者说，"寡妇"和X女士（或邻居一与A）变成一个人之后如何继续自己的心灵历程呢？这正是残雪在《历程》中所继续探索的核心问题。我们可以将这部作品称为残雪的"第四大阶段"。

三

残雪90年代第二部重要作品《历程》，是在《突围表演》和《思想汇报》已经达到的思想层次上的进一步发展和展开，它与前两部作品的一个明显区别是：它不再拘泥于通过艺术创造这一特定的生活形式来描述心灵的探索（类似于残雪本人的"创作谈"），而是展示一个普通人的日常人格的自我探寻，因而在某些方面回到了《黄泥街》和《苍老的浮云》那种纯世俗生活气息，但极其明显地将之纳入了主体或主人公（皮普准）的内心冲突。皮普准就是意识到自身的王子光，成为"寡妇"的X女士，与邻居一和瞎眼老太在同一境界中对峙的A。

《历程》一开始，很明显是接着《思想汇报》结尾的话题来进入的。皮普准"是一位五十二岁的单身汉"（《历程》，载《钟山》1995年第1期，第108页，下引此书只注页码），平时家里冷冷清清，有时来几位好奇的邻居，"东张西望，目光又躲躲闪闪，脸上表情似乎是讨好，又似乎是不放心或鄙夷"，"很难说清"（第109页，令人想起A晚年与邻居一和瞎眼老太那"不三不四""似笑非笑"的表情）。他给邻居的印象很恶劣，"但皮普准不在乎，再说他是否知道别人对他的印象也是个问题。"与邻居的这种对峙，说明皮普准在自我意识上仍有一个未解决的矛盾，正如A从头至尾一直在经历而最终也未获得解决的矛盾一样。这就给进一步的冲突提供了契机。

在一个寒冷的冬夜，住在三楼的离姑娘来敲门了。进来后，翻了翻杂志，含含糊糊地说了句："这些年，你已经做了一些事。"就要走。皮普准连忙扯住姑娘的袖子说："你不要对我产生兴趣。你知道我为什么独身吗？不知道吧。我告诉你，就因为自私。"即为了能"独自一个想些乌七八糟的事"（第109页）。皮普准的这番表白是很有意思的。离姑娘实际上代表日常生活中新鲜的生命冲动，而对这一冲动，皮普准一方面心怀陌生感和恐惧感，另一方面又暗中受到诱惑；一方面说自己"自私"（其实是自傲），另一方面又把自己向姑娘和盘托出，渴望交流，一点也不像个自私的人。这说明皮普准的自我意识在日常生命活力这个层面上还停留在模糊阶段，需要一种真正的激发和启蒙，否则就会"丢失东西"（第109页），即：尽管他已"做了一些事"，收藏了不少"杂志"且善于"编故事"（相当于《思想汇报》中的打电话、写报告和忏悔书），却无法进一步提高存在的水平。停滞就是灵魂的死亡或"丢失"。

离姑娘走后，"奇怪的事发生了"，一向睡得很沉的皮普准半夜"忽然醒来了"，再也睡不着，便到屋顶平台上和一只"黑猫"呆呆地对视了几个小时，以后，竟天天如此，打破了惯常的规律，拖垮了身体。显然，姑娘的到来使他又一次面临生死存亡的关头。"黑猫"象征对这一生死问题的幽深的体验或存在的欲望。"楼里的人"，即他的理性自我意识，看出了他的这一处境，使他陷入深深的焦虑中。于是，他"决定弄出点事来，这似乎出于一种破釜沉舟的决心"（第110页）。但他并不清楚自己应当怎么做。在离姑娘父母家，他口里说"我并不要做你们的女婿"，脚却老是不由自主地往这家迈。离姑娘的父母向他示范为那只瘦得皮包骨头的猫捉跳蚤（即弄清生死问题的工作），他却下不了狠心，无法对自己做深入的自审。他对自己灵魂的印象只停留在编一些肤浅的故事上，所以遭到离姑娘父母的呵斥并被扔掉了"做样子"的杂志（相当于邻居一撕掉了A的忏悔书）；离姑娘则骂他是"伪君子"（第111页）。但这一切都是为了"挽救"他。

他沮丧已极地回到楼里（即灵魂的内部），黑暗中碰翻了垃圾，又挨了邻居的一顿臭骂，心中窝了一股无名火。他的灵魂中是如此污秽和暗无天日，有没有什么灵魂的支点呢？他找出一支旧手电筒，以减轻自己对虚无的恐惧，却被强悍的老王（即他自己的理性自我）一把夺走并毁掉了，为的是断他的"后路"（第111页）。理性告诉他，人生的事实真相正是空虚和黑暗，不存在任何心理支撑可以作为生存的根据，只能和理性一道并排躺在冰冷的黑暗里，忍受着难耐的折磨；唯一的出路是和理性（老王）做深入的对话（聊天）。但皮普准只能说出一些老生常谈，他的层次不够。老王一面斥责他，一面却又还是要他讲下去，并鼓励他与离姑娘一家和解（赔礼道歉）。可见理性本身也是一个自相矛盾的东西，它虽然看穿了一切都是虚无，但并不反对灵魂在虚无中的挣扎和创造，反而煽动起自欺的希望。老王甚至不惜和老曾（现实真相的象征）合谋演出了一出"杀人"的戏，让皮普准意识到灵魂的自相矛盾的严重性。

离姑娘也在自欺，她与皮普准若即若离，但她也面临着生死存亡的关头（"人命案子"）。她无法跟皮普准"一刀两断"，而是与他幽会，要求他"编故事"。皮普准抱怨道："所有的人都要我编故事，而我一编出来，他们又不满意，找岔子，把我说得一无是处。我真是见了鬼了。"（第113页）然而离姑娘告诉他，灵魂的深入是一件"非常严肃的事"，即使它看起来好像是一个构陷人的陷阱，在逼着人不断地自我否定和自欺，但这是一个人由小孩子长大成人的必要的冒险。人要成熟就得以假当真地投身于这个陷阱之中。但皮普准缺乏冒险投入的冲动，反而找了个借口落荒而逃。他总是企图不做实际的努力，而单凭记忆和一腔纯情来"证实"自己和离姑娘等人的关系，来把握"你们对于我，到底是怎样一种看法呢"（第114页）的问题。但实际上，这是不可能的。自我的本相隐藏在云雾中，既不可证实，更不可企及。"'我们怎么会把这种事告诉你呢？'老曾狡黠地眨了眨眼，'这是一个秘密。……你要是有胆量的话，可以来参观一下。'"（第114页）但皮普准没有胆量，他不得不承认自己是一只胆怯的"老鼠"。老曾许诺他在自己的"新家"里给他提供一些"新杂志"作为"敷衍大家"的资料，即提供更高层次的自欺本钱。所有这些人似乎都在共同（合谋）耍弄他、构陷他，实际上正是在提高他、教育他，使他领悟到自己的肤浅、虚伪和怯懦，培养他幡然改过的胆量。

这就使他患上了一种"办公室综合征"，即老是怀疑有人在大声地议论和传扬他内心见不得人的丑事，但又总是抓不住人家的把柄，总是一开开门，两个老女人就变成了两个（或一个）老头子，说着完全不相干的事。他的这种神经过敏表明他再也无法坦然躲藏在他过去的面具（"我比较自私"等）后面，而必须自己站出来生存了。"这种情形逼得他只要一开口，就像在忏悔，把自己的全部底蕴都抖搂出来，把自己搞得比以前更窘。"（第115页）他从观念上已意识到他与离姑娘无法分离，甚至产生了对离的"冲动"，但在实际行动上还是无法落实，只能在事后意识到这一点。只有老曾，仰仗自己现实的不由了分说的大力，将皮普准挟持到自己的"新居"（街口的酱油店），向他展示了生活的赤裸裸的真相：灵魂的深入是靠不断地补充新鲜的生命活力（不断更换"情人"）才能获得真正的自我意识的。"我随意与各种各样的女人住在这里，我总在换人，也可以说我一直在单相思。"（第116页）这很有点类似于《突围表演》中X女士不断更换男士（Q、P、O、D等），以追求心目中的"真正男子汉"的理念。老曾告诉皮普准，这个新居是一个可以"耳听八方"的地方，对别人的议论了如指掌。这正是皮普准所关心的，即一心要了解别人（实为自己的异在）对自己的看法，对自己形成一个清晰的概念。可是当他向老曾表示"我也想听一听"时，却被拒绝了："怎么能随便让人乱听呢？你还不到这个层次呢。我会帮你找个这样的住处的，这事我来操心。"（第116页）但直到小说的第二章，他才在老曾的暗中安排下找到了自己的"新居"。日常生活的心灵历程正如艺术一样，也有自己的阶段性。

可是皮普准此时还是执迷不悟。他先是企图阻止离姑娘去老曾那里，害怕他的理想和肮脏的现实发生关系；而后又饿着肚子守在旁边，想要看看离姑娘和老曾之间最终的"好戏"是什么，即想看出现实尽头究竟是什么。他又一次中了现实（老曾）的圈套。除了一些低级下流的调笑之外，并没有发生什么"好戏"，他只好失望而归。这时的皮普准，老想偷懒，自己不敢行动和冒险，只想通过观察别人或是回忆自己的过去（关于"幼鼠"的事）来发现本真的存在，被离姑娘的父亲指出是"过着这样一种堕落的生活"（第117页），恨不得给他一棍子。他最后终于被说服了去帮离姑娘的父母给猫抓跳蚤，尽管目的是想将离姑娘"骗回家来"，也算是进了一大步，有了自我反省的意愿了。但他没料到这件工作是如此可怕，跳蚤咬他，猫也咬他。由于他的心浮气躁，离姑娘的父亲把他送到老王那里去接受再教育，即好好地体会一下虚无之境的滋味。老王对他的评价是："特别不能忍受寂寞和空虚，只好到处制造麻烦来打发日子。"（第118页）面对虚无的存在就是"烦"（Sorge）。

　　所以，即使躺在老王的超然世外的家里，皮普准的耳朵里也不住地喧闹着世俗的声音，总听到两个"女人"的吵闹。老王只好听凭他下到人间（餐馆里）去自寻烦恼。他问那两个化作女人的老头："我想获得离姑娘父母和她本人的欢心，又不愿守在她家抓跳蚤，请问有什么两全之计吗？"没有人回答他的愚蠢的问题。这种思想方式本身就是错误的、自相矛盾的，因为一个人只有忍受了自我否定的痛苦，才能最终获得肯定性的自我意识。想来想去，他终于醒悟到抓跳蚤是他唯一可能的生存方式。在老王的授意下，他带着一本杂志（自我意识的心灵记录）去到离姑娘父母那里学习抓跳蚤。这时他发现，抓跳蚤其实只是一种形式，至于猫在哪里，有没有跳蚤，完全是无关紧要的；但又不能搞形式主义，而要像的确有猫在手里那样真心实意地抓跳蚤，否则就是"虚伪做作，令人讨厌"（第121页）。灵魂的深入需要一种真诚的自欺。其实根本说来，抓不抓跳蚤也是无所谓的，可以打着抓跳蚤的名义念杂志，甚至也可以不念，只默默地阅读就行。重要的是一种态度和一种关注内心的意向，具体做什么则要顺其自然。

　　老王给他的那本"杂志"据说原来就是皮普准自己收藏

的，他的全部杂志都在不知不觉中被老王劫走，存放在他的"博物馆"即记忆的储藏室里了，现在又由老王一本一本地亲手交给他，作为心灵自审的"敲门砖"，即打开反省之门，从心灵过去的记录中读出完全不同的、更深的含义来。例如，他在这本旧杂志上竟然读到他在前天还见过的老曾的死的消息，是他过去读它时从未注意到的。

这么说，杂志上的时间发生了颠倒，这老曾竟是"先行到死"了。离姑娘的父亲则告诉他，不是老曾，而是他本人先行到死了，并劝他应当习惯于这类事（习惯死亡）："尸体？那又有什么？我们每天看，司空见惯了。"（第122页）两位老人不让皮普准睡在他们家，也是要让他一个人独自面对死的恐怖，只有从他们门缝里透出来的一线光明才是皮普准的一点慰藉。奇怪的是，两位老人一方面让皮普准去老王那里学习死亡，另一方面却又阻止他和离姑娘见面。"你想一想，现在你住在这里，可以说与我们朝夕相处，她怎么能回来呢？这是个常识问题。"（第123页）死与生（生命活力）在这里不能直接谋面，只能通过两老作为中介，即通过自审，或通过理性的自我意识。所以当老曾（实即老曾的尸体）和离姑娘、即死和生一齐约他在老王（理性）家里会面时，他就只见到死了的老曾，见不到离姑娘。离姑娘已成了他的一个不断后退、可望而不可即的理想。但这正是离姑娘本人的安排：只有在死亡的驱赶下不断地求生，才是真正的生命存在。

于是老王给皮普准讲了他们这栋楼的"人际关系"的历史，即老王那"传奇般的生活"。老王曾自以为是第一个搬进这栋楼房来的，这栋楼的结构在他脑子里本来是清清楚楚的；但是有一天晚上，"奇迹在我眼前出现了"（第125页），他在自己的门口发现了一个暗道，直通三楼的离姑娘家，这家据说比老王还先进入这栋楼房。当老王诧异地说："这栋楼里除了我没有住户呀！"回答是："不错，原先是这样。现在你找到了我们，不就有了吗？"（第125页）竟是后来者居先了。这恰好是灵魂内部的事实。灵魂在自己内部所发现的每一个"新的"层次，都是原先已存在，但尚未自觉到的层次，因为向内的历程和向外的历程是不一样的，时间是颠倒的，最本源的层次只是在最后才出现。老王后来又通过灵魂的"暗道"发现了老曾，一个"很有激情"但有些盲目的人。这三个人结成一个集体，老王是他们的"保护人"，是任何一个企图与他们接近的人的监督者和诱导者。灵魂的探索总是先从理性开始，然后才深入生命的本能和内心的激情，一旦深入这一层次，灵魂就与死亡进入了对峙，一个人就走上了艰难而恐怖的历程，他注定通过非理性的"暗道"去追求他永远得不到的东西。但这种追求本身却恰好成了那一理想（离姑娘）的体现。所以两老虽然"失掉了一个女儿，但换来了一个虽不太争气、却货真价实的儿子"（第125页）。皮普准的长处就在于，他是"唯一个"记得自己扔掉的东西的人（第126页），这些东西全都被老王保存在历史博物馆（深层记忆）中，可以作为进一步解读、从而进入一个更高层次的前提。但要真正有所长进，还得仰仗某种对不可理解的事（如"午夜的登陆者"、鱼头人身的怪客）的领悟能力。

但皮普准此时满脑子装着世俗的烦恼，无法静下心来仔细体会"杂志"上的话。老妇人（离姑娘的母亲）告诉他："午夜的登陆者，那篇文章里有着所有事情的答案，你一定要找出那句关键的话来，你的生活才会有一个中心。"（第127页）但皮普准读了又读，仍然无法明白。他发现那两个说他坏话、给他带来无尽烦恼的老女人，原来是两个自称为离家的女婿的老头子，而且据说是离姑娘亲自派来"帮助"皮普准"渡过难关"的。世俗的烦恼并不是和对奇迹的领悟毫不相干的事，恰好相反，奇迹必须到世俗生活中去体验。所以两个老头强行和皮普准睡在一间房里，并对他说："人人都有软弱的时候，差不多每个人到了夜里都是偷鸡贼，这没有什么大不了的。你不是读过'午夜的登陆者'这篇文章吗？"（第128页、第129页）。所谓"难关"，难就难在如何从平淡的世俗生活中发现奇迹，而不是视而不见。皮普准感到光是在离姑娘父母家捉跳蚤、进行灵魂的自审已不够了，应当有更丰富的世俗生活来充实内心。他想到了出走。小说进入到第二章，描述了皮普准终于出走的过程。

第二章一开始，皮普准和老王有一段谈话。老王说起自己的"博物馆"，谈到那里面保存了皮的全部历史，并说皮对自己的历史"一点也看不懂"。皮却说："也不是完全不懂，比如最近我有种感觉，觉得自己正走进一片空旷的原野。"就是说，他感到自己是"被抛入"这个世界中的，这种被抛对于他完全是偶然的。"一旦老王打开他自己的房门，看见了站在门口的皮普准，皮普准的命运就发生了奇迹般的转折"（第129

页、第130页）。老王同意这点，但又说"皮普准的家和他家早就有暗道相通"。这表明，主观性和理性是相通的，因而他们与外在偶然的客观性相遇是迟早的事，因为理性非他，乃是对客观性的渴望，这本身就涉及主观性自己的存在根基。所以老王接下来就要皮普准"大声朗读"杂志上有关"黑猫"的文章。但皮普准总是只想到这只猫、那只猫，而未看出猫是存在体验的象征，老王斥责他"太俗气了，完全缺乏想象的能力，实用主义毁掉了你的想象力"（第130页）。接着又带他去参观"博物馆"，但皮普准在黑暗中什么也没看见，非常烦恼。老王告诉他，只有那只猫才能使他不急不躁，于是又要他再读猫的文章。他读到这样的句子："它做出了一连串荒唐的举动，终于在一次出击时咬伤了自己的尾巴"，"每一次进攻都是一次溃败"等，一点也不理解，自己却闭上眼睛胡说八道起来（第131页）。不曾想这恰好达到了老王的目的。实际上，对存在的体验（猫）的本性就是荒谬的，自相矛盾的，正因此它才具有不可预料、不可规定、不可遏止的偶然性或自发冲动。但皮普准对此并不自觉，他在游览"博物馆"时老想用肉眼去看，正如他想用手电筒去照一样，而不是用自发的欲望去指引自己。所以他什么都看不见，对于"香木"（年轻时代激情的象征）"一点感觉都没有"（第130页）。总之，老王的意图就是要排除他的理智，唤起他随心所欲的本能欲望，即使违背逻辑和常理常情也行，只有这样，才能从一个更高的层次上把握以往的历史，进入和切中客观性。

当皮普准按照老王的通知去老曾的"新居"赴老曾的约

会时，终于迈步向那个更高的层次进发了。当然，两个发出女人尖声的老头也跟着他，不断地和他纠缠。老曾不在家，门开着，他们走进去等到半夜，不见老曾回来，便在老曾床上挤在一起睡起觉来。天亮以后，皮普准想不通老王他们为什么要捉弄他，"不让他抱有一丝一毫的希望"，"连下一步该怎么做都拿不定主意了"，即把他抛入了一种一切要由他自己决定的自由状态。酱油店老板对他说："你赶紧离开吧。我要警告你，回家的路是十分遥远的，你昨天来这里走过的那些路全都改道了……你走着瞧吧，尽量选择无人的小道，赶快走，还来得及。"（第132页）皮普准出得门来，四周一片茫然大雾。他走在陌生无人的小路上，"觉得自己就像瞎子赶路一样前进着，开始还有些畏怯，到后来干脆什么都不管，稀里糊涂抬脚走就是"，"因为一切都不容他选择"（第132页）。当然，这趟旅行最初还是由皮普准的生存欲望所驱动、所选择的，但一旦开始，就没有了选择的余地，连返回原地都不可能了，他只有向前走，走入一片无人之境，没有任何"线索"，唯一遵从的是自己的欲望。

当他听见一声凄厉的猫叫时，他终于到达了自己的（也是老曾暗中安排的）"新居"。屋里走出一位白发老妪，自称"我就是你日夜思念的那一位"，"我一直在这里等你"（第132页）。老妪实即他的更高层次上的自我。她请皮普准由一架梯子爬上屋顶去看那只猫，但皮还是没看出什么名堂来。她把这归结为他"对自己的年龄存有幻想"，自以为还不算老；而只有彻底摆脱了"幼稚毛病"、思想极端老到的人才能看出，猫是对这个世界的真正的本体体验，正如那篇有关猫的文章所写到的："人类无法弄清这高深莫测的动物的内心。"（第130页）老妪叫他坐在这里等一个人，自己走了。等谁呢？并没有人来（令人想起贝克特的《等待戈多》）。"他终于明白老妪不会回来了，正是自己取代了她，占据了这个荒野中的屋子。"（第133页）这就是老曾向他许诺过的、由他自己努力达到的那个更高层次的住所。他终于"领悟了老妪让他留在这里的意图"（第134页）。

但一开始，他并没有把这里当自己的家。正如他虽已建立了主体意识，但却情不自禁地要不断退回自己的传统性格，从成人降到儿童一样。他这时脑子里想的是："这只是一个临时的住所，他的家在五里街那栋八层楼的房子里。"（第133页）怀着这种心态，他看周围的街道、市镇和人全是陌生的，有一种"异样的空虚，又异样的紧张"（第134页）的新感觉，急于回到原来的住处。所以他见人就问"五里街离这儿有多远？"时时冒出一股遏制不住的"寻根"的渴望。这时他遇到了一位送开水的"三姑娘"，她劝他要把这种寻根、回归的"恶习"彻底改掉："你在说一条街吗？你弄清楚了它的真正的名字吗？你一定在凭印象信口开河吧？这正是你的恶习。"（第134页）"你不是来了这里吗？现在再唠叨那些陈芝麻烂豆子的事又有什么意义呢？"（第135页）这之后，三姑娘每每听见他再唠叨五里街的事，就要给他一顿呵斥。她是新的生命力的象征，即离姑娘的转化形态或高级形态："我年轻，又有朝气"，"今后你的一切行动都得听我指挥"，因为她是猫的"老朋友"（第135页）。但是皮普准不争气，总是用老眼光看待镇上的新事物。在茶馆中，见到有人看杂志，他就去和他大谈《午夜的登陆者》，三姑娘叫他闭嘴，暗示他撞到了死神面前："这种事谁也不能乱说，关于这种事不说话反倒更好"，并说他"找死"。在死神面前，人只有沉默。

这新居的确是个可以"耳听八方"的地方，镇上发生的所有事件在夜晚尽收耳底。但三姑娘要和她的情人做爱，把皮普准支了出去。皮走到外面，遇到镇上人的信使、穿绿袍的茶馆顾客，他告诉皮周围全是敌意，要他小心。回到住所，三姑娘却说用不着担心，"这个镇的秩序好得很"，时间长了就会习惯的（第136页）。他要三姑娘带他去见老曾，三姑娘把他带到了一个姓曾的白胡子老者那里。老者正在读一本书，并要皮普准也来读。皮发现"这些词和句子他都眼熟得不得了，却偏偏看不懂"，大感不解。老者告诉他："这篇文章就是你从前读过的《午夜的登陆者》。""现在你失去了耐心，所以再也看不懂了吧？我只是想试探你一下。"（第137页）皮又问及"五里街离这里有多远"的问题，老者说"这种问题很快就要水落石出"，便不再理会他。实际上，这里恰好就是过去的五里街，白胡子老曾正是过去那个老曾，正如这篇文章就是那篇文章一样，只是层次不同了，用过去的眼光看就不认得了。我们读残雪的小说，也只有提升到她的意境才能读懂，才会发现她所描述的其实根本不是什么"精神变态""噩梦""畸形"等，而正是我们日常的正常生活，只是用了一种哲学的眼光、彼岸世界的眼光来看而已，它是我们日常生活的本质、真相，我们所谓"正常人的"眼光反而是"凭印象信口开河"的"恶习"。所以，关键是要习惯这种新的意境，习惯"这个镇的秩序"，抛弃过去的"恶习"。

皮普准还没有完全悟到这一点，他只是处处觉得这个镇上的人和事"似曾相识"。为弄清事情真相，他到处找"信使"。三姑娘呵斥他说："你以为他是可以找得到的吗？他和你之间并没有约定！他和所有的人全没有约定，你与他见面的事，是由我来决定的。"即取决于是否有新的生命力爆发出来。"假如你改掉恶习，使我满意，我会在适当的时候安排你与他见面的。"（第138页）但皮普准使三姑娘很失望，他一点也不"谦虚谨慎"，老是自以为是地用陈旧的眼光来理解新事物。三姑娘带皮普准去寻找老曾的行踪，走到郊外一个茅棚子里，三姑娘说，老曾就在这里充当守林人，但关键在于，"他并不像一般人设想的那样在守林，他这种守林只是一种形式，或者说一个幌子也可以。他每天就如一个游魂一样来一下此地，完全没有什么实质性的内容，我们走了这么远来看他也不过是做做样子。"（第138页）其实，在这个小镇上，一切发生的事情都只是形式，从内容上去把握准会出错。形式才是事物的本质。因为它是灵魂的轨迹和历程。正如残雪在《辉煌的日子·跋》中所说的：

　　　　否定了一切的描述者还在描述着，只是为了使自己相信，自己在虚空中站稳了脚跟。也许并不是这么一回事，描述者并不是为了使自己相信自己在虚空中站稳了脚跟，他早已忘记了自己身边的虚空。他还在描述，只不过是种敷衍，他做出描述的样子，实际上却在忙中偷闲，不断地跑到一间房子里去喝一杯酒，吃些冷肉，然后嘴上带着油光返回，又做出描述的样子。（《辉煌的日子》，河北教育出版社1995年版，第341页、第342页。）

皮普准却只看到一个一个的事件和人物，他不能上升到空灵的形式，因此这些事件和人物在他脑子里搅成一团乱麻，到处是陌生和凶险的信息，搞得他疲倦不堪，更加渴望回到原来熟悉的环境。于是他不顾三姑娘和小胡子在他旁边做爱，一个人沉入了梦境，梦见重新与离姑娘相会。醒来时，三姑娘告诉他，信使再也不想和他见面了。这意味着他将不能真正进入这个小镇，不能在更高层次上把握自己的自我。

第三章正是从这种令人绝望的处境开始的。皮普准"突然觉得失去了一切希望，眼前黑黑的。他想蹲下来哭泣"。他对洗鱼的妇人，又称"女老曾"的说："我丧失信心了。"（第139页）女老曾拿出一张地图让他辨认，问他记不记得自己走过的路。皮普准却一点也看不懂，只是一个劲地提起他在五里街的老住处。他老是自认为一个"外来人"，女老曾骂他是一个"不争气的家伙"，告诉他："你要是不开口，没人相信你是外来人，你这样一说，倒真像个外来人了。你尽管不记路，但是你今天走过的那条路线，你还会重复好多次的，你会于不知不觉中将它记熟。"并指着地图上一栋八层楼的房子说："你真的认不出你住过的地方了吗？""你可以有意训练自己，每天来看地图，看得多了就会认出一些地方”，“为什么你就不能反省一下呢？……你不要丧失信心”，“你要死死盯住地图上的每一个标记，不要轻易放过，这样你就会认出一些地方的”（第139页、第140页）。这就是史铁生所说的“凝视”，也是我在评论残雪时所采用的方法。但一般人正如皮普准一样，缺乏这个耐心，所以他们既看不透残雪，也看不透人生的真相，他们太浮躁了。皮普准一心只记得：“我不是此地人，五里街是我的老家，我是那里一家人家的女婿。”小胡子则告诉他：“那只是你的梦想罢了。”（第140页）

这时飞来了一架飞机，小镇家家都关上了大门。女老曾解释说：“我们世世代代住在此地，我们有自己的地图，现在外面来了这架飞机，必定生出这个疑问：它是从哪里来的？难道要我们改变信念，重新创造一张地图吗？这是不行的，所以我们都关上了店门。”（第140页）飞机意味着“外面”的信息、更广大的世界，可见这个小镇也还不是最高的层次，有它的局限性。但要紧的是先要占据它。女老曾对皮普准说：“你已经没有退路了”，并在地图上“固执地指着一条街的标记，要皮普准看了又看”。最后皮普准迟疑地说：

我觉得有点熟悉，有点像我原来住的地方。

这是一个飞跃！皮普准走到街上，觉得街上的人也有点面熟，他还和小胡子推心置腹地交谈。他“生出一种决心”，要和三姑娘分手（第141页），因为三姑娘已完成了她的历史使

命，正如"食客"完成了自己的使命就离开了A一样。皮普准
开始和女老曾去制订和实施他们的"旅游计划"。首先还是看
地图，在黄昏的幽暗中，女老曾不让皮开灯，说要锻炼他的眼
睛。"你只要长时间地坐在这里，脑子里就会出现一张和这一
模一样的地图。"皮普准勉强照办了。

> 皮普准坐在光线昏暗的小房子里，思绪像野马一样
> 奔跑开了。这一次，他所想的完全不是五里街的事了，他
> 目前的处境困扰着他。一会儿他想与那位男老曾去荒山守
> 林，住在棚子里了此残生；一会儿又想与这位女老曾一起
> 钻研，共同制作一张新地图；他还想自己亲自来充当信使
> 的角色，给以后的新来者传递那种微妙的信息；或者当飞
> 机再次降临小镇时，登机离开此地，继续寻找新的城镇。
> 在这些想法中，他一次也没想到返回五里街。仿佛有一只
> 无形的手在他那阴暗的心里拨开了一道口子，放进了一束
> 光，他感到自己渐渐轻松起来了。……他拿起地图来看，
> 一种沁人心脾的亲切感油然而生。他分明感到：这个小
> 镇，他已经在此生活了一辈子。这里的每一个店铺，每
> 一所房子，他都去过了无数次，到处都是他的呼吸，他的
> 脚印。原来他正是出生在此地，而眼前的这位妇人，或许
> 是他的姐妹。（第141页）

他向女老曾宣布："我已经不打算回家了！"妇人则高
兴地说："你终于回到了你原来的家。"（第141页）在世纪

末世界性的"回归""寻根""回家"的喧闹声中，这是第一个离家出走的宣言，它发生在中国，更显出事情的本质：离家出走才能找到真正的精神的家园，人类的家园不在过去的坟墓中，而在不断地"旅行""探险"，向未知世界突进之中。"谁也不知道我会在哪儿住下"（第141页），没有一个"信使"可以告诉我未来如何、可以支配我的命运！

但皮普准的"眼力"还未达到男女老曾的层次，他还必须"天天操练"。白胡子老曾告诉他："你还记得杂志的事吗？事实上，从那时起你就开始操练了，不过要到我们这种水平是不可能的。"女老曾的口气稍缓和一些："你的功夫还差得远呢！"（第142页）皮普准没有看出，所谓"外出旅行"，不过是在同一个地方层层深入，所以表面上看来他是在"受骗"，但却是"自愿受骗"，即在每一个层次上都采取一种"自欺"的策略，将这个层次姑且当作客观真实的，但却为更深层次的真实留有余地。所以对于女老曾的地图，皮普准也渐渐并不认真对待了，他这样却反而与女老曾达到了某种"心心相印"："皮普准喜欢这静谧的瞬间，也喜欢屋外的喧闹。他在里面同时又在外面，内心跃动着说不清的喜悦"（第142页），因为他把握了过程，也就是把握了本质，因而贯通了主体与客体、思维与存在、内心与外界、自己与他人。对于现象世界，他变得"随遇而安，得过且过"，"心不在焉"又"无动于衷"（第142页、第143页）。这样，他又重新看见了老王，原来老王就是他现在的邻居，还有离姑娘，她的父母，老曾，白胡子老头，他们"都来了"，或者说，他们从未离开过此地，从小就在此地长大。老王说："讲到博物馆，还用得着我带在身上？它就在我心中。"（第143页）女老曾则告诉皮普准："凡是这镇上看见的人都是原来就住在这里的。就像你，也是在此地出生，只不过偶然外出转了一圈又回来了。"皮"觉得自己心中的烦恼正在渐渐消失"（第143页），达到了佛家"见山还是山，见水还是水"的境界。

而与此同时，他也意识到了自己的界限。他一旦占领了这个小镇，小镇就成了他的界限。"他觉得自己被囚禁在这个小镇上"，"他目光明亮，耳听八方，但身体无法挪动一分一寸"，"他无处躲藏"。但女老曾对他说："这正是你所乐意的。"即是他自己愿意从一个囚禁地到另一个囚禁地旅行的。因为意识到界限，这本身就已经在超出界限了，或如黑格尔说的："某物在被规定为限制之时，就已经超出了限制，"（见《逻辑学》，上卷，杨一之译，商务印书馆1977年版，第131页。）"有那么一天，你还会从这所房子走出去，沿着街道一直向前走，然后你遇见一个卖馄饨的，你与他招呼过后，继续走，街道在你身后消失了，鞭炮声也变得隐隐约约，最后你到了一个新的城镇，黄狗在街口庄严地守卫。"（第143页）正如浮士德的"智慧的最后断案"所说的：

> 要每天每日开拓生活和自由，
> 然后才能作自由与生活的享受。
> （《浮士德》第二部，第五幕）

正是在这种不断地自由开拓生活、不断突破限制又不断制定限制的过程中，皮普准才真正与客观性达成了和解和统一，使自己"在里面同时又在外面"，或如残雪在另一处说的："我带着文章里面和外面的那个永恒的矛盾，坐在钓鱼老头的身旁，随随便便地讲些风马牛的话。"（《辉煌的日子·跋》，第342页）这就是皮普准的抽象主体通过投身于客体而成为具体主体的历程，也是他向自我深入、越来越寻求到更真实的自我的历程。在其中，他不断地和自己作对，克服自己身上先天的幼稚、软弱、奴性和近视，逐渐变得成熟、坚强、独立而深刻起来。这是一个极其痛苦、困惑、焦虑、茫然的过程，是精神的炼狱，但不如此，诞生不了新人。这就是中国当代人必经的命运。

《历程》的主题，是讲人的主体性进入客观性、与之相冲突并由此使自己提高到一个新的层次的生命过程，它与《思想汇报》中明显的展示主体的艺术创造精神在形式上有所不同，但从实质上看，这两部作品从不同角度描述的是同一主题。在残雪那里，艺术与人生、与人格的形成是一回事。主体必须以自己顽强、执拗的主体性与客观性相碰撞，突破进退两难的困境做生死的跳跃，从而在更高的层次上把握住客观性的本质，在上面看出自己的真正形象来，将之纳入自己本身的一个内在环节；同时客观性又永远疏离着他，引导着他，成为一个有待进一步深入和征服的对象：主体性由此而不再是一个封闭的灵魂实体，而是一种力、一股风，一个单纯的能动的"形式"了。

　　残雪的作品是一种哲学，一种用细腻的女性直觉写出来的高深的哲学。这在中国文学史上是空前的，在世界文学史上也是罕见的。对她的阐释是中国当代回避不了的一个历史任务。

十一

林白与陈染：怨女幽魂的私语

从80年代开始，文学界的"阴盛阳衰"便成了一个经常被人谈论的话题。当政治经济的话题从文学主题的宝座上谦逊地退位以后，似乎男作家们也随之被挤到了文学园地的一隅，最精彩的戏都是由"感情化、神经质"（王蒙语）的女性作家们来上演的。我不知道这是不是一件好事，但可以肯定的是，女性写作在大多数情况下并不是由于它在对人的灵魂的塑造上提出了什么新的前景（在这方面，残雪是一个例外），而多半是由于对中国人已有的文化现状和心灵现实作了更深入的挖掘和发现，才在当代中国文学上占有了压倒许多男性作家的优势地位。当然，这些挖掘和发现，离开20世纪末主要从西方接受过来的一些新概念、新视角、新形式和新的语言构架，也是无法想象的。女作家们本身就是一种新型人格的探索者，她们大都置身于男作家的"寻根"的集体无意识之外，往往能更直接更细腻地表达极为新奇特异的感触和思想，而与传统文化的自我意识保持着有意的拒斥关系。然而，由于她们自身固有的某些缺陷，她们虽能形成一股冲击传统审美趣味的情感和情绪力量，但最终往往很难定位于普遍人性的开拓，无法形成真正有力的个性人格。90年代，"女性主义文学"所鼓吹的"个人写作"或"私人话语"，其落脚点仍然是"女人写作"和"女人话语"，所表达的主题往往从反传统滑向了反对男性，从树立个人变质为呵护女人。林白和陈染是这一倾向的较典型的代表。

当然，一般说来，90年代女性写作的确对传统男性文化是一种深刻的震动和挑战。残雪对当代新型人格的建设也几乎只有从女性的立场才有可能。但这只是由于，中国数千年由男性建立起来的政治道德文化传统在显性的男性话语背后，其实隐藏着深厚的女性文化的根基。中国文化从本质上看是"女性化"的，这从男性文化本身从来无法清除的恋母、寻根的倾向可以看得出来。在中国，男子汉（即没有被女性化的男人，如项羽、张飞、李逵等）总是肤浅的、表面的、无根的。因此，女性写作揭示出中国文化这一阴盛阳衰的事实，这本身就足以摧毁由男性所建立起来的一整套思想体系的自信，成为一种前无古人的新举动。这种举动有些类似予"痞子文学"对实情的揭露；但也正因此而成了一种变相的"寻根"；它不能解决在摧毁了旧东西之后向何处去的问题，很可能如鲁迅说的，"醒来"之后发现"无路可走"。这种寻根如果不能像残雪那样作为一个临时的出发点，以便向更高的精神层次探寻，而是沉溺于其中流连忘返，以物质（男女两性的区别）来冒充精神，就会重新堕入传统文化（女性文化）的圈套，散发出陈腐的气息。这大概是某些最"先锋"的女性作家始料不及的。换言之，一个女性作家的作品，如果不能让男性读者也从中读到自己的灵魂，而只是满足着男性的某种窥视欲和好奇心，这种作品就无法达到人道主义的层次，而将局限于女性所特有的狭隘、小气、自恋和报复心理。

林白和陈染的作品，在当代文学中是个性化色彩较突出的，而且她们自己也清楚地意识到这一点，有时达到了故意标榜的程度。在这方面，她们和残雪非常接近。但残雪的感觉虽然是极端女性化的，却又有着罕见的男性洞察力和对形式的敏感，因而她的作品除了凭借感受力外，还要借助于理性和逻辑才能分析和评论。她不是有意地把个性化归结和还原为女性化，而是力图把女性化上升到真正独立的个性化。她的语言几乎是中性的，或不如说，是超性别的。反之，林白和陈染只要读上两三句，就知道出自女性（传统意义上的女性）之手。她们似乎以此而自豪，因为在男性占主导的"主流文化"的"大合唱"中，她们自认为是在"男人性别停止的地方"的一声"强有力的独唱"（见陈染：《私人生活》，作家出版社1997年版，第181页，及附录"另一扇开启的门"）。看她们的小说，我老想起有本杂志上一篇叫作《做女人真好》的文章，里面有句宣言式的话是："下一辈子还做女人！"也许她们把一些人为自己"黄皮肤、黑头发"而自豪的那股劲用到性别上去了。但作为艺术，我看不出这种情绪能为作品增色多少。至少，女性化绝不等于个人化（因为人类有二分之一都是女性）。真正的艺术得从更高处用力。

下面我想根据90年代两部最有代表性的纯女性文学作品即

林白的《一个人的战争》和陈染的《私人生活》，来分析一下当代中国人对于个体人格建设所存在的理解上的误区，以及当代中国最有思想活力的人们（女作家们）在这一误区中的冲撞和摸索，评价一下这种摸索的意义。

一

林白《一个人的战争》开头的题词颇富哲理："一个人的战争意味着一个巴掌自己拍自己，一面墙自己挡住自己，一朵花自己毁灭自己。一个人的战争意味着一个女人自己嫁给自己……"（《一个人的战争》，载《林白作品集》，内蒙古人民出版社1996年版，第3页。下引此书只注页码。）单从这一题词来看，林白和史铁生、残雪似乎是站在同一基点上的。这是一连串的悖论，它表达了自我意识内在的自否定和经过自欺而自我深入的结构。应当说，这是一种成人的心态，它不是天生的，而是一个人的灵魂在成长到一定阶段才出现的内心焦虑和冲突，通过它一个人达到精神上的成熟。

然而，林白一开始就把这种心态理解成了一种性格上的孤僻。这是一种生就的自我敏感性，小说的女主人公多米从五六岁起就有一种自我抚摸的爱好。其实许多敏感的孩子都有这种经历，它属于儿童心理发展上的正常阶段；但是如果从小缺乏大人的关怀（如多米三岁失去了父亲，母亲经常不在家），这种自我关怀就会得到加倍的刺激，以至于发展为某种"受虐狂"。这也许是多米在进入青春期"常常幻想被强奸"（第

19页）的心理原因。并且，由于没有亲人的抚摸，多米长期靠自己满足自己，她从小养成了"一种男性气质"，"从不撒娇"，她感到自己"是一个真正受过锻炼的人，千锤百炼，麻木而坚强"（第24页）。"她没有领袖欲，不喜欢群体，对别人视而不见，永远沉浸在内心，独立而坚定，独立到别人无法孤立的程度。"（第26页）但是，一个性格上独特的女孩子是否能成长为一个人格上独立的女人呢？不一定。

多米虽然具有某种"男性气质"，但她内心是一个女性主义者，甚至"女性崇拜者"（第33页）。她说："我30岁以前竟没有爱过一个男人。""我真正感兴趣的也许是女人。""女人的美丽就像天上的气流，高高飘荡，又像寂静的雪野上开放的玫瑰，洁净、高级、无可挽回；而男性的美是什么？我至今还是没发现。在我看来，男人浑身上下没有一个地方是美的，我从来就不理解肌肉发达的审美观。"（第27页）她甚至因此而有一种类似于同性恋的倾向。显然，对女性的这种崇拜以及对一般男性的厌恶不是来自性格，而是来自文化。多米的审美观正是《红楼梦》中贾宝玉和众姐妹的审美观，即"女儿是水做的骨肉"，"凡山川日月之精秀，只钟于女儿，须眉男子不过是些渣滓浊沫而已。"例如，多米也和贾宝玉、林黛玉一样，认为就连男人住过的房间都有"一股浊气"（第165页）。由此看来，她那"不喜欢群体""独立而坚定"的性格在文化的浸润中也成了一种林黛玉式的孤傲。其实，多米何尝不喜欢群体，她内心渴望群体的理解，这渴望阻止她真正成为一个同性恋者，以免"将我与正常的人群永远分开"（第

48页）。在大学里，她需要一个新的环境来"帮她投入人群，使她成为一个正常的孩子"（第55页）。

但这种需要通常只是作为一种内心隐秘的渴望而保存在灵魂深处。多米的心性很高，她深知周围人群中没有能使她投身于其中的对象，即使在大学，她也害怕人际的接触和坦露。她宁可自己拎水上山去宿舍洗澡而不愿去公共澡堂；她偷偷地写诗，"暗自希望所有的熟人都不看我的诗，而所有不认识的人都看我的诗。与肉体上的裸露欲相反，我在心理上有着强烈的隐蔽欲"，"只要离开人群，离开他人，我就有一种放假的感觉，这种感觉使我感到安静和轻松"（第37页）。然而，这种孤傲是无根的，或者说，它的根恰好是相反的东西：她的坚强来自于她的软弱，她的隐蔽欲来自于她的敞开欲、裸露欲。正因为意识到一旦敞开，裸露就会陷入灭顶之灾（因为这种敞开将会是那么彻底和不顾死活），她才那么小心地隐蔽自己。同样，她对同性的拒斥（如对同性恋者南丹的"天敌"式的拒斥）正是源于对同性的美丽的赞叹，实际上是对自己的顾影自怜的赞叹。这种赞叹只能是一种远距离的欣赏，而不能是一种近距离的占有和融合，否则就会变成同性相斥（正如南丹一语道破的：对南丹的害怕实际上是"害怕我自己"，第46页）。为什么会是这样呢？这不恰好说明，多米对女人的美的欣赏以及她的自我欣赏并不真正具有女性自身的独立意识，而恰好背后隐藏着一种异性的（男性的）眼光？的确，她正是用男人的眼光在欣赏自己。正是在男人的眼中，"美丽的女人总是没有孩子的，这是她们的缺陷，又是她们的完美。她们是一种孤零零的美，与别人没有关系"（第129页）。男人需要的正是这样一种没有孩子、与别人"没有关系"的孤零零的美丽女人。

这就是全部问题的关键。在中国，极其"女性化"的写作从本质上看都是立足于男性的眼光和趣味来进行的。换言之，西方女权主义要摆脱由男性文化所塑造起来的女人身上的"第二性"特征，来强调女性自身的独立不倚；而中国的女性主义却恰好是鼓吹和美化这种"第二性"的狂热分子。西方女人不要孩子是为了能像男子一样追求社会活动和精神的创造及享乐，中国女人不要孩子通常却是为了男人的趣味、男人的方便。因此，毫不奇怪，多米逃避了南丹的倾慕，却渴望哪怕有男人来强奸，来毫无顾忌地、粗暴地享用她的美（否则的话，她的"美"又有什么意义呢？女性的美不就是为了"一点也不美"的男性而存在的吗？），乃至她在轮船上轻易地委身于第一个来和她搭话的男子。她后来总结这件事的起因："有两样东西更重要：一是我的英雄主义（想冒险，自以为是奇女子，敢于进入任何可怕事件），一是我的软弱无依。"（第129页）而后者是更根本的："她还没有过服从别人的机会。""她需要一种服从和压迫。这是隐藏在深处的东西，一种抛掉意志，把自己变成物的愿望深深藏在这个女孩的体内，一有机会就会溜出来。女孩自己却以为是另一些东西：浪漫，了解生活，英雄主义。"（第131页）我不知道林白在写出这些真知灼见时是否已意识到她自己的矛盾：她渴望被纳入"男性叙事"的语境，而当她不自觉地努力吸引和诱惑男性的眼光

317

时，她自己却以为是在进行"个人化写作"和为女性争取自己的"主体"，在与男性叙事"竭力对抗"（附录一："记忆与个人化写作"，第303页）。

林白的细腻、准确的感觉确实没有欺骗她，她分析多米的心理说："多米一碰到麻烦就想逃避，一逃避就总是逃到男人那里，逃到男人那里的结果是出现更大的麻烦，她便只有承受这更大的麻烦，似乎她不明白这点。"但她并不是"不明白"，而是"不由自主"。"事实上她是天生的柔弱，弱到了骨子里，一切训练都无济于事。"用男人的话来说："你是一个非常纯粹的女性，非常女性。"（第135页）在他们那里，这是一种赞扬；而在一个具有独立人格的女性（更不用说女权主义者了）听来，则含有屈辱的成分。多米在理性上有时也意识到这一点。当有男人对她说"你最好只在作品中强悍，不是在生活中。女人一强悍就不美了"时，她反驳说："你说的美只是男人眼中的美"；但私下里却又承认"一个女人是否漂亮，男人和女人的目光大致是差不了多少的"。（第140页）这表明她从直觉上已承认了自己从骨子里本能地已屈从于男性眼光的事实。理论在没有事实支撑时必然是苍白的，只有新的事实才能支持新的理论。而新的事实不是天生的，也不是从现有事实中可以"开出"来的，而要靠无中生有的创造，否则就会成为一个个千篇一律的陈旧故事，这就是小说后半部分有关一次"傻瓜爱情"的恋爱故事。

"傻瓜爱情"是一个中国文学史上谈腻了的题目，已经很难有什么思想上的开拓性。当然，林白的细腻真切的感觉仍然有其可取之处，但总体上给人一种"老生常谈"的印象。故事的古老模式是：一个与外界隔离、封闭、纯情的女子（"我也许天生就是为幽暗而封闭的房间而生的"，见第162页，令人想起白居易"养在深闺无人识"的名句），焦急地等待着自己幻想中的如意郎君（"自25岁之后，我的焦虑逐年增加，生日使我绝望，使我黯然神伤。我想我都30岁了，我还没有疯狂地爱过一个男人，我真是白白地过了这30年啊！""我一定要在30岁到来之前爱上一个人。"第175页）于是，有一天，"那个人"来了。"我"一见钟情，为他奉献了一切，想用婚姻"把他捆在我身边"（第179页）。但男人负心，始乱终弃。"我对他充满了怨恨"（第184页）。这一场恋爱，终于轰轰烈烈地收了场，多米满足了自己受虐的欲望，她自愿地在男人面前把自己变成了"物"。"我无穷无尽地爱他……其实我跟他做爱从未达到过高潮，从未有过快感，有时甚至还会有一种生理上的难受。但我想他是男的，男的是一定是要的，我应该做出贡献。"（第178页）这真是多米身上根深蒂固的传统劣根性的一个总暴露！她即使在自暴自弃中，也仍然是那么贤淑，居然把毫无乐趣的性交当作自己对爱情应尽的责任！难怪她后来发觉"我想我根本没有爱他，我爱的其实是自己的爱情"（第175页），"一切就像一场幻觉，连做爱都是，因为这是无法证明的，除非留下孩子。"（第183页）但她为了"男的"已把腹中的孩子做掉了，她一无所有，她的自尊，她的自傲，她的独立和决断，一切都在刹那间崩溃，一个被遗弃的怨女，什么都不是，只留下一个没有灵魂的躯壳。她随后就把这躯壳卖给了一个老头子，为自己在京城谋了一个位置。作者在这里声明："多米她从此就脱胎换骨了。"（第190页）就是说，她成了一个幽灵，"无论她是逆着人群还是擦肩而过，他人的行动总是妨碍不了她。她的身上散发着寂静的气息，她的长发飘扬，翻卷着另一个世界的图案，就像她是一个已经逝去的灵魂。"（第190页）这"另一个世界"，就是以朱凉、梅琚为代表的世世代代被社会遗弃了的女人的世界，即怨女幽魂的世界，也就是绛珠仙子"魂归离恨天"的那个世界。在那个世界里，她的：另一个自我对她说："你才是我虚构的，你的血也是虚构的。"（第15页）

这正是贾宝玉和林黛玉最后唯一可能的归宿，它证明，多米的所谓"英雄主义"或"浪漫主义"只不过是一面"风月宝鉴"，是用来警醒多米，使她大彻大悟，懂得"做一个虚构的孩子是多么幸福，虚构的孩子就是神的孩子"（第106页）这一永恒的谶语的。当她深信"有某个契约让我出门远行，这个契约说：你要只身一人，走到一个不为人知的地方去，那里必须没有你的亲人熟人，你将经历艰难与危险，在那以后，你将获得一种能力"（第125页）时，正应了空空道人"因空见色，由色生情，移情入色，自色悟空"的故事（见《红楼梦》第一回）。所谓"一个人的战争"到头来成了一个人消灭自我、将一个人融入太虚的战争。林白曾自豪地说："个人化与写作是一种真正生命的涌动，是个人的感性与智性、记忆与想象、心灵与身体的飞翔与跳跃，在这种飞翔中真正的、本质的人获得前所未有的解放。"（第303页）其实，《一个人的战争》中所达到的只是一个被物化和虚化了的人对沉重人世的解脱（而不是解放），是一种麻木和无所谓，一种淡淡的哀愁伤感。一切"生命涌动"和"跳跃飞翔"在个人化写作中最终归于寂静。个体人格凭天生性灵和才情无法确立自身，只能是半途而废。建立在"记忆"上的想象力为记忆所累，完不成个人的创造性突围，只能回到更原始、更古老的内心记忆。林白说：

> 从我写作这部小说开始，我似乎提前进入了老年期，据说进入老年期的标志之一，就是对久已逝去的往事记得清清楚楚……而对眼前发生的事情，哪怕就发生在昨天，也照样忘得干干净净。（第77页）

这正是中国传统文化的早熟兼早衰的特点，即不看现实，一味怀旧，什么都归结到童年时代的本心、真心，哪怕这真心早已不存在，也要借助于"想象力"和白日梦将它唤回来，作为一种"境界"、一种解脱和"解放"，其目标是要否定一切"生命涌动"和"跳跃飞翔"。而个体人格的失落也就是女性的失落，女性成了"虚构的孩子"，一个抽象概念；在现实中她什么也不是，只是男人的一个"物"（尤物）；就连她的自我欣赏，也是从男人那里借来的。她是"无"。在这种情况下，"女性化写作"也就成了消解女性的写作。

二

陈染的《私人生活》在很多方面与林白的《一个人的战争》有相似之处。小说的主人公都是一个不与群体相容、落落寡合的女性，都从小缺乏父爱，都有过小时候对自己身体特别敏感和关心的早期经验，都有对自己和对同性肉体的欣赏、崇拜及类似同性恋的心理，也都有独自一人出走并把贞操献给自己所不爱的人的举动；最后，她们都由于自己所爱的人离自己而去而变成了行尸走肉：多米自称"虚构的孩子"，倪拗拗则自称为"零女士"；前者"脱胎换骨"成了幽灵，后者进了精神病院。这两位很有个性的作家当然不是约好了才共同创作同一题材的作品，而是表现了中国女性作家某种文化心理上的雷同性和必然性。这正是我所关注的。

与林白相比，陈染似乎更加喜欢做哲学的沉思。她向往某种男性的方式，希望自己"具备理性的、逻辑的、贴近事物本质的能力"，不仅用皮肤，而且"用脑子"写作（《私人生活》，作家出版社1997年版，附录，第264页。下引此书只注页码）。对于一个人与自己的"战争"，陈染的解释是："如果一个人要得到启蒙、开悟，这种自我分离感是必需的经历。但是，我仍然担心，这种人格解体障碍会在某一天失去控制，爆发成一种疯狂。"（第6页）这几乎是对主人公命运的一种预言。倪拗拗的"私人生活"比起多米的"一个人的战争"来，更是一种自己对自己的"战争"。她给自己的胳臂和腿分别取名为"不小姐"和"是小姐"。"我是我自己的陌生人"

（第55页），"我觉得我一个人是很多人，这样很热闹。我们不停地交流思想，诉说着随时随地遇到的问题。我总是有很多问题"（第10页）。但奇怪的是，进入青春期，这种自我对象化活动便停止了。"由于我长大成人，我已经不愿意与它们更多地交谈了。我脑子里的话语，已经默默无声地长出了犄角，伸向了别处。"（第104页）早年的内心冲突只不过是一个孩子的任性和非理性的举动。她曾莫名其妙地剪破了父亲的一条新裤子。随着理性的逐渐建立，这种孩童时代的冲动便一去不返了。当然，尽管如此，倪拗拗天生的任性和偏执仍然是她区别于他人的一个突出性格特点，她甚至有时会感到自己体内"有两个相互否定的人打算同时支配我"，使"我"丧失行为能力（第109页、第37页）。但要由此来建立一个成年人的坚强人格，仍然无异于缘木求鱼。在这点上，陈染和林白陷入了同样的误区。

不过，倪拗拗对自己的性格似乎没有多米那样抱有自信，毋宁说，她对自己主动地离群独处有种本真的焦虑，称这种状态为"心理方面的残疾"（第72页），"与群体融为一体的快乐，是我永久的一种残缺。"（第59页）她看出，"收敛或者放弃自己的个人化，把生命中的普遍化向外界彻底敞开大门，这就等于为自己的生存敞开了方便之门；而反过来，就等于为自己的死亡敞开了大门。"（第73页）她看出自己的这种"个人化"实际上是一种幽闭症，但她有时又对此感到自豪，因为她后来发现（大约从书上读到）"孤独其实是一种能力"（第48页）。因此从审美的意义上，她对自己的这种独自一人强撑

323

着对抗世界有一种悲壮感。她以希腊神话中推石上山的西西弗斯自命:

> 他的生命就是在这样一件无效又无望的劳作当中消耗殆尽。但是,西西弗斯却在这种孤独、荒诞、绝望的生命中发现了意义,他看到了巨石在他的推动下散发出庞大的动感的美妙,他与巨石的较量所碰撞出来的力量。像舞蹈一样优美,他沉醉在这种幸福当中,以至于再也感觉不到苦难了。(第108页)

这真是倪拗拗以中国人的眼光对加缪的《西西弗斯的神话》精神的绝妙的误读!她把西西弗斯承担自己苦难命运的崇高感,读成了从自己苦难命运中寻出美来自我陶醉的自欺妙法;把一种以清醒的意识来抗拒悲惨的命运并由此构成一种战胜命运的形式的生活态度,歪曲成了道、禅式地适应自己的枷锁,不敢直面苦难而是粉饰苦难的鸵鸟策略。在西西弗斯那里,"一切都很好"的快乐是由于他的自尊:"当荒谬的人体味了他的苦难时,他会使得一切偶像都沉默下来……当荒谬的人肯定时,他的努力就永不停止了。如果有个人的命运,就没有更高一层的命运,或者只有一个他认作不可避免和应予轻蔑的命运。关于其余一切,他知道自己是他生命的主宰。"(《西西弗斯的神话》,见考夫曼编:《存在主义》,陈鼓应译,商务印书馆1995年版,第329页。)而在倪拗拗(和陈染)这里,她的"幸福"却是由于沉浸于"白日梦",一种保护性的嗜睡症："我如同一个婴儿一样需要无尽无休的睡眠。""这种嗜睡实际上是为了抑制、缓解诸如恐惧、绝望和痛苦等等因素而引起的。"（第224页）中国人只有生以某种方式使自己"感觉不到苦难"时，才能维持自己"健康人格"的完整，否则就会"和外部世界一同走向崩溃，她自己也会支离破碎"（第225页）。这的确是"人类所有的特性中的一种"特性，即缺乏人格的儿童、婴儿的特性，但并非倪拗拗"这个个体"特有的（同上），而是中国人普遍共有的。一个儿童或一个长不大的民族不具有承担苦难的人格，而只具有逃避苦难的"人格"。

这种逃避苦难的人格最典型的方式，就是把苦难化为"美"。这种美特别在女性身上体现为一种哀艳之美、凄绝之美。倪拗拗与禾寡妇之间的那种不寻常的（近乎同性恋的）关系，实际上正是以此为纽带的。禾是清朝望族的后裔，祖上与曹雪芹有过交往，如今家道败落，"但是祖上的遗风依然使得她的骨血里透出一股没落的贵族与书香气息。"（第47页）"禾在我的心里，始终是一场气氛渲染得很浓的悲剧的女主角。这感觉一方面缘于她天生丽质的纤美妩媚，另一方面是在她的身体内部始终燃烧着一股强大的自我毁灭的力量，一股满皇遗风的没落、颓废之气。这气息传递给我，总使得比她年轻许多的我产生一种怜惜与依恋的感情。"（第98页）这种氛围是《私人生活》全书的一个基调。用书中的话来说，"她是我身后的影子"，"我是她的出路和前方"（第41页）。禾寡妇就是《一个人的战争》中的梅琚和朱凉，也是一个林黛玉。她代表中国传统（男人眼中的）理想的女性：没有孩子，"孤零零地"与别人没有关系；同时又具有美丽的外表和娴静优雅的悲剧气质，柔弱、绝望，怨而不怒，哀而不伤。这女人对倪拗拗乖戾的性格有种无形的吸引力，能使她感到踏实和宁静，使她的内心混乱和冲突得到中和。不过，这种哀婉的基调只是一个底色，在这底色上应该还有一些花纹，一些隐隐约约的故事。先要"传情入色"，才能"自色悟空"。这"色"，就是性爱。

倪拗拗对性爱的领悟较迟。由于父亲的暴戾，和后来父母的离异，她从小对男人就没有好感。学校班主任T先生的故意刁难和虐待更加深了她对男人的恐惧和厌恶。潜意识中，她常常把父亲和T先生搞混，并"怀着对T和我父亲代表的男人的满腔仇恨"（第108页）伺机报复。可是，当她在T的狂热追求下莫名其妙地委身于这个她一直仇恨的人时，她发现自己受两个互相矛盾的自我所支配。"她更喜欢的是那一种快感而不是眼前这个人……她此时的渴望之情比她以往残存的厌恶更加强烈。""她的肉体和她的内心相互疏离，她是自己之外的另外的一个人，一个完全被魔鬼的快乐所支配的肉体。"（第133页）至于对父亲的印象，她后来也在想象中进行了修饰和改观。她把美国前总统尼克松想成自己的父亲兼情人，"我迷恋父亲般拥有足够的思想和能力来'覆盖'我的男人，这几乎是到目前为止我生命中一个最为致命的残缺。"（第152页）"我就是想拥有一个我爱恋的父亲般的男人！他拥有与我共通的关于人类普遍事物的思考，我只是他主体上的不同性别的延伸，我在他的性别停止的地方，才开始继续思考。"（第154页）而在她结识大学同学尹楠之后她又迷恋上了这个具有女性气质的漂亮青年（无独有偶，多米的爱恋对象也有"像女人一样白而细腻"的皮肤和"少女一样"的体香，见《一个人的战争》第179页）。由此可见，倪拗拗的"色谱"是多么的宽广，她其实爱恋着整个男性世界，只要能体现男性的优点的东西，她全想要。但她只是在男人性别停止的地方，作为男性主体的"延伸"（器官？），作为男性思考的补充，而"继续思考"。倪拗拗的"恋父情结"并未因早年对男人的恶劣印象而得到遏止，反而促成她意识到自身的不完整和"残缺"。

然而，故事的进一步发展显示出，这种对男性世界的"恋父"式的爱背后的底色其实是"恋母"，因为对母亲的依恋，即对儿童时代的回归倾向是整个民族文化心理最深层次的东西。当尹楠一旦永远离开了倪拗拗时，这一点就突然显露出来了。她看出："那个人也并不是尹楠，那个大鸟一样翱翔的人，原来是我自己！""地面上真实的我，手握牵线，系放着天空上一模一样的另一个我……"（第204页）这个我并不是一个具体的个人，而是一种纯情的关系，线的那一头可以是尹楠，但也可以是禾寡妇、母亲（禾寡妇也是倪拗拗精神上的母亲，见第136页）或任何一个可以补充自己的"残缺"的对象。"也许，我还需要一个爱人，一个男人或女人，一个老人或少年，甚至只是一条狗。我已不再要求和限定，就如同我必须使自己懂得放弃完美，接受残缺。因为，我知道，单纯的性，是多么的愚蠢！""对于我，爱人并不一定是性的人，因为那东西不过是一种调料，一种奢侈，性，从来不成为我的问题，我的问题在别处——一个残缺的时代里的残缺的人。"（第8页）换言之，性爱只是空空底色上的一种花色。悟透了性本身的无谓，便可以在任何其他对象（如禾）那里使自己的残缺得到补偿；而当唯一能使她得到补偿的禾和母亲相继去世时，倪拗拗就再也无法忍受自己的残缺，从此成了"零女士"。

> "所有的熟人都是装扮而成的，并不是真的……"
> "我没有了……我消失了……"
> "我叫零女士。"（第220页）

正如多米在丧失了一切时便"脱胎换骨"了一样，倪拗拗在成为"零女士"时，在被当作精神病人时，也开始了自己的新生。"当我感到每一天都有可能是末日的时候，我的故事才刚刚开始。"（第231页）这个新故事就是："要做一个无耻的人"（第237页），也就是孤独的人，因为"孤独的人是无耻的"；要与整个社会的道德观念和羞耻感、与群体的轻松和群体的欢娱唱反调。为此陈染写下了一篇庄严的宣言：

> 一个人凭良心行事的能力，取决于她在多大程度上超越了她自己社会的局限，而成为一个世界公民……最重要的素质就是要有勇气说一个"不"字，有勇气拒不服从强权的命令，拒不服从公共舆论的命令……（第209页）

但庄严的宣言底下却没有相应的事实。唯一的事实是，有勇气说"不"的倪拗拗进了精神病院，因为她固执地认为她母亲没有死。我们可以把这个故事与鲁迅的《狂人日记》做个比较。鲁迅的狂人在一切人脸上看出"吃人"，当他拒不服从公共舆论时他是看出了世俗的虚伪、堕落和自欺；倪拗拗则坚持自欺，不顾公共舆论而认为她母亲（象征传统文化的纯情）没有死，"他们看到的是伪现实"，"我的母亲没有死去，她在和我们大家开玩笑"，她还在和死去了的母亲每天交谈（第211页）。这与鲁迅的"狂人"完全是背道而驰的。"狂人"揭穿的正是"良心"（仁义道德）的虚假，倪拗拗坚持的却是"世上有真情"的"真实"；"狂人"反抗的是对现实真相的粉饰，倪拗拗反抗的则是现实真相本身；两人都是"孤独的人"，但层次却大不一样：前者抗拒世俗是为了澄清事实，后者也抗拒世俗，却是为了维护梦想，类似于道德理想主义的"坚守""挺住"。

　　但母亲毕竟已经去世了，正如禾寡妇也已经死去一样真实。这一真实使倪拗拗这个骨子里一直靠自己的纯情关系而寄生在母亲（和禾）的人格上的"风筝"怀疑起自我的真实性来，同时也怀疑起任何"我"和"你"的关系来："'我对你这样'是为了以后'你对我这样'，这并不是'我'所期待的'你我'关系。……我依然坚持'我'和'你'只有在排除一切目的的关系中，才是真正的关系，多元的世界已经抹杀了淳朴的'你'和'我'的定位，'你'与'我'已失去了生命的导向。让我告诉你一个秘密，'我'已不是我而'你'也不是你，所有的人都不知道自己是谁。'你'被扮装了，'我'是一个假装的我。人类花园里正在盛开着化装舞会……"（第221页）"排除一切目的的关系"的"淳朴的"我你关系，如果有的话，绝不是两个独立主体（个体）之间的关系，而是"我就是你""你就是我"的直接等同关系，或"我（或你）是你（或我）的影子"的寄生关系。当人去掉自己的假面、敞开自己的内心时，就既没有了"我"，也没有了"你"，只有"我们"；"我"和"你"都寄生在"我们"中，都借此感到满足、充实，感到互相坦诚无欺。而现在，"我"被"我们"所抛弃，从此"失去了生命的导向"；"我"在假面后面一无所有，既无道德，也无羞耻，更无所谓"良心"。这样，要成为一名"世界公民"的庄严宣言一旦落实下来，便成了一种破罐子破摔的告白："我就是要做一个无耻的人！"（再次令人想起王朔：我是流氓，我怕谁？！）

这的确是"世纪末的流行病"！

正如林白自认为"提前进入了老年期"，陈染笔下的倪拗拗也把自己所患的"流行病"称之为"早衰症"，即"已经失去了畅想未来的热情，除了观察，只剩下回忆占据着我的头脑"（第240页）。回忆，回归，回复到母亲的子宫；自恋和恋母，以自淫和意淫来解决性问题……这一切，是世纪末文学的通病。陈染从卡夫卡《变形记》里面读到的是对一般文化和文明的控诉，是"把一个人变成一本书"的悲哀，是对语言文字的疏离和对原始状态的留恋。"自从文化进入了人类历史之后，空气般的文字语码如同汪洋大海将我们吞噬。"（第216页）然而陈染似乎也意识到，卡夫卡的那个"陌生的宫殿"（即城堡）并不能通过返回到人类童年时代而捷足先登。"抄近的小路是可以到达这个宫殿的，但是当你到达这个宫殿的时候，这个宫殿就不再是原来的这个宫殿了。"（第231页）我们这个时代受文明之苦与受不文明的苦同样深重，不能靠抛弃文明来解除文明的弊病。"这个世界没有什么近道可走。"但这的确是一个两难。倪拗拗既不真正甘心做一个"无耻的人"，又不愿意和大家"搂搂抱抱"，于是，她从心底里升起了一种恶作剧的冲动，给她的精神病医生们写了一封调侃味十足的信（第241页、第244页），表明自己病已痊愈，恢复了常态，颇近鲁迅《狂人日记》中"已早愈，赴某地候补矣"之口气。

但实际上，倪拗拗越发孤独了，她甚至感到自己的房间都太大，而宁可住在浴室里，睡在浴缸中。她布置这个浴缸，就像布置一口美丽的棺材，"一个虚幻的世界"，"这个世界，让我弄不清里边和外边哪一个才是梦"。（第245页）她到底要干什么呢？

她要写作。

但这种写作，由于只限于"回忆和记载个人的历史"，由于在她的历史中的"生气和鲜活的东西太少"（第231页），就成了一件使她"身心交瘁"的"没有尽头的枯燥的工作"。（第232页）她的"私人生活"在这里遇到了一个根本性的矛盾，如同她阳台上的植物盆栽一样：是移到楼下的花池里去呢，还是留在花盆里？

　　如果移到楼下的花池里去，它们虽然能够汲取更宽更深的土壤里边的营养，但是，它们必须每时每刻与众多的花草植物进行残酷的你争我夺，而且必须承受大自然的风吹日晒；而在我的阳台上，它们虽然可以摆脱炎凉冷暖等恶劣自然环境的摧残，但它们又无法获得更深厚的土壤来喂养自己。

　　它们在想，我也在想。（第246页）

　　结论也许已经有了，因为陈染说："生命像草，需要潮湿，使细胞充满水，所以只能在污泥之中。"（第233页）"私人生活"固然纯净、高洁、深情、孤傲，但只会使人陷在自己干燥的回忆之中，失去生命的养料。尽管"再也没有比经常地回头看看往昔的生活，更能够体验人类生存的玄妙"，"如果你不经常变成小孩子，你就无法进入天堂。"（第102页）然而，"通向地狱的道路，很可能是用关于天堂的理想铺成的。"（第5页）当一个"天使""成长为一个丧失理性的魔鬼"时，只能说明她其实并不是什么"天使"，而是一个潜在的魔鬼；而只有当一个人承认并时时意识到这一点时，她（陈染喜欢用"她"来泛指一切男人和女人）才开始形成了自己一贯到底的、敢于自己承担责任的独立人格，她的根才真正扎入了"污泥"中，获得了强健的生命活力。因此，真正的私人生活不是孤芳自赏、逃避和害怕环境的生活，而是忏悔和行动的生活，是如同皮普准和A以及X女士那样的"一面哭泣一面追求着的人"（巴斯卡语）的生活，真正的天堂不是"回头看看往昔"和"变成小孩子"就能进入的，而必须努力去寻求和创造。要经历苦难和血污，带着累累伤痕，步履踉跄地去冒险突围，才能逐渐接近。否则，私人生活要么是对生活的取消和放弃（有"私人"而无"生活"，即自杀），要么是将私人化解为"零"的生活（有"生活"而无"私人"，即梦幻）。

这就是陈染、也是当代中国人不得不做出的选择。

十二

卫慧与棉棉：另类的残酷

真正的作家总是一个一个的，而不是一批批的，这个道理很多人都不懂。人们总是喜欢把他们按照某种标准来"扒堆"，或是这个那个流派、"主义"，或是性别，或是出道或出生的年代，这样人们就可以操作出一种壮观的场面，而不至于让我们这个"出不了大师"的时代过于难堪。世纪之交，国内文坛出现了一"批"以女性作家（又是女性作家！）为先锋的"另类文学"，又叫"另类情感"（或"另类情爱"）小说，这些作家和她们的人物又被称之为"新新人类"。文坛像炒作歌星影星那样来炒这些年轻的女作家，称她们为"美女作家"，她们的玉照个个都可以上月份牌，她们自己也往往以收到读者的"骚扰电话"和"色情照片"为自豪。这真是很败胃口的事。不过，当我细读了她们的一些作品之后，发现事情可能还并不是看起来那么糟糕，只要我们把文坛的炒作（以及这些炒作对作家的误导）和作品本身严格区分开来。有一种闪光的东西包藏在那些语言生涩、结构混乱的作品中，是90年代、甚至80年代就已萌发的某种思想在逐渐成形和发展。这些作品显示了这种成长的艰难和痛苦，"新新人类"不断地退回到旧旧观念，但又不断地挣扎出来。很多时候，这与其说是一种成长，不如说是一场灾难和崩溃。人们说这是"残酷青春"。为什么"残酷"？这不是中国几千年来为求生存的残酷，而是"另类"的残酷，是在生存问题解决之后更上一层楼的残酷，是超出动物性之上的人性的残酷，或者说，是动物性的生存和人性的生存之间的殊死搏斗的残酷。它的焦点是情爱或性，因为正如先哲所言，男女之间的性关系最直接地表明人在何种程度上成为人。

随着新世纪的到来，19世纪末文学界声嘶力竭的"坚守""挺住"的呐喊陡然间变得遥远了，上海作家卫慧和棉棉各自出版了她们的第一部长篇小说《上海宝贝》和《糖》。在此之前，她们的声音已引起了广泛的注意，1998年《作家》"七十年代出生的女作家小说专号"收入了卫慧的《蝴蝶的尖叫》和棉棉的《香港情人》，她们的小说集都已翻译成各种文字在国外出版。然而，像卫慧和棉棉这样的作家，与那些纯情的、散文性的作家不同，是必须从她们的长篇小说来反观其短篇小说的；她们是思想型的作家，而且她们不是用现成的思想去诠释生活，也不是从生活中去提取和发现某种普遍的思想，相反，她们的思想本身是一种叛逆（"另类"即异端），她们要在作品中理清自己的思想，当然，是以"女作家"的特有的方式，即情感体验的方式。她们是"用身体思想"。这种复杂的思想用短篇小说是很难表达清楚的，而事实上，她们的思想也是从短篇小说的朦胧状态扩展到长篇小说中才变得比较清晰的（如《糖》几乎就是《香港情人》的扩充版）。

一

《蝴蝶的尖叫》中的卫慧显得还不太成熟。像这样的句子："她用她的身心分开白天和黑夜，用她的天真和阴影涂抹她的爱与恨"，"她义无反顾地酗酒……她的一连串类似社会渣滓的恶质化行径……她在地铁站里像个小火药桶一样跟人打架，她在我的脑子里留下了子弹般呼啸的印象"等，都不太经得起推敲，使人感觉到她写得太快了似的（这种现象在《上海宝贝》中已有所减少）。人物的行为有点像外国影视和小说中的老套（向前来调情的日本老头身上泼酒什么的）。小说中相互并行的两条线索是朱迪和小鱼及阿慧（我）和皮皮的恋情，用笔者的框框来套的话，这两种恋情相当于"纯情"和"痞"。作者有意识地将这两种截然不同的恋情解释为同一件事的两面，她明确地说朱迪和"我""有一种奇怪的牵连，她就像我的一个影子，带着我的潜意识里模糊的抽搐在另一个层面上存在、延伸。我总是可以在空幻的状态下从她的脸上看见我自己。"实际上，朱迪是表面上"痞"：一身"朋克"打扮，混迹于下层社会，常常有一种自发的暴力倾向，但骨子里极为天真和纯情，对爱情充满幻想；"我"则是恰好相反，表面上温文尔雅（朱迪称她为"雅皮美女，意淫女皇"），内心却满不在乎地听凭情欲的支配，满足于在前情人与别的女人结婚后继续和他偷情，并为自己对他保有持久的吸引力而沾沾自喜。尽管如此，"我"却对朱迪的纯情抱着极大的同情，并禁不住要以她的保护人自居；只不过"我"对这种纯情的通常结局看得太透了，于是在自己的私生活上就采取了王朔式的"游戏人生"的态度。正是这种态度形成了（郜元宝先生所谓）卫慧的"硬派风格"（其实类似于王朔的"我是痞子我怕谁"），使"我"刀枪不入，对各种麻烦都能应付裕如，但表现出来却又是风度迷人、教养十足、彻底女性化（"酷"）的。

假如事情仅仅是这样，那么卫慧也不过就是一个女王朔。然而，读《蝴蝶的尖叫》，你一点也感觉不到王朔作品那种彻悟的轻松，那种"天下事了犹未了，何妨不了了之"的诱惑。相反，卫慧在她的故事中，在最狂热的身体动作中，都在沉思，仿佛有一只高高在上的眼在瞧着自己的一举一动，在充满热望地问："后来呢？"她喜欢用倒叙，总是先摆出结局，再从头道来，更显出一种冷静和不投入的态度，似乎要为叙述者（也是作品中的主人公）留下再思考的余地。智慧的猫头鹰黄昏才起飞。当然，王朔的"不了了之"也是假装的，他实际上对过去发生的事情一唱三叹，不能释怀，因为他的人物没有将来。如果连过去也消失了，就什么也没有了；卫慧则从过去中引向了将来，正如她在另一个带有自传性回忆的小说《艾夏》（发表于《小说界》1997年1期）中说的："她每天都有所告别，告别一个梦境，迎接另外一个梦境，在她用新的翅膀起飞的时间里，她才有足够的勇气与过去对抗，与将来对视。"艾夏在丢失了恋人的信件和照片后想："丢了就丢了吧，反正她从此将不会再有地址，不再有固定的踪迹，不再有跟从前的联系。"她其实是有意地"抛弃了一切记忆"，"表明了她从一种背景，一种年纪，一种生活，转向了另一种……她也许一直都在努力与她自己对抗。"在这方面，她也许与陈染笔下的"零女士"有更多类似之处（见陈染：《私人生活》）。零女士（倪拗拗）从小就喜欢自己与自己相对抗，当她在现实生活中惨败并失去了一切时，她用写作来努力使自己新生；但她仍然无限缠绵于过去的回忆，因而使写作成了一件使她"身心交瘁"的"没有尽头的枯燥的工作"，成了一口埋葬自己的美丽的棺材。面对未来她在犹豫：是维持"私人生活"的清高纯净呢，还是投身于"污泥"去吸取新的营养？卫慧则毅然选择了后者，她的过去不堪回首，但她有将来，因为她向往将来，哪怕明知那也是一个梦。

《上海宝贝》应当说是卫慧最成熟的作品。当然在语言上它也不是无可挑剔，细节上对"洋味"（上海特有的半殖民地洋泾浜味）的刻意追求甚至炫耀也有些矫情（"扮酷"）。但她是一个在中国少有的自己思考（虽然是用自己的身体思考）的女作家。所谓"自己思考"，是指一种没有前提的思考，不是为了说明什么，而是要无中生有地思考出什么（不论是什么）；如果结论是骇人听闻的，那过错不在思考，而在被思考的这个世界，因此思考总是对的，思考是对世界的拯救。《上海宝贝》中的"我"是《蝴蝶的尖叫》中的朱迪和阿慧的一个综合。所以"我"过着一种双重的情感生活：对天天的古典式的恋情和对德国人马克的现代式的肉欲（纯情和痞）。人们一般都注意到在"我"身上爱情和性的分离，但这种分离的原因是什么？表面上看，似乎因为天天的性无能。然而医生说他的性无能不是生理上的，而是精神上的。小说中写到天天"以那种捉摸不定的美迷住了我，这种美来源于他对生命的疲惫，对爱情的渴念"（《上海宝贝》，春风文艺出版社2000年1月，第2页，下引此书只注页码）。中国古典式的爱情正是建立在这种由"对生命的疲惫"而导致的"美"之上，它是远离健康强劲的性生活的。所以贾宝玉不敢把林妹妹当作性对象看待，否则就会玷污了这"水做的骨肉"，他的性要求只能体现在更低层次的丫环（如袭人）身上。可以想见，如果贾宝玉娶了林黛玉，他肯定是阳痿。当然，天天的阳痿可能还来自于他独特的身世，即从小母亲的离异和父亲的莫名其妙的死去（被怀疑是死于母亲之手）。但至少在"我"的眼里，天天的美和爱情都避免了性的污染，而成为传统美好爱情的一个理想的象征：两人同床而眠，耳鬓厮磨，你画画来我写作，却没有肮脏的性。"我和天天共同的生活一开始就有点像梦，我喜欢那种纯色调的直觉性的，没有孤独感的梦。"（第65页）"他是一个泡在福尔马林药水里的胎儿，他的复活依赖于一种毫无杂质的爱情。"只是由于"女人的天性中总是不自觉地把性与精神之爱联系得更紧一点"，所以"我"既不满足于以前和叶千之间的"非常科学的"性关系，也对和天天的这种纯爱抱有一点遗憾（见第69页）。然而，假如不是天天的性无能（以及由此带来的生命力的委顿），这一世外桃源很可能早就被破坏了，像他那样的虚无主义者是不可能做到忠于爱情的。

另一方面，作为现代"雅皮士"的"我"对性有着无所顾忌的要求，这是一百年来中国的女性解放和性启蒙的成果。事实上，女性在性解放上总是走在男人的前头的，因为她们是受压迫者。在解放了的女性眼里，周围的男人简直一无足观。另类的女性需要另类的男人。马克显然是一个另类，他把肉欲就看作是肉欲，把性交就看作是性交，决不在其中预约什么爱情（当然也不排除以后有可能生出爱情来）。这种干脆和泾渭分明扫除了一切中国式的缠绵不清，绝不会带来情感上的麻烦，也不需要动什么心计，对于缺乏性生活的"我"无疑有着巨大的诱惑力。但"我"投入马克的怀抱却并不是落入一个陷阱，她是清醒地自己跳进去的。尽管她对有什么样的后果并没有预见。但她有一种"犯错误的欲望"，"也许从一开始我就准备好犯错误了"，"我一点也不想要谨慎，我长到25岁，从来就不想要那种什么都不去惹的安全"，她引用达利的名言："一个人可以做任何事，包括应该做的和不应该做的。"（第59页、第60页）所以她鄙薄那些面对洋人脸上挂着一种"婊子似的自我推销的表情"的白领丽人（第71页），认为自己和她们不是一类。在她半推半就地和马克做爱之后，她也会有罪恶感："我突然觉得自己比楼下那些职业娼妓还不如。至少她们还有一份敬业精神和一份从容，而我别别扭扭，人格分裂得可怕，更可恨的是我还会不停地思考、写作。"但她仍然正色对马克说："你并没有强奸我，没有人可以强奸我的，你不要老是说sorry、sorry，那是很不礼貌的。"（第74页）她在马克那里并不寻求爱（她知道马克有一个美满的家庭），她寻求的是对自己的认识，她与自己最内在、最自发的冲动都保持距离，要将它写下来，对它加以探讨，搞清自己是怎么回事。"只有写作才能让我跟其他平庸而讨厌的人区别开来，让我与众不同，让我从波西米亚玫瑰的灰烬中死而复生。"（第110页）写作使她痛苦，但只有这样她才能成为一个独立的人。她有时也会留恋温暖的母爱，"想纵身跳进去在母性子宫里熨平所有成长后的焦虑和悲伤"（第130页），对天天的恋情更是她生命中不可分割的一部分，是一种"入骨入髓的温暖"，"这种温暖由心脏抵达另一颗心脏，与情欲丝毫无关，但却有另一种由亲情和爱情化学反应后产生的疯狂"（第153页）。但她总是在逃离和自省。写作使她不至于沉溺于这些温情之中，但却使她的灵魂撕裂；这绝不是随随便便地在"码字儿"，而是在鞭策自己与熟悉而亲切的过去割断联系，向未知的深渊跃进。

因此，当"我"同时保持着这双重的恋人关系时，内心是极为矛盾和痛苦的，根本不像朱砂羡慕地对她说的："你真的蛮幸福的吧，你有天天，还有马克。是不是？很齐全了，生为女人若能如此就是幸福啦。"（第115页）其实在"我"的心里，不仅有爱情和肉欲的冲突，传统和现代的冲突，还有活与不活的冲突。天天在空虚无聊得沦为吸毒者后想到了死："死是一种厌烦的表示，是厌烦透顶后的一个合理发展的答案，我想过很长时间，也许已经想了一辈子，想透了就觉得我并不羞于一死。"他引用存在主义哲学家的话说："一切都来自于虚无。""我"则愤怒地斥责他："我觉得你很堕落"，"我一直想和你一起……向天空飞，而你却总想甩了我的手独自往地狱里跳。""让说这话的人去死吧，从今天开始你不要再看那些书了，你要和活生生的人在一起。"（第161页、第162页）但这些劝说听起来很空洞，只有她自己的决心是真实的："我会写好小说，发奋地写，绝不会在任何噩梦里自甘沉沦，要相信自己是最美最幸福的，相信奇迹会发生。"（第164页）其实，存在主义的"虚无"并不是一个人厌弃生命的借口，而恰好是指没有任何东西能阻止人活出个人样来。天天却以佛家的四大皆空来附会这些命题："我的意志越软弱，我的眼睛越明亮，因为我看到了太阳肚子里的大黑洞。"（第161页）他（以及几乎所有深受传统道禅思想影响的人）完全误解了这些命题的含义。虚无是存在的前提，意识到这一点只能极大地提高存在的勇气，激励人去"无中生有"地创造奇迹，对于"我"（和萨特等人）来说，这种创造就是写作。写作，唯有写作，才是"我"对自己的内心矛盾的拯救。"我的小说，唯有它可以像火花一样激励我，并使我肉体存在的理由趋于完美。""我在爱上小说里的'自己'，因为在小说里我比现实生活中更聪明更能看穿世间万物、爱欲情仇、斗转星移的内涵。而一些梦想的种子也悄悄地埋进了字里行间，只等阳光一照耀即能发芽，炼金术般的工作意味着去芜存精，将消极、空洞的现实冶炼成有本质意义的艺术。"（第66页、第67页）当然，写作也是各式各样的。王朔也写作，那是一种痛快淋漓的调侃和无可奈何的伤感，陈染的写作是一种回忆，至于张承志、张炜等人的写作则顶多是对某种既定观念的美妙的诠释罢了，他们都不能做到无中生有地即完全创造性地写作，他们想要描写的"真实""客观"或"原生态"到头来都成了对自身生存状态的躲闪、遮蔽、扭曲和粉饰。卫慧则宣称："不要扮天真，也不要扮酷"，而要"把自己的生活以百分之百的原来面貌推到公众视线面前"，进行一种自由自在、无所顾忌的"裸体写作"（第166页）。

什么是"裸体写作"？它有些接近于残雪的"自我现身"的写作。不同的是，残雪的"自我"骨子里是一种精神境界，她在写作中的身体化同时也是哲学化，身体本身具有哲学的透明性；卫慧写作时的身体本身却还是物质性的，它与思想处在一种不透明的神秘关系中："我一直认为写作与身体有着隐秘的关系。在我体形相对丰满的时候我写下的句子会粒粒都短小精悍，而当我趋于消瘦的时候我的小说里充满长而又长、像深海水草般绵柔悠密的句子。"（第166页、第167页）的确，卫慧的长处就在于她的身体力行，这不仅是指她描述的是自己亲身经历的生活（这是许多自传体作家都做得到的），而且是指她直接用自己亲身经历的生活来创作，来做一种"打破自身极限"的"突围表演"，写作则只不过是对这种创造性的生活的一种记载而已。但这同时也就是她的短处。个人的亲身经历毕竟是狭隘的，真正优秀的作家的领域是一个无限广阔的"可能世界"，在这个世界中，身体的物质性被消融并升华为哲学，写作则不单纯是对现实自我的描绘，不单纯是"把自己的生活以百分之百的原来面貌推到公众面前"（说到底，谁能断言自己"百分之百的原来面貌"是什么样的呢？），而本身就是对自己的一种探索，一种发现，一种创造。它不在乎公众的"喝彩或扔臭鸡蛋"，更不去寻求什么"理想的盟友"（第67页），而是彻底孤独的；但同时又是大慈大悲的，因为全人类都是作者潜在的"盟友"。卫慧偶尔也会达到这种境界，她这样写"我"在面对天天的母亲康妮的令人感动的母爱时的感想："到处都是经意或不经意犯下的错，到处都是缺憾与折磨，它们存在于我的身体里的每一条纤维，每一根神经，即使这个从天而降的叫康妮的女人手里真沾有她死去丈夫的冤魂，即使她的心灵真的曾被这种或那种邪恶之魔浸染过，即使有成千上万的真相终其一世都不能够揭露，即使所有你鄙视的、厌恶的、抵制的、谴责的，并希望转换成惩罚的事在心中源源流出……总有那么一刻，一种柔软而无辜的东西会抓住所有人的心，就像上帝的一只手伸出来，恍恍惚惚地对着世界做了个空洞无比的手势。"（第191页）但更多的时候，卫慧的身体化写作不得不纠缠于与物质性的外部世界的恩恩怨怨之中，从而使这种写作显得支离破碎，成为一种人格分裂的标本。事实上，这只是一种梦幻式写作和身体化写作的混合体，即一方面，"我"明知与天天的古典式爱情并不能给自己肉体的生存提供根据，而只能导致酗酒、吸毒和毁灭（贾宝玉若生于现代，他就会去吸毒，而不是当和尚），却自始至终对天天抱有幻想："天天用他非同一般的执着与爱深入我的身体的某个部位，那是马克所无法抵达的地方……我也承认我对此无法遏制。并且一直找各种借口在原谅自己。"（第224页）"尽管我一直预感到这是一份没有希望的爱情，可我不想也无力改变什么，到死也不会后悔的。"（第95页）另一方面，她与马克的关系在她眼中也始终就只是肉体上的互相利用，"我们用身体交流，靠身体彼此存在，但身体又恰恰是我们之间的屏障，妨碍我们进一步的精神交流。"（第103页）这里既没有对对方的爱，也丧失了对自己的责任，以至于她"终于明白自己陷入了这个原本只是sex partner（性伴侣）的德国男人的爱欲陷阱……我从自己身上找到了这个身为女人的破绽"，"我骗自己说，这其实还是一种游戏……越疲倦越美丽，越堕落越欢乐。"（第238页）显然，由于我"不想也无力改变什么"，天天的那种由于"对生命的疲惫"而来的"美"最终也俘获了"我"，"意淫"与"皮肤滥淫"（《红楼梦》中"警幻仙子"语）之间所拉开的距离说到底只是一种白日梦的假象而已。

毫不奇怪，这样一种身体化写作，只能使她耗尽个人有限的生命力，由积极进取、冒险突围、自尊自励而跌落为自怜和自恋："我从来都比较容易可怜自己，自恋正是我身上最美的气质。"（第148页）的确，卫慧的作品中常常爆发出难以抑制的自恋和对自己的"前卫"形象的炫耀，她最乐于标榜的是："我和我的朋友们都是用越来越夸张越来越失控的话语制造追命夺魂的快感的一群纨绔子弟，一群吃着想象的翅膀和蓝色、幽惑、不惹真实的脉脉温情相互依存的小虫子，是附在这座城市骨头上的蛆虫，但又万分性感，甜蜜地蠕动，城市的古怪浪漫与真正的诗意正是由我们这群人创造的。有人叫我们另类，有人骂我们垃圾，有人渴望走进这个圈子，从衣着到谈吐与性爱方式统统抄袭我们，有人诅咒我们应该带着狗屁似的生活方式躲进冰箱里立马消失。"（第234页、第235页）在这些话中，"臭美"之态溢于言表。"我们""我们一群""我的朋友们""这个圈子"……一股势利眼的腐朽之气薰人耳目，我忽然明白媒体为什么要把卫慧炒得这么臭臭的了，这其中有一半要由她自己负责。

故事的结局是天天因吸毒而死，"我"别无选择，准备动身去德国，去追随那个"陷阱"。但最后留下的一个问题是："我是谁？我是谁？"（第264页）卫慧已经知道（或自以为知道）了"我们是谁"并为此自得，但她仍然为"我是谁"而感到巨大的困惑，意识到这一点正是她的杰出之处。敢于直接面对这一问题，这是一个优秀作家的标志。然而，要真正进入这一问题，靠自恋和自怜是绝对不行的，单凭自己物质性的身体去进行试验也是不够的，对一个女性作家来说，她还必须更有力地发挥自己身上某种男性化的东西，即头脑和思想。也许她并不一定要用自己的亲身经历去搞试验，但却必须在可能世界中用自己的想象力和领悟力做试验，去理解人、挖掘人和发现人。卫慧对当代文学冲击的势头是很猛的，但底气未免还嫌不足，她用身体思想，但往往是迁就身体而丢失了思想。她提出的是一个哲学问题，但她却缺少深入这一问题的哲学。她从王朔、贾平凹、林白和陈染所达到的高度走出来，但一不小心又跌了回去。她暂时还年轻，也有性格，但还未形成自己写作上的真正独立的人格。她一边写一边想"看过我的小说的人该爱上我"(《小说界》1998年7期,第25页),这种心态绝不是好兆头,我想不出她以这种心态四十岁以后还能写什么(台湾的三毛四十岁就只好去自杀)。当然,我仍然期待她写出进一步超越自我的作品来。

二

棉棉在很多方面都和卫慧有相同和相似之处,她和卫慧(《糖》和《上海宝贝》)的关系大约就相当于陈染和林白(《私人生活》和《一个人的战争》)的关系。《上海宝贝》中的"我"(倪可)和天天的爱情与《糖》中的"我"(红)和赛宁的爱情极为相近,两个"我"对自己的爱恋对象都使用了"天使般的""赤裸的天真""让人心疼""纯洁的眼神""婴儿""男孩"一类的字眼;尽管如此,两个"我"都不得不在所爱的人以外的别的男人那里使自己的情欲得到满足。两个"男孩"都有一个从国外寄钱回来的父亲或母亲,最后都毁于吸毒,"我"则要么也吸毒(红),要么成为酒鬼(倪可)。两位作家都在小说中大谈其写作,卫慧称写作是对人生这场"慢性病"的一种"治疗的手段"(第206页),棉棉则说"写作带着医生的使命进入我的生活"。(《糖》,中国戏剧出版社2000年1月,第119页,下引此书只注页码。)她们的写作都是身体化的和自传性的,都有一种对过去的决绝和对未来的冲刺,但也都由于割舍不下自身血液中所渗透着的古典式爱情理想而体验到青春的残酷。作为女作家，她们都说过"下辈子还做女人"的豪言壮语。当然，相异之点也不少，对此做一点更为细致的分析是很有意思的。

其实，早在1997年第1期《小说界》上发表的《一个矫揉造作的晚上》中，棉棉就以主人公"我"的口吻说过"我是个自我有问题的人，写作带着医生的使命再次进入我的生活"的话。她还半是自我调侃半是认真地说："我觉得这是唯一一件对我来说有意义的事（最近我又玩起了'关于我的人生意义究竟何在'的忧伤游戏）。这样想好像有点傻，但我觉着还是可以这样去想（我竟然有点羞羞答答起来）。"因为写作在她看来是她最后的救命稻草。"我曾是个四处寻觅奇迹的人，而如今我莫名其妙地预感到如果我的生命中能够出现奇迹的话，那一定是产生于我写作这个动作中。"但她并不是一开始就是这样一个"问题女孩"的。她在小说中自白说："我是那种必须得守住一样什么东西才能活下去的女人。比如说一个男人，比如说一家小商店。"并且曾不顾一切地要和前一个情人"南南"成就一桩白头偕老的传统婚姻："如果婚姻是地狱，我们也要让这地狱闪闪发光。我们不再感到受压迫，我们不再把自己当成反抗者我们要好好过日子了。"但南南把"我"给"废了"。具有"臭虫般活力的""我"决心要活下去，"没想到让我要死要活的爱情最终就只是个决心"。所以，"我"的前卫写作其实是被逼出来的，是时代的巨变中断了世世代代千篇一律的传统爱情，把她推到了非得创造一种新的活法不可的境地。"我其实不是个无聊的人，可常干无聊的事，比如我并不想和这个人结婚，但我会向他求婚，我想试试自己可以达到一种什么样的程度。我非常渴望看到将会发生些什么……""给我一双翅膀，我想飞，你没有理由不让我陶醉。"

在《香港情人》中，主人公同样有这样的自白："我是个很不独立的女人，我通常需要新的男人来忘记旧的男人和我以前的身体。"然而，所有的男人都让她失望，因此"我的身体在呼吸中散去，我再也不能理解我自己，因为我感到如此的孤单，如此的无依无靠"，于是她试图学习手淫，想靠自己而"不靠男人到达高潮"。她的一个情人"奇异果"用老一套的陈词滥调来安慰她："你太认真了，太认真了就会感到迷失，而你感到迷失的时候最好别做任何决定，有时我们必须沉沦下去。"（令人想起《马桥词典》中"栀子花茉莉花"式的生活态度，真是"难得糊涂"啊！）但"我"却是一个认真的人，我必须"决定"，"我决定让我的生活和工作重新回到地下，我又开始写作……我坐在这个世界最阴暗的地方，努力地寻找一颗最亮的星星，尽管它的光亮一定会让我感到黑暗和恐惧"。在小说后面的附记（《礼物》）中棉棉说："我残酷的青春使我热爱所有被蹂躏的灵魂，我为此而写作。我写作，直到有一天，没有任何一种感受可以再伤害我，我坚信由于我的写作，爱会成为一种可能。"这几句话使我顿时在年轻一代身上看到了中国文学未来的希望。

与卫慧一样，棉棉的写作也离不开自己的身体。但用自己柔弱的女性身体来写作是多么的残酷！在《糖》中，"我"试过了几乎所有的身体写作方式：性爱，性乱，吸毒，酗酒，同性恋，捅刀子，甚至割腕自杀……只要想得出来的疯狂举动，她都干。"让我们烂掉吧！这是句多么振奋人心的话！每次回到街上总感觉失去了一切。总感觉就要重新出生。"（第249页）但她最终发现："现在，我的写作只能是一种崩溃。"（第273页）为什么会这样？

《糖》的主要线索是"我"（红）与赛宁（这个名字来源于俄罗斯感伤诗人叶赛宁）的长达10年的爱情关系。"我"从小就是一个"问题女孩"，害怕蒙娜丽莎，仇恨达·芬奇，与一切人类固定的文明体系格格不入，除了倾心于"像月光一样的男人的背"（第3页）之外，"不相信一切"（第6页）。她16岁时就几乎杀了一个欺负她的大男孩，性格中充满了叛逆和反抗。但其实她内心深处隐含着少女的柔情，因此她与有着"一张天使般的脸"的赛宁一见钟情。"我爱着他的黑眼睛，那双天真的让人心疼的眼睛，大大的，满含水分。"（第19页）在与赛宁的热恋中她第一次抽上了大麻（"草"）。赛宁称她为"玻璃娃娃"，她虽然认为这"不公平"，"因为我是人"，但却不得不承认她向往的正是双方像玻璃一样地敞开内心，"让你的秘密变成我的秘密，我要知道你的全部。"（第23页）她感到自己在赛宁面前并不是一个成年人，而是个孩子，"仿佛又回到未成年期，只是给我零用钱的父母在此时换上了赛宁。"（第26页）他们共同的爱好是吃巧克力糖，他们的关系也像糖一样黏糊，"反正我就是要和他粘在一起，如果有那么一天，我愿意为他去死。"（第47页）在一段时间内，她和赛宁就像大观园中的宝哥哥和林妹妹一样过着一种与世隔绝的生活，"我们的生活是自娱自乐的，我们不愿走进社会，也不知道该怎样走进社会……我们一起躲在柔和的深夜里寂静得绝望，永远不愿醒来。"（第43页）"我"所熟悉的赛宁"是一个受尽恫吓之后对成人世界绝对不理解的永远无法长大的孩子"（第69页），她甚至在做爱时也在想："他是我唯一的男人，现在，他是我的孩子，我要把他从里到外翻转过来……直到他清楚地对我低语'我爱你到死！'"（第41页）她天真地把和赛宁做爱时的你我不分、水乳交融和"全部安全感""命名为'高潮'"（第30页）。

但不久她就发现，她的这个动不动就哭的长不大的孩子还有另外的情人（"旗"），就像贾宝玉一样用情不专。这一点大大地伤害了她与赛宁的感情。他们开始不停地吵架，不停地喝酒，今天我出走，明天你失踪，分分合合成了常事。"我"开始怀疑自己以前自以为的"高潮"究竟是身体上确实感到的一种体验，还是自己一厢情愿的精神幻觉（见第36页）。她不愿意按三毛劝她的去用手段控制自己的男人，认为"爱不是一种技术，那很不人性"（第38页），她试图离开一会儿，但接下来他们的分离越来越频繁，情感越来越冷淡。她不控制自己的男人，这个男人就被海洛因所控制，赛宁成了无可救药的"瘾君子"，"他说其实他很需要这种被什么东西莫名其妙地控制住的生活……毒品让他找到了自己，这种感觉是他需要的"（第63页）。他们已经很久不做爱，古典式爱情的感觉已消失殆尽。绝望中"我"开始大量酗酒，并在赛宁的一次戒毒失败而似乎永远出走后，自暴自弃地也吸上了海洛因，

"我通过它和赛宁约会，我对自己说你去死吧你完了。"（第76页）"控制"是这篇小说中的一个关键词，所有的问题在于小说中的人物都没有一种自我控制，而且都希望有一种外部的力量来控制自己。传统中国人靠的是礼教道德、皇权和领袖以及旧的爱情婚姻观来控制自己，而当这一切都崩溃之后，人们就只有受控于酒、海洛因、性等，这就是"为什么我们的生活会注定失去控制"（第77页）的唯一解答。"我们最大的弱点是不会控制。"（第194页）所以在那种毫无新意的"爱情"死去后，"我"成为"白粉妹"，并且"开始和不同的男人睡觉"，"仿佛性交让我找到了另一个自己，因此而认为过去的自己过于自恋。其实我是一无所有的，我是一个对一切都没法确定的可怜人。""我甚至怀疑我并不爱赛宁，因为什么是爱我不知道。"（第89页）以往的爱是取消自我、走向失控的一种依赖感而已，在那种爱中，唯一能够自我控制的事就是自杀。于是她精心策划了一次煤气自杀。被救后，她开始明白了，"所谓生命力就是：死是那么不容易，而活着只是因为你想活着。"（第113页）但她还没有明白的是，自杀是一种自我控制，活着本身也是一种自我控制，世界上唯有这两者是最根本的自我控制，而后者是前者的基础（只有活着的人才能自杀）。相反，她却把活着看作自己的"命运"，自杀未遂"使我明白我是那种活在命运里的人。"（同上）仅仅是考虑到父母的爱心，她才没有再次自杀，"我开始懂得一点点什么是'爱'了，'爱'的代价之一是'必须控制'。"（第115页）其实，自我控制不是爱的"代价"，而应该是爱的基

355

础，它就是生命力本身。她说："我们到底是为了自由而失控的，还是我们的自由本身就是一种失控？"（第120页）她完全没有想到，真正的自由正好意味着自我控制。但她正确地觉察到了："我天生敏感，但不智慧；我天生反叛，但不坚强。我想这是我的问题。我用身体检阅男人，用皮肤思考，我曾经对自己说什么叫飞？就是飞到最飞的时候继续飞，试过了才知道这些统统不能令我得以解放。"（同上）得解放就是得自由，而没有自我控制，靠天生的性格、才情是无济于事的。与倪可（卫慧）一样，红（棉棉）的"身体化思维"是没有能力引导她们走出这一迷宫的。这种无能，这种对智慧和坚强的缺乏，使这两位"新人类"徘徊在同一条陈旧的路上。于是，"我"在失去赛宁之后只得另外寻找一个男人。"我迁就奇异果是因为我想把所有的乱七八糟交给他，或者搞得更乱，我想借此找出一个可以控制这一切的男人。因为我不放心我自己，所以才想把自己托付给这种男人……我不了解自己，所以甘心受控，甘心做他的影子……我对自己说有些事不需要去搞清楚，因为我总是会搞错。"（第128页）她甚至跟一个叫"谈谈"的人订了婚，可惜谈谈神秘地死了并把她牵扯了进去。"我的生活太乱了，我想把这乱交给一个人，我想也许我可以嫁给一个爱我的人，我错了，哪有那么简单的事。""所有的人都得为自己的愚蠢和不负责任付出代价。"（第178页、第179页）

　　一年多以后，正当"我"决定"男人把我当狗屎，我不能把自己当狗屎"时，赛宁居然又回来了。但现在他们住在一起已经了无情趣，没有性关系，只是两个朋友或熟人睡在一张床上。从形式上看，他们这时与倪可与天天的关系有些类似，赛宁也的确还想维持一种没有性的"两小无猜"的"好孩子"爱情，并作了首《每个好孩子都有糖吃》的歌送给红。但红已经历了太多的沧桑，她对赛宁说："这么多年你从来没长大过。所以和你在一起我就是没完没了的伤心。我们不是好孩子。我们也没有糖吃。"（第190页）赛宁仍然说"我们是好孩子。我们的故事就是我们的糖"，被红看作是"弱智的男人"（第191页）。如果说，倪可与天天的违背自然的"纯洁爱情"由于天天的死而成了一个未曾破灭的理想象征的话，那么赛宁与红则通过这种爱情的自然发展而展示了这种爱情走向破灭的必然性，的确只有弱智者才看不出想要恢复那种理想是多么的愚蠢。现在，只有当"我"抛开一切"爱情"的谎言，以赤裸裸的"性"和一个别的陌生男人"很放松"地、"没有任何思维和灵魂的参与"地做爱时，才真正"第一次经历了'高潮'"（第197页）。当然，这种"高潮"并不能使她得到精神上的满足，这真是无可奈何的事。但她终于可以肯定地对赛宁说："你是一个不懂爱的人。你爱过我吗？你关心我吗？你从来都是想你自己……今天我告诉你，你从来就没有给过我高潮，给我高潮的是别人。""我的世界，我的身体，从来都是赛宁的，我是一个多么傻的女孩子，这么多年，为什么就没有一个晚上你和我在一起寻找过我的性高潮？为什么你就没有在乎过？你自信到不把我当一个人，你自说自话地认为你肯定可以给我性高潮？"赛宁的回答却是："我不觉得我不懂爱，我的爱从来就是不期待回报的，所以我觉得我的爱很纯粹，我的爱很简单，所以我觉得我的爱真的是爱。"（第265页、第266页）以"不期待回报"作为真爱的标准，这就像守财奴以无息贷款证明自己的高尚一样，恰好说明他把"回报"看得很重。贾平凹笔下的庄之蝶（《废都》）也是每次都是真心诚意、不图回报地"爱"那些"尤物"的，史铁生的诗人L（《务虚笔记》）也曾设想他一个人真心地"爱"着一大群女人的一个爱的理想国，他们的悲剧都是大观园中贾宝玉的悲剧，而贾宝玉的真正悲剧并不是他的"爱"最终未得善果（有情人终成眷属），而是这种爱本质上的虚幻性，它是通向一个铁石心肠的"无爱的人间"（鲁迅语）的。把自己毫无保留地全部交给对方，这其实只不过是一种不负责任的灵魂寄生生活而已。在这种关系中，任何一方若还保有生动的灵魂，都被看作是对爱的背叛；只有变回一块任人摆布而不动心的石头（"真宝玉"），只有个体灵魂的死亡（"过把瘾就死"），才使这种"爱"成为对那些渴望寄生生活的灵魂的永恒钓饵。所以这种爱就是希望对方死。"我"问赛宁："你想我死吗？"赛宁流着眼泪回答："我无数次地想你死，想你死时的样子，我非常愿意这样想，你死了我永远爱你。""我"终于明白了，赛宁的爱不是为了两个灵魂的交流，而是为了扼杀对方的灵魂，"你们不爱这个世界，不爱任何人。"（见第267—268页）这一对爱人在对爱的理解上有了根本的差别，这正像他的音乐和她的写作的差别一样。他说："我对我的音乐没有期待，我不期待观众，我不期待回报，我的音乐只是我心灵的形状。"她则说："我期待观众，因为我比你热情，我比你更爱'人'。"她也不期待回报，但她没有他那么独断，以为凭一腔真心就能确定自己"心灵的形状"；她必须在观众（读者）身上印证自己是谁。"我并不确定现在的'这个'是不是我，我不确定，我总是不确定的，我和你不一样。好像你是把我生出来的那个人，我从你那里来，但我们如此不同。"（第265页）"我"已经远远超出了赛宁的境界，她完全理解赛宁，因为她就是从那里走出来的，但赛宁却不理解她。

这种超越，这种永不确定（赫拉克利特说过，灵魂无非是那永不确定的东西）及与之相伴随的对自我的永远追寻，正是棉棉这本书中最精彩、最"前卫"、最具开拓性的东西。她的写作就是永不确定地追求着对自身的确定，这就是自我控制。自我控制不是一次性的、主观独断的，而是一个开放性的过程，是对自我的痛苦的探寻，是对他人的爱和通过了解他人来了解自己。对他人的爱不是无保留地取消自我、寄生于他人的灵魂，了解他人也不是把他人当作物一样来盘弄，要求他人无条件地献出自己的一切秘密，而是尊重自己也尊重他人，是两个独立灵魂的自由交流。没有这种爱，没有这种交流，人就没有活。所以"写作是我活下去的力量，是一个有感觉的动作，是一种爱"（第264页）。和卫慧一样，棉棉也向往"裸体写作"："你可以做一名赤裸的作家。"（第120页）但是她后来意识到要"把生活以百分之百的原来面貌推到公众面前"是不可能的，作家并不是上帝。写作只不过是一种"现场"（第184页），一种当场表演，一种"练习"，"生命就是一个大实验场，我们必须不停地做各种练习"，"这不需要回忆，只需要寻找"（第198页）。所以当赛宁说"我"的写作"很失败"，说她"不说实话"时，她回答道："写小说不是说不说实话的问题，如果我要记录，必须要先损害。我只是在表达……写作只是一件事情，这里没有绝对的真实和不真实，写作总是不能确保我的安全，我不能为了证明自己的诚实再在写作中附加一些诚实。"（第264页）写作其实是把不真实的东西变成真实的东西，因为写作是一种创造。写作是一条永无止境的"路"，"路的尽头谁在等我？这里永远没有尽头"（第202页）；但是，"如果与我有关的情节永不完整永不连贯，我将继续缔造下去；如果我所参与的故事永不完美永不动人，我将继续讲下去；如果与我有关的人永不饱满永不理想，我将永无休止地寻找下去，哪怕永远只有类似或者接近。"（第203页）所以，尽管她常常惊恐地发现："我们都找不到自己了……我们的身体成为被飞出去的那一部分，找不到了！……我怎么会在这里呢？我写作的动机是什么？我想我应该跳楼。"但她仍然"支撑着自己，努力地不让自己破碎"（第194页）。身体化写作是如此的残酷，这种写作"拯救不了我的灵魂，也拯救不了我的生活"（第128页），"但我有时必须要这样才能想清楚一些问题"，为的只是"看看我们能一起走多远，走多久"（第145页）。写作只是一种治疗。她坦白说："本来我写作是为了搞清楚自己，写给自己看，给自己的好朋友看，或者给自己好过的男人看。写着写着就有了野心，想给很多人看，想给全世界的人看，想在写作之后尽量多捞好处，什么好处呢？什么好处都想过。我把自己带到了写作的路上，接着才明白这并不能使我平静。"作家一生都不能平静，不能得救，得救只能在来世："如果我死去了，我的灵魂的家在哪里？我死了，我的灵魂一定还在，灵魂顺着蜘蛛网走向天堂。写作，也许是我走向天堂的阶梯。"（第149页）当然，对天堂的这种向往也是假的，只是说说而已。"赛宁认为能够拯救灵魂的只有宗教，但他现在还没开悟"（第67页），其实"我"也没有"开悟"。卡夫卡在《猎人格拉库斯》中曾把作家、艺术家比喻为被天堂拒绝，而永在漂泊的格拉库斯，残雪对此评论道："猎人的生活历程就是一切追求最高精神，但又无法割断与尘世的姻缘的人的历程。这种人注定要处于两难的境地。他们那苦难的小船注定只能永久漂泊在不知名的河流上。"（残雪：《灵魂的城堡》上海文艺出版社1999年，第372页。）棉棉的"我"则发出了这样的感叹："叛逆的灵魂何时才能安息？"（第148页）她唯一的希望就是：除了已有过的东西之外，还会不会有从来没有过的东西呢？"我很早熟，但我却长大得很慢，我的脑子动得很慢，有很多事我搞不懂，不过未来永远在搜索，结局总是新的，不是吗？"（第151页）但前提是，我必须否定自己的过去，我必须走出自己的单纯，像鲁迅所说的："我要向着新的生路跨进第一步去，我要将真实深深地藏在心里创伤中，默默地前行，用遗忘和说谎做我的前导。"（《伤逝》）所以，当赛宁骂她说："你是假的。我不会再爱你了。你是个骗子"时，"我"开始"后悔和害怕"，"也许我们所拥有的只是单纯，失去了那就失去了一切……今晚我把我们以前的好日子全给毁了"（第268页），这时她已经来到了艺术真实的临界点上，只要再做最后的一跃，她就自由了，如果她真有勇气对过去的一切好东西做彻底的否定的话。但她还是禁不住怀着无限伤感回想起了和赛宁初次相识相爱的情景，并相信"这个男人曾经是爱我的"（同上），而所谓的"爱"，无非是"溺水而死"，甚至"是一个笑话！"（第272页）所以归根结底，"我的写作只能是一种崩溃"（第273页）。

棉棉的身体化写作同样限制了她向彼岸的超越。如果说，卫慧缺乏的是一个哲学的头脑的话，那么棉棉缺乏的则是一种真正的宗教精神，她在走出地狱大门前的一次回头，毁掉了她所精心策划的一切，只能使自己永陷沉沦。但毕竟，她发现了人是有灵魂的，灵魂是永不安息的，永不安息是为了创造出从未有过的东西，即创造"奇迹"："有时候，我们必须相信奇迹。"（第274页）她的人物并不像有些人所说的，是一些从未在中国文学作品中出现过的人物（例如，可以读读从鲁迅的《伤逝》到史铁生的《务虚笔记》），但的确是一些力图做出从未在中国被人做过的事情的人物，她无疑是这类新型人物在当代现实生活中的困惑、矛盾、痛苦和徘徊的生存状态的生动描述者。

在70年代出生的女作家中，我暂时还没有看到像卫慧和棉棉这样对人性作一种总体思考的。也许我的阅读面太狭窄，但就我所读到的来看，有一点是可以肯定的，即这些作家千差万别，很多都不在一个层面上；而我所谈到的这两位之所以有那么多共同之处，我想除了她们共同的生活环境（大城市上海）之外，还因为她们都触及共同的时代精神的脉搏，即超越中国人千百年来的生活方式和思维方式，向人性更高层次的自由解放做艰苦的攀升。

结束语

　　我们即将跨入21世纪。然而现在，我们还生活在20世纪90年代。目前，对于90年代中国文学做一个总体评价还为时过早。通过我们在本书中这一短短的巡礼，我们大概已能够确定的是，90年代中国文学的成就，从思想性上来说无疑要远远超过80年代，无论是对文化的反思，还是对人性的开掘，在这一时期都达到了一个前所未有的深度；至少可以说，这是中国文学史上最为辉煌灿烂、最值得大书特书的时期之一。但遗憾的是，国内的文学评论界对这一重大历史时期的反应，并不是积极投入、奋力鼓动并用清醒的理论分析为之指引航向，相反，却是畏畏缩缩，欲言又止，避重就轻，顾左右而言他，甚至自轻自贱，眼里一片空白。不少评论家在80年代极尽风流，这几年却噤若寒蝉，退避三舍，甚至宣布封笔。这种现象，实在令人百思不得其解。中国文人历来讲究"文史哲不分家"，然而，正当现代西方文学的哲理化、哲学的文学化和诗化的潮流方兴未艾之时，中国的文论家们却偏偏陷入了狭隘的技术主义、形式主义和功利主义，而中国的哲人则少有认真关注文学现状的兴趣。理论界作为对80年代"大爆炸"的一种反驳的，仅仅是90年代更为声势浩大的怀旧、哭灵、发思古之幽情，唯独轻轻放过了在人们眼皮底下发生的活生生的文学现实。当然，这从另一方面也说明，90年代一些作家的哲学思考已经大大超出了文学评论家的想象力，甚至超出了一些弄哲学的人的想象力。我们几乎可以说，我们时代的最新哲学就在90年代的长篇小说中，只是这种哲学还需要有人从理论的层面加以清理、分析和评论，才能真正作为哲学出现在人们面前，而不至于淹没在大量平庸之作中。如果我们这个时代不能对这些走在时代精神前列的作家做出回应，那么完全可以预料，21世纪的文学史将会做出使我们感到羞愧的断言："他们远远超越了他们的时代。"整个20世纪中华民族所遭受的如此痛苦的磨难，难道就真的无法凝聚为一种新型的人性、一种有强大生命力的灵魂结构？难道时代所碰撞出的这些璀璨的火花，真的会毫无痕迹地消逝在精神的黑夜里，就连它的创伤也会悄悄地平复和被淡忘？难道未来的一代一代的人们，命中注定还要像我们这几代人一样，不断地从零开始又复归到零？

我不相信。

也许，21世纪将发生一些新的故事，出现一些新的人，这些人和事绝不能像中国数千年历史上的各种记载和传说那样，放在哪一个朝代都是一样的，而应当是真正属于某个特定时代的，不仅是时代的"产物"，而且是时代的真正开创者、缔造者。这种预测的确没有任何根据，特别不能从我们这个日益庸俗的世俗生活中找到根据。它唯一能为自己辩护的理由是人的自由，而自由是否定一切根据的。

而文学，就是对一切有根据的东西的否定。它就是自由。

我的本行专业是德国古典哲学，但文学一直是我割舍不下的爱好，就像一个梦魂萦绕的家园。我坚信，长篇小说是人类灵魂的真面目，当我们在谈论小说中的人物时，我们就是在谈论我们自己。然而，除了为撰写本书而临时阅读了一些我以为最有思想深度的90年代作品（肯定有不少重要的遗漏，我愿预先在此致歉）外，近些年我越来越无暇旁顾，而是长时间地从事着自己的"专业"，只不过偶尔对落入手中的文学杂志草草地翻阅一过；但内心总有一个声音不甘寂寞地在喊着：

这儿有玫瑰花，就在这儿跳舞吧！

本书从我主观上说，并不是（像一般文学评论那样）写给小说的读者看的，而是写给作家本人看的。我希望与这些作家进行一对一的心灵交流，我为我与他们是同时代的人感到庆幸。我无意成为一个专门的文学评论家，我只是在以这种方式建构我自己、补充我自己、完成我自己。但我的看法和意见如能得到评论家和读者们的重视，包括赞同和批评，我无疑也会很高兴的。

一九九七年十月，于珞珈山

二〇〇九年版附言

　　这些写于20世纪末的文字——《灵之舞》《人之镜》《灵魂之旅》，在今天看来还有再版的必要，这使我有一种复杂的心情。当年鲁迅先生批判国民性，曾希望自己的文字"速朽"，认为有一天不再有人看他的文章和书了，中国就有救了。但时至今日，鲁迅的书还是畅销书，未听说卖不掉的，先生应该感到无比失望了。我当然不敢自比鲁迅，但至少同样在批判国民性，却并没有当年先生的那种期望，反而有一点小小的成就感：终于有更多的人关注我说的那些事了！这种感觉从何而来？我想也许是我和先生的立足点已经不同了。先生当年是想在一代或两代中国人之间来完成"改造国民性"的工作，当然会认为两代人之后如果还有人热衷于读他的书，就说明他的计划的失败；而我的立场已从"国民性批判"转移到了"人性批判"，认为我写书的目标应该是在中国人的国民性中植入更高层次的人性的素质，这种植入是不能通过遗传固定下来的，也不能搞一场运动来普及，而必须每一代人用自己的努力去不断争取。我不过是以我的经历和体验，为这种努力做一种实验，以对得起我的时代。当然如果这种实验对旁人也有启发，我会十分高兴，并且我坚信，凡是真正合乎人性的东西必定会给人带来启发，不仅是给中国人，而且是给一切人。但我的写作不是为了拯救别人，而是为了拯救自己。

邓晓芒

二〇〇九年七月十日，于珞珈山